CONDICIÓN HUMANA 24

Obras de Joan-Carles Mèlich
en Tusquets Editores

CONDICIÓN HUMANA

La sabiduría de lo incierto

La fragilidad del mundo

El escenario de la existencia

L'ULL DE VIDRE

La fragilitat del món

Joan-Carles Mèlich

EL ESCENARIO DE LA EXISTENCIA

Ensayo sobre el drama humano

TUSQUETS
EDITORES

1.ª edición: marzo de 2025

Tusquets Editores, S.A. – Avda. Diagonal, 662-664 – 08034 Barcelona
www.tusquetseditores.com
ISBN: 978-84-1107-591-6
Depósito legal: B. 2.157-2025
Fotocomposición: Realización Tusquets Editores
Impresión y encuadernación: Rotoprint By Domingo, S.L.
Impreso en España

Índice

Pórtico: La experiencia del vértigo 11
1. El argumento de la representación 29
2. El temor a la exterioridad 73
3. La vida ordinaria 113
4. El drama del tiempo 157
5. La danza de las máscaras 197
6. La lógica de lo extraño 239
Telón: También los dioses muertos gobiernan 277

Apéndices

Notas 289
Bibliografía 307

A veces la poesía es el vértigo de los cuerpos y el vértigo de la dicha y el vértigo de la muerte.

Octavio Paz, *Árbol adentro*

El teatro es un lugar para aprender sobre la brevedad de la gloria humana.

Iris Murdoch, *El mar, el mar*

En un planeta minúsculo, que corre hacia la nada desde millones de años, nacemos en medio de dolores, crecemos, luchamos, nos enfermamos, sufrimos, hacemos sufrir, gritamos, morimos, mueren y otros están naciendo para volver a empezar la comedia inútil.

Ernesto Sábato, *El túnel*

Pórtico
La experiencia del vértigo

> El vértigo significa que la profundidad que se abre ante nosotros nos atrae, nos seduce, despierta en nosotros el deseo de caer, del cual nos defendemos espantados.
>
> MILAN KUNDERA,
> *La insoportable levedad del ser*

No hay existencia sin vértigo. La presencia de algo seductor, aunque incierto y siniestro al mismo tiempo, genera en el actor una inquietud imposible de sobrellevar. Tal vez en alguna ocasión crea que por fin se ha desvanecido, pero no será así. Su ineludible regreso tendrá lugar en los momentos más insospechados, a veces en instantes de —supuesta— felicidad. Entonces será necesario que alguien compense su terrible materialidad para que el mundo no se convierta en una tierra baldía. También puede suceder, y por desgracia sucede, que nadie evite que ese vértigo se convierta en vacío, en una especie de hundimiento que socava los días y las noches, las llegadas y las despedidas, las risas y las decepciones. No hace falta haber vivido mucho ni ser muy sagaz para darse cuenta de que ese vacío es infinitamente peor que la nada, porque es una amenaza que se oculta y espera agazapada, al modo de un depredador en el crepúsculo, el momento idóneo para saltar sobre su víctima.

El vértigo es la expresión de la contingencia de la vida, de la tensión entre la atracción y el horror. Se trata de esa ambigüedad que muestra que el color de la existencia es el gris. El gris es una tonalidad turbadora porque revela que en cualquier instante se puede beber el agua del paraíso, pero también que la existencia puede transformarse en un cráter infernal. Esa es la ambivalencia del vértigo, la seducción que ejerce, el temor que inspira. Para poder dominarlo, o al menos para tenerlo mínimamente bajo control, la metafísica fabricó una especie de fábula —luminosa, pura, inmaculada—, una fábula en la que no se lloraba, pero en la que tampoco se podía reír. Era un relato dual, de blanco y negro, de oscuridad y luz, de superioridad e inferioridad, de profundidad y superficialidad, de espiritualidad y materialidad. En él, el humor era tan peligroso como el llanto porque introducía un elemento de ruptura del orden, de relatividad y de sombras. La metafísica creyó que, con la creación de esa fábula incontestable, podía hacer soportable el drama de la incertidumbre y de la ambigüedad. El relato consistía en asegurar que había principios y valores universales, inmóviles y absolutos, que podían eliminar el vértigo.

Lo que el lector encontrará en este ensayo es una filosofía que nace de la finitud y de la exterioridad. Es un pensamiento que sostiene que siempre se vive cerca del vértigo que provoca la mirada al borde de un precipicio. El vértigo es el resultado de lo incierto, de lo indisponible y de lo inhóspito. No se puede habitar el mundo sin esa experiencia, sin aceptar que nada es definitivo y que nada es seguro, sin considerar que nadie es dueño y señor de su existencia, sin la ambigüedad de esas zonas grises que cautivan y amenazan al mismo tiempo, que atraen y dan sentido, por un lado, y que provocan temor, horror y rechazo, por otro.

Se retoma aquí una meditación iniciada hace bastantes años y que tiene por objeto pensar la formación humana. Para ello, a continuación, van a exponerse tres tesis fundamentales. La primera afirma que no hay un «Yo», con mayúsculas, dotado de una esencia fija e inmutable, al margen del espacio, del tiempo y de la historia. El yo, si es que algo así existe, posee un tono menor; es relacionalidad y situacionalidad, es una exposición al mundo. El yo está ahí fuera, tiene una «condición adverbial»: *cómo, cuándo, dónde.*[1] Ahora bien, como vamos a ver, somos herederos de una tradición que lo ha pensado desde una perspectiva completamente opuesta, a saber: como una forma de «ser interior». Al situarlo dentro de uno mismo, la tradición metafísica creyó dotar al yo de una estabilidad y una coherencia que aportaban sosiego. Eso no debería extrañarnos, porque desde hace siglos vivimos en una gramática contraria a todo lo que hace referencia a la transformación o a la indisponibilidad. Esa gramática ha demonizado lo relativo, el vínculo, la inclinación y la dependencia, y ha pensado el yo como un reducto de pureza, como una fortaleza firme y rígida, como el lugar que es garantía de verdad y templo de espiritualidad. Residimos en un sistema social consagrado a los valores de la autenticidad, de lo propio y de lo autónomo.[2] También, por supuesto, a la conexión, pero «estar conectado» no tiene nada que ver con «estar vinculado». En la actualidad vivimos en un tiempo en el que se es rico en conexiones, pero pobre en vínculos, y deberíamos andarnos con cuidado, porque entonces el yo está muy cerca de convertirse en un «nosotros» y en una forma política en la que alguien habla «en nombre de...». En ese caso, el yo queda reforzado por una especie de masa compacta en la que todos los individuos marchan unidos, andan con el mismo paso y con un único fin.[3]

Frente a esa perspectiva narcisista, aquí se va a adoptar el punto de vista de la existencia o, lo que es lo mismo, de la exterioridad. Existir es «estar fuera» y aceptar que no hay nada que se mantenga firme y constante. Existir es ser un vaivén, es ser un ritmo inestable y disonante. Cada ritmo es único y distinto. No se existe dos veces en el mismo estado ni en la misma situación. De ahí que necesariamente se exista en la imprevisibilidad y en la irreversibilidad.[4] Existir es ir a la deriva, es perderse en laberintos de los que nunca se sale, y al mismo tiempo es una herencia y una creación de lazos con otros que a veces serán amigos y a veces extraños, y que romperán la estabilidad de la vida ordinaria. Por eso, para existir no queda más remedio que permanecer expuesto al aguijón de lo extraño, tanto de los que están ahí presentes como de los que ya no están, pero han dejado heridas que nunca podrán cicatrizar del todo.[5] Existir es responder a sus demandas, a sus ruegos y a sus amenazas, a sus caricias, a sus desafíos y a sus provocaciones.

La segunda tesis de este ensayo complementa la anterior. Existir es ser *en* y *del* mundo; ahora bien, no hay experiencia del mundo como totalidad. Hay experiencia *desde* una interpretación, de ahí que existir sea estar en una «perspectiva del mundo» que, a su vez, constará de infinitas e irrepetibles situaciones. Esa perspectiva es el *escenario*. Desde el momento de su nacimiento, el recién llegado no tiene más remedio que habitar un escenario, esto es, un mundo interpretado.[6] No hay nada nuevo sin lo viejo, no hay novedad sin antigüedad. Por eso mismo, para un actor, nacer no es solo el surgimiento de lo nuevo, sino también el extravío del futuro en la historia de un pasado que nunca resulta definitivamente pasado.[7]

Se empieza a existir heredando una gramática que operará en una doble dirección. En primer lugar, transmitirá un guion para que el actor pueda ubicarse en su escenario; para ello, como veremos más adelante, el guion posibilitará la creación de «ficciones de continuidad» y «vínculos de identificación» —que sin duda serán unos vínculos inestables y contradictorios—. En segundo lugar, la gramática se encargará de clasificar, organizar, reprimir o fomentar las relaciones que cada actor teje con sus contemporáneos, con sus antepasados y con sus sucesores, así como con las cosas y los objetos (más adelante se argumentará que no se trata de lo mismo) del escenario e, incluso, con lo trascendente (o con lo divino), a través de reglas de decencia, de gestos, de rituales, de decorados, de disfraces y de máscaras. Así pues, podría decirse que la gramática posee una doble cara: es, a la vez, «ontológica» y «normativa». Es ontológica porque proporciona al actor un guion que le dice «lo que es»: le otorga un nombre y unos apellidos, un número de identidad, lo clasifica en un género, le otorga (o no) una ciudadanía concreta, lo ubica en tal o cual clase social, etcétera; y es normativa porque le ordena lo que debe hacer, cómo debe comportarse y qué tipo de relaciones puede establecer con los otros. Toda gramática es moral.

Como vamos a ver, un guion puede definirse como una «precondición de la existencia». Sin él, nadie podría habitar un escenario. Al principio, lo más probable es que el actor lo asuma como incuestionable y aprenda a representarlo, a ponerlo en escena, sin más, sin vacilaciones. Más adelante es posible que empiecen a surgir algunos inconvenientes, que aparezcan dudas y que se descubra su fragilidad. Poco a poco, el guion empezará a no encajar del todo; perderá su carácter natural, evidente e inofensivo, y entonces el actor se dará cuenta de que posee zonas oscuras.

Además de ser una perspectiva y, por lo tanto, una interpretación del mundo, un escenario es al mismo tiempo un «ámbito de representación». Tradicionalmente se ha comprendido la existencia como *vida activa* o como *vida contemplativa,* pero existir siempre será, de manera inevitable, una *vida representativa*. No hay existencia solo con contemplación o con acción, con «teoría» o con «práctica». Para que haya *humanidad* es necesaria también la «representación» (en griego: *drama),* y en toda representación se está en dependencia de un guion y de las relaciones y situaciones de la vida ordinaria: acogida, demanda, soledad, caída, transformación, acaso cierta permanencia en una historia en la que se gana y se pierde, y en la que se viven a menudo relatos de amor y alegría, de odio y abandono, que tarde o temprano acabarán siendo narraciones de desolación, de miedo y de muerte.[8]

Así pues, *perspectiva* (o interpretación) y *representación* (o drama) son las dos palabras clave para comprender la idea central de este ensayo, a saber: que el ser humano es un actor que representa un guion en un escenario. Ahora bien, no todos los escenarios son iguales ni equivalentes. En su cotidianidad, el actor se encuentra con tres tipos básicos de escenarios: los *abiertos*, los *cerrados* y los *ocultos*.[9] Esos tipos no afectan solamente a la forma del espacio, sino también a las diversas representaciones de los actores. En Grecia, por ejemplo, el escenario abierto era el ágora, la vida pública. El cerrado, por su parte, era el que de una forma concreta y determinada estaba dedicado a la representación. Correspondería al anfiteatro. Finalmente, había un tercer espacio que estaba escondido. No hay representación sin escenarios ocultos. Todo mundo contiene alguno (o algunos). Piénsese en las cuevas, por ejemplo, que han sido desde antiguo los lugares por excelencia de la expresión religiosa. Como vamos a ver, los tres tipos básicos de escenario se encuentran en la vida ordinaria. Es importante tener en cuenta, no obstante, que en muchas ocasiones no resultan excluyentes ni fácilmente delimitables.

La tercera tesis de este ensayo puede formularse así: todo escenario (sea abierto, cerrado u oculto) está formado por un espacio y un tiempo, o por un «espacio temporalizado» y un «tiempo espacializado». En un escenario no se puede pensar el espacio sin el tiempo ni el tiempo sin el espacio. La noción de escenario contiene, pues, esa «inseparabilidad» de espacio y tiempo. Pero hay un tercer elemento decisivo que hay que tener presente. Se trata de un aspecto fundamental del drama humano: la historia —o el relato, o la narración—. Para el actor, su representación es inseparable del escenario que habita y su historia será un relato que adquirirá la forma de un *argumento*. Esa es una de las palabras clave de este libro. Existir consiste en la elaboración de una trama creada en tensión con un guion heredado, por un lado, y con las situaciones y relaciones que se presentan a salto de mata en la vida ordinaria, por otro. La identidad es un argumento imaginado, inventado, rememorado, abierto a las metamorfosis, a las relaciones (el tiempo) y situaciones (el espacio).[10]

El argumento (o la trama) de la existencia se despliega en un presente que es inevitablemente memoria —porque no hay presente sin pasado, porque no hay presencia sin ausencia—. Por esa razón, todo argumento contiene una buena dosis de indisponibilidad, o, dicho de otro modo, el actor no puede hacer con él lo que le plazca, porque depende de situaciones y relaciones pasadas, de ausencias que dejan huella, de cicatrices y traumas que siguen estando demasiado presentes y de unas presencias que se desearían ausentes o definitivamente desactivadas y fuera de combate. Si la trama está hecha de historias es porque, a través de la memoria, en cualquier momento el pasado puede hacerse presente y romper la lógica de la intencionalidad, de la competencia, del manual y del protocolo. La memoria no es una facultad que se pueda controlar; todo lo contrario, irrumpe al modo de un suceso o de un acontecimiento y se aferra al argumento de la existencia hasta el punto de desestabilizar —para bien o para mal— la vida ordinaria. La memoria es un frágil hilo entre las ausencias y las presencias.[11]

La memoria enseña que la vida expresa una condición humana nostálgica. No se trata de una caída, sino de una pérdida —en el tiempo y en la historia—. En otras palabras: en todo escenario alguien o algo falta, alguien o algo está ausente. A esa nostalgia inicial se irán añadiendo otras pérdidas y otras ausencias. Son situaciones y relaciones que el actor desearía recuperar y que sabe que no volverán. Al mismo tiempo, también se harán presentes (a su pesar) situaciones y relaciones infernales que lo remitirán a un pasado que él quisiera borrar del argumento de su existencia, pero no puede. Hay instantes en los que parece que la magdalena proustiana se ha transformado en una especie de pócima diabólica.

Como a los niños, al recuerdo le gusta jugar al escondite. Se oculta, tiende a adornar y a embellecer, y contradice a la memoria, que siempre cree tener razón. «Se asemeja a una cebolla», escribe Günter Grass. «La cebolla tiene muchas pieles. Existe en plural. Apenas pelada, las pieles se renuevan. Cortándola hace saltar las lágrimas. Solo al pelarla dice la verdad.»[12] De ahí que el actor no tenga más remedio que *domesticar* (aunque sea un poco) su memoria a través de mecanismos o procedimientos que eviten que ese recuerdo le impida una relación mínimamente atenta con los otros actores, personajes u objetos que le salen al paso. ¿Dónde descubrir esos mecanismos? ¿Adónde hay que ir a buscarlos? Esas preguntas no tienen respuesta, al menos a priori, es decir, más allá de la situacionalidad o la relacionalidad de cada actor. De momento, lo más importante será poner de manifiesto el hecho de que la domesticación de la memoria es uno de los elementos fundamentales para que se dé la instalación en el escenario de la existencia.

Por ser memoria, porque su argumento está constituido por recuerdos y olvidos, porque la domesticación nunca puede ser completa ni conseguir dejar inoperante el recuerdo, la instalación del actor en el escenario será siempre, en mayor o menor grado, una instalación *incómoda*. Además, aunque no lo fuese, aunque fuera una memoria domesticada del todo, quizá le serviría de bien poco, porque el recuerdo (voluntario o no) de lo que sucedió nunca será un «manual de instrucciones» que facilite la perfecta habitabilidad; no obstante, será a partir de esos frágiles puntos de referencia, tanto de los agradables como de los terribles, que reinventará o reconstruirá el presente. Para un ser finito, para un actor, *porvenir* significa *provenir*.[13] Innovar es, de una forma u otra, renovar, y ahí habría que andarse con cuidado, puesto que las innovaciones absolutas, sin ninguna referencia al pasado, son peligrosas, porque —queriéndolo o no— pueden convertirse en una legitimación totalitaria.

Como vamos a ver en el capítulo siguiente, los argumentos no son en absoluto procesos regulados por leyes o por acciones planificadas, no son tramas encerradas en sí mismas; todo lo contrario, están abiertos y sometidos a la tensión, muchas veces mal resuelta, entre el recuerdo y el olvido. Los argumentos dependen de las relaciones, siempre inestables, con los otros —presentes y ausentes, reales y ficticios— que habitan las situaciones de la vida ordinaria, pero por esa misma razón toda identidad está sometida al vaivén, al ritmo disonante de la existencia.

Si se acepta que la identidad no es más que un argumento, entonces es necesariamente exterioridad, esto es, memoria, vínculo, contingencia y, sobre todo, imprevisibilidad, porque si en el escenario todo se pudiera planificar podría haber al menos un guion, pero no una trama. Los argumentos no pueden determinarse a priori, son indisponibles porque están sometidos al azar, a las casualidades. Si Caperucita Roja no se hubiera encontrado de repente con el Lobo Feroz, el cuento no tendría argumento alguno.[14]

Ahora bien, la *paideia* occidental capturó al yo bajo la forma de una identidad poderosa y sustancial que se constituyó al mismo tiempo en punto de partida y punto de llegada, y de ese modo pudo tener el gobierno absoluto del escenario de la existencia. La filosofía moderna fue fiel a esa historia. Pero precisamente porque en un escenario el pasado, el presente y el futuro atraviesan el espacio —las situaciones, los contextos, las circunstancias— y el azar domina la escena, la trama no puede quedar fijada en una sustancia al modo de un «punto arquimédico» que dé orientación a la vida.[15] Por eso, desde la perspectiva dramática, hay que olvidarse de encontrar una «Razón de Ser» o un «Sentido» —con mayúsculas—. No hay Razones, ni primeras ni últimas.

Y de nuevo surge el vértigo: la atracción y la repulsión por el abismo. El sueño de Descartes era eso, un sueño, o tal vez una pesadilla. No hay nada que se parezca a una identidad que se oculta en el interior de los cuerpos; solo argumentos, perspectivas, relaciones e interpretaciones. Quizá, un día, algún actor se atreva a mirar al fondo del abismo de su existencia, ese abismo que convierte su identidad en una grieta, y descubra que no hay un suelo firme y seguro que dé razón del mundo y de la historia. Ningún actor posee una identidad compacta y coherente con lo que piensa, con lo que hace o con lo que sabe. Siempre podría haber hecho otra cosa, pensado otra cosa, vivido de otra manera. Su vida es una representación que hereda un guion y al mismo tiempo lo subvierte. La identidad, el sentido o el ser son una radical contingencia que solo existe en un drama, en un escenario en el que se cuenta una historia.[16]

Desde antiguo nos han hecho creer que al principio era la Razón, la Palabra, el Verbo, el Logos (Jn 1, 1), y que esa Razón era donante de Sentido. Pero se trataba de una Razón con mayúsculas, sin espacio, sin tiempo y sin historia; era una Razón pura, libre de cuerpo, de situaciones y de relaciones. En cambio, aquí se hablará desde la perspectiva de una razón con minúsculas que se alimenta de las ambigüedades del mundo y de la ambivalencia de la alteridad; se hablará desde una razón que no es autónoma, que sabe (o cree saber) que al principio no era el verbo, sino el adverbio. Aquí tomará la palabra una razón desvalida contraria a un logos arrogante que, desde su origen en la metafísica griega, culminó en el racionalismo, en la Ilustración, en el idealismo y en el positivismo.[17] Esa razón desvalida denuncia la soberbia de un logos engreído que cree poder alcanzar el conocimiento de la Totalidad y abrazar el Bien, la Belleza, la Verdad y la Justicia. Frente a ese logos, la razón desvalida es fragmentaria, vinculada y corpórea; es una razón que nace de la perplejidad, de unas dudas que no son metódicas y que, por eso mismo, nunca podrán abandonarse.

Este ensayo quiere poner de manifiesto que solo una razón desvalida será capaz de ofrecer algo de luz al drama humano; pero no será la del sol que iluminaba desde el exterior de la caverna platónica, sino la del fuego, aquella luz trémula que alumbraba un reino de sombras. En ocasiones se ha pensado que la sombra es lo contrario de la luz, pero no es así. No hay sombra sin luz, o, dicho de otro modo, la sombra es una de las formas en las que la luz se revela. Solo una razón desvalida puede percibir las sombras del escenario de la existencia, solo una razón desvalida es sensible a la vulnerabilidad de los cuerpos y a la fragilidad del mundo. De ahí que no ofrezca consuelo firme y seguro, porque no puede reducir el vértigo hasta el punto de bloquear su presencia inquietante. Frente al logos puro —sin espacio, sin tiempo y sin historia— que ha dominado en su mayor parte el pensamiento occidental, la razón desvalida está sometida al cuerpo, a la piel, al rostro y a la máscara, al temor y al temblor, a la risa y al llanto.

Es preciso aclarar algo más. Como vamos a ver, desde las *Confesiones* de Agustín de Hipona a finales del siglo IV d.C., y más adelante a partir de Descartes, se ha producido un repliegue hacia la interioridad, dando por supuesto que es posible existir encerrado en un sí-mismo, al margen de las relaciones y de los vínculos.[18] La razón desvalida se propone mostrar, en cambio, que no hay identidad sin guion, sin trama y sin mundo, porque existir es estar ahí fuera, en relación con lo otro. No se puede sobrevivir sin estar vinculado, porque nadie nace solo, porque nadie existe solo. La alteridad es más importante que el yo. De hecho, es su condición de posibilidad. Por eso la razón desvalida es reverencial. Es una razón que trata al mundo y a los seres que lo pueblan con admiración, reverencia y compasión, aunque también con angustia, nostalgia y melancolía. Es, en ese sentido, una razón incierta en la que lo propio está abierto a lo ajeno, en la que lo heterónomo tiene privilegio sobre lo autónomo; es una razón que está convencida de que no todo es posible y de que no todo está a disponibilidad del actor. Al contrario, existe lo indisponible, el elemento decisivo para el drama humano.

En la tradición filosófica que se despliega desde Jonia hasta Jena, el logos quiso desactivar algunas de las más relevantes «formas de la exterioridad», como por ejemplo las transformaciones, lo relativo, lo casual, lo accidental y lo singular, así como algunas de sus figuras más emblemáticas: el extraño, el extranjero, el enfermo, el loco, la bruja, la prostituta, el sodomita, el onanista, el monstruo... Para la filosofía, todas esas formas y figuras constituían lo «no auténtico». Lo verdadero, por el contrario, se caracterizaba por ser «lo propio», esto es, lo esencial, lo permanente, lo sano, lo interior, lo infinito, lo espiritual, lo incondicionado. Para poder operar a sus anchas, el logos necesitó inventar una serie de «lugares de exclusión» (o de encierro) que mantuvieran a distancia y bajo control esas formas de la exterioridad: el manicomio, el hospital, el internado, la prisión, etcétera. Pero, en ocasiones, cuando se sentía acorralado, cuando no era suficiente con esa capacidad de excluir, ese mismo logos ponía en marcha una nueva estrategia supuestamente opuesta a la anterior: la inclusión. Esta se constituyó, *grosso modo,* como un mecanismo de colonización que ocultaba de manera deliberada su verdadera razón de ser, que no era otra que una forma sutil y solapada de desactivar la amenaza de *eso* que tenía demasiado poder para poder ser excluido. La inclusión resultó peor que la exclusión, porque era sutil, delicada, amable, progresista, y además no saltaba a la vista. La inclusión era una negación de la exterioridad que no era evidente, que no se percibía como negativa.

La perspectiva que aquí se ensaya, en cambio, quiere ser radicalmente distinta a esa tradición que ha dominado el pensamiento desde los primeros filósofos griegos. Lo que propongo es el intento de pensar (y vivir) con una razón herida por lo indisponible, por lo que no se puede nombrar, explicar ni controlar, por lo que escapa a la lógica, por lo «extra-lógico». Se trata de existir en un escenario habitado por formas y figuras de la exterioridad, aceptando que el drama humano posee una cara inhóspita que habita en las sombras. Esa presencia provoca vértigo, de eso no cabe duda, pero es una presencia que habrá que aprender a soportar y a hacerle frente.

Este ensayo trata de la representación teatral de la vida. Las ficciones acompañan a los seres humanos desde antiguo.[19] Somos mamíferos que contamos y representamos historias. Por eso también somos argumentos vitales, tramas que se disfrazan y que utilizan máscaras, que se aprenden guiones de memoria, que necesitan gestos y ceremonias para habitar el mundo. Sin embargo, es necesario reflexionar desde ahora sobre las supuestas diferencias entre el escenario de la existencia y la representación teatral. En su vida ordinaria, se dirá, el espectador escoge la obra que quiere ver. Saca una entrada, acude al teatro y entra en una sala. Se sienta en su butaca —seguramente numerada— y espera, aguarda a que se apaguen las luces y se levante el telón; espera que *algo* suceda ahí, delante de él. En breves instantes unos actores ocupan la escena. Frente a ellos, en el patio de butacas, el espectador sigue en silencio; está atento, escucha sus voces, observa sus gestos, sus movimientos. Sabe que en ese escenario se va a representar una función. En ese separarse y ponerse frente a otros para representar la vida, los actores abren una diferencia entre la ficción y la realidad, entre ellos y los espectadores. Después, cuando la función termine, el espectador volverá a su casa —transformado o no, eso nunca se sabe.

En *Insultos al público*, Peter Handke escribió que el escenario no es el mundo, como tampoco el mundo es un escenario.[20] Por supuesto —se dirá—, así es y no puede ser de otro modo. Realidad o ficción —ficción o realidad— parece una disyuntiva radical y el sentido común dice que es fácil distinguirlas. Pero tal vez el asunto no sea tan sencillo. Habrá que pensarlo con cierta calma, porque la pieza de Handke muestra otra cosa más interesante, a saber: que actores y espectadores no están lejos unos de otros, que en el fondo todo espectador es actor y todo actor es espectador, que todos somos actores y espectadores a la vez, que el ser-actor y el ser-espectador es una única condición. En *Insultos al público* no cae el telón hasta que todos los espectadores han abandonado la sala. Ese es el secreto del escenario de la existencia: la representación no tiene lugar en un espacio separado o al margen del público. Los espectadores forman parte del escenario y el mundo solo puede comprenderse y habitarse si tiene la forma de un escenario.

Existir es posible porque los humanos, seamos lo que seamos, vengamos de donde vengamos, somos actores que *jugamos* en un escenario. Ese juego es ambivalente, es obstinadamente ambiguo. Sin duda, algo así, para muchos, es insoportable, porque el objeto amenazante puede aparecer de repente, sin previo aviso, ya que no es un objeto determinado que pueda tenerse controlado. Sin embargo, a pesar de eso, el actor se atreve a seguir —porque la vida es independiente de la voluntad—, y sobre todo se atreve a vivir hasta el final, hasta el límite, sea cual sea. El actor se atreve a existir en ese (a veces confuso o sombrío) escenario en el que todo fluye y en el que nada está decidido; como Molly Bloom al final de su sueño en el *Ulises* de James Joyce, se atreve a decir *sí*.

El actor está en relación con otros actores y espectadores antes incluso de salir a escena, porque una situación, cualquiera que sea, siempre depende de situaciones anteriores que nadie puede controlar. El actor ignora quiénes lo acompañarán en el trayecto. Al venir al mundo se encuentra con su nombre propio y descubre que ese nombre depende de un *antes*, de una *anterioridad* que anticipa una *posterioridad*. Y en ese nombre habitan espectros. *¿Por qué me llamo así? ¿Por qué me ha tocado ese guion? ¿Por qué me han dado esa máscara?* A su lado, el actor encuentra otras máscaras, y hay alguien que le dice que también se las puede poner, que debería intentar ponérselas de vez en cuando, pero no le dice ni cuándo ni cómo. El actor se siente solo, pero no lo está, porque el escenario no es un mundo vacío, o no debería serlo. El vacío, si llega, vendrá después y será insoportable, intolerable, invivible; entonces descubrirá que tiene que andarse con cuidado porque el vacío atenaza los cuerpos y les impide existir.

El actor pregunta por lo que había antes en ese mismo escenario, por los otros actores que lo han precedido, por las historias que allí se han representado, por aquellos que ya no están, por la razón de su nombre, por la lógica de su guion, etcétera, y muchas veces no obtiene respuestas. Eso sucede a menudo. Las preguntas más importantes son las que no se pueden responder. Para poder ver lo relevante, lo singular, lo que hace que un escenario tenga valor, hay que saber alejarse, situarse a cierta distancia, adoptar una perspectiva y sobre todo detenerse. Es necesario cierto sosiego, una demora. No se trata, por supuesto, de salirse del tiempo y de la historia, de abandonar el escenario, algo imposible, por otro lado. Algo así sería recuperar el viejo sueño metafísico. Lo que hay que hacer es adoptar una actitud serena, no tener prisa y no darse tanta importancia. Lo relevante para la existencia no es el yo ni la propia identidad, sino el escenario; no es lo interior, sino lo exterior; no es lo mismo, sino lo otro.

Es habitual considerar que la modernidad comienza con la afirmación de la propia subjetividad, con la constitución del sujeto, y se dice que ese es el gran legado de la obra de Descartes. Sin embargo, si leemos con atención el *Discurso del método* veremos que la cuestión no está tan clara. De hecho, el proceso formativo que narra Descartes empieza con la lectura de los clásicos y continúa con la del mundo. Solo después, en un tercer momento, el filósofo francés se recluye para pensar y formular la certeza del *cogito*. La lectura del *Discurso* cartesiano nos invita a pensar los tres momentos de la formación humana, constituida por «tres viajes»: el del libro *(el sujeto es un lector)*, el del mundo *(el sujeto es un caminante)* y el del viaje interior *(el sujeto es un actor)*.[21] Ahora bien, en el caso de este ensayo —y a diferencia de los viajes cartesianos—, el viaje interior no puede existir. Todo viaje es hacia fuera, es exterior, porque la interioridad no existe, porque no hay interioridad que no esté abierta y expuesta a la exterioridad, al otro y a lo otro, al mundo.

En contraposición al planteamiento cartesiano, la visión de lo humano que aquí se presenta posee una «estructura quijotesca». Como don Quijote, los libros siguen habitando la vida del caminante —porque se los sabe de memoria—, y ambos, tanto el lector como el caminante, seguirán habitando el escenario en el que el actor representa su función. Contemplación *(lector)*, acción *(caminante)* y representación *(actor)* no son, pues, peldaños que se excluyen en una especie de escalera en la que cada uno de los momentos supera al otro y lo abandona. Todo lo contrario, el *libro*, el *mundo* y el *drama* no pueden comprenderse de forma separada; son los tres momentos de un relato que configura una «trilogía de la formación».

Heredamos guiones cuestionados por un sinfín de situaciones que nos atraviesan y nos transforman; somos relaciones que crean, muchas veces de forma grotesca y disonante, una identidad que nunca es idéntica porque siempre está fuera de sí misma, porque posee una forma teatral expuesta a lo incierto, a lo indisponible y a lo inhóspito; somos máscaras que se configuran en los escenarios de la vida ordinaria, y por eso cualquier necesidad que tengamos —sea de afecto, de comida, de sexo o cualquier otra— está vinculada a los demás; somos tramas, argumentos tejidos en los hilos del espacio y del tiempo.

Somos un viaje de no retorno, una radical exterioridad, y las páginas que vienen a continuación quieren ser una defensa de ese viaje, de esa exterioridad y del vértigo que provoca, porque en el vértigo habita el riesgo de la caída a un abismo sin fondo, pero en él también late la única posibilidad de la afirmación de la vida. Se trata de amar y cuidar al mundo en su ambigüedad, en lo mejor y en lo peor, pero para ello no debemos eludir las situaciones que nos salen al paso, aunque en ocasiones adquieran un rostro sombrío, inquietante o trágico. Los escenarios de la existencia son lo inevitable del mundo, y este libro es un acto de amor a esa inevitabilidad.

1
El argumento de la representación

> El mundo es como un escenario, nos afanamos y consumimos nuestro tiempo en él y eso es todo lo que somos.
>
> ERVING GOFFMAN, *Frame analysis. Los marcos de la experiencia*

La metáfora del mundo como un teatro ha descrito desde hace siglos la condición humana.[1] La existencia como representación, el ser humano como actor, las máscaras, el carnaval o el decorado son algunos temas que están presentes en el imaginario occidental desde los griegos hasta la actualidad.[2] La existencia es un teatro de marionetas y cada uno de nosotros es un títere en manos de los dioses. En el *Filebo* (50b), Platón habla de la tragedia y la comedia de la vida. Para un filósofo estoico como Séneca, la vida es drama, no importa su duración, sino cómo se represente.[3] Por su parte, Maquiavelo recomienda al príncipe la puesta en escena del engaño para mantener su poder. Don Quijote señala que, en el trato con este mundo, unos nacen emperadores y otros pontífices, o cualesquiera otras figuras que se puedan introducir, pero que al final, cuando la vida termina, a todos les quita la muerte las ropas que los diferenciaban y quedan iguales en la sepultura.

Pero la imagen del gran teatro del mundo alcanzó su cenit en la sociedad barroca: «El hombre del Barroco es una máscara en una sociedad profundamente enmascarada, y piensa que solo mediante el disfraz, el antifaz y la máscara puede llegar a descubrirse a sí mismo; que la persona no existe más que en el personaje y que el disfraz es la verdadera realidad».[4] A partir de ahí, máscaras y representaciones fueron elevadas a principios de la vida pública y privada.[5] Y esa culminación tuvo dos registros diferentes; uno religioso, justificador del poder absoluto (que culmina en Calderón de la Barca, *El gran teatro del mundo)* y otro profano y crítico de la sociedad (Luis Vélez de Guevara, *El diablo cojuelo)*.[6]

Sin duda, merece una mención especial la visión teatral que tendrá Shakespeare de la condición humana. Basta con recordar el monólogo de Macbeth cuando le comunican que la reina ha muerto:

> La vida es una sombra que camina,
> un pobre actor que sale a escena
> para no volver a ser oído.
> La vida es una historia contada por un idiota
> llena de ruido y de furia
> que no significa nada.[7]

La conciencia del drama de la existencia es variable. A menudo los actores no se ven a sí mismos como actores ni tienen intención de vivir según esa lógica. De vez en cuando, los seres que habitan un escenario están preocupados por cómo aparecen ante los demás, pero en otras ocasiones no les importa lo más mínimo. La mayor parte de las veces, la expresión teatral o dramática, su grado de intensidad, depende de la presencia del otro, de su modo de ser, de si es —o no— alguien cercano, de si habla la misma lengua, de si es alguien con el que el actor mantiene una relación de amistad, de compañerismo, de familiaridad o de flirteo, etcétera.[8]

«El yo no es el dueño de su propia casa.» Esta tesis de Freud va a presidir todo lo que vendrá a continuación. En las primeras funciones, el actor no sentía más que cierto temor al sentirse observado, pero más adelante ese temor se transformó en vértigo, un vértigo producto de la representación que había comenzado sin que nadie le preguntara si quería participar en ella. Ahora se ve a sí mismo ocupando la escena y se da cuenta de que no hay vuelta atrás. El actor está en un escenario que no ha elegido, de eso no cabe duda; su modo de ser es más «lo que le pasa» que «lo que hace», y no le es posible deshacerse del guion que ha heredado (al menos fácilmente). Quizá se encuentre navegando en un río que lo llevará al «corazón de las tinieblas», pero ahora todavía lo ignora, y cuando lo descubra será demasiado tarde, porque al final del río aguarda el coronel Kurtz rodeado de cuerpos mutilados.

La forma de la existencia es sombría, porque el actor puede desplomarse en un oficio de tinieblas o ser sometido a una especie de auto de fe para jamás volver a levantar cabeza. Es probable que hayan pasado algunos años desde que salió al escenario por primera vez y ahora ya no lo recuerde. El escenario inicial ha quedado oculto tras la cortina del olvido. Pero de lo que sí se acuerda es de que un día —o una noche, da lo mismo— apareció de repente esa sensación de vértigo que a ratos regresa, como una fiel y enigmática compañera. Entre la fascinación y el rechazo, la sensación no desaparece. No es náusea ni angustia. Entonces, ¿de qué se trata? Es una especie de temblor, un sudor frío. En ocasiones, el actor odia la representación, odia ser contemplado por los espectadores, odia los aplausos y los silbidos; no le importa lo más mínimo lo que piensen de él, de su trabajo (¿o tal vez le preocupa demasiado?); odia repetir por enésima vez ese guion que le parece que es el mismo, que no cambia, que es reiterativo y que conoce de memoria. Sabe que ya no es el adecuado, que ya no sirve para esa situación porque es literalmente ridículo o vergonzoso. Hasta aquí, piensa. «Acabó, se acabó, acabará, quizás acabe.»[9]

El vértigo es el temor de no recordar el guion que se ha recibido. Puede surgir porque el actor piensa que no sabrá declamarlo correctamente o porque cree que no dará con el tono adecuado o que no sabrá representarlo bien. Es el miedo a *no estar a la altura* de las situaciones y de las circunstancias. Entonces el actor tiene una sensación incómoda: algo está pendiente, algo no encaja, algo está fuera de plano —siempre hay algo inadecuado en el escenario de la existencia—. Que algo sea inadecuado significa que escapa al control, a la planificación, al orden, a la presencia. Nada empieza ni acaba «ahí». Nunca se parte de uno mismo, de un sí mismo, sino de otro.

El argumento de la representación no es una iniciativa del actor, por eso provoca vértigo, porque empieza en una demanda ajena, a veces radicalmente extraña, y desencadena disonancias. El drama no es un movimiento que va del yo al otro y al mundo, sino todo lo contrario, va del mundo y del otro —presente y ausente— al actor. Algo o alguien demanda y reclama. El actor echa mano del guion que ha heredado, pero no encuentra la respuesta, quizá porque es una exigencia exterior que viene de un pasado inmemorial. Es necesario poner en juego esa exigencia, es necesario reactualizar la herencia, vincularla a esas situaciones del escenario que nadie ha podido prever. Sin esa actualización de la herencia no hay representación.

El argumento comienza con la puesta en escena de una pauta de acción preestablecida que se desarrolla durante la representación. El guion es un papel que el actor tiene que hacer creíble. Quizá alguien debería advertirle que para que la representación «funcione» es preciso que él asuma su papel como propio, que este deje de ser algo ajeno, porque un buen actor es el que pone en escena un guion de tal manera que parece «natural», como si no fuera impuesto.[10] Todo el mundo sabe que, en el fondo, nada de eso es así, porque no se nace libre, nadie escoge el papel que le toca representar en el escenario de la existencia, por eso es necesario pensar la representación fuera del parámetro de una libertad omnipotente, como si alguien pudiera decidir qué va a heredar, qué guion obtendrá en el momento de venir al mundo, que símbolos le van a erizar la piel, qué gramática del odio va a sentir en sus entrañas. Nada de eso se decide, como tampoco se decide qué acontecimientos van a obligar a rehacer y a reorientar el propio guion.

Todo escenario está compuesto por situaciones que no fueron contempladas en el guion heredado. Los acontecimientos que salen al paso tal vez estaban ahí hace tiempo, pero nadie los había visto. El guion ofrecerá resistencia, aunque tarde o temprano habrá que atreverse a lidiar con los espectros que están presentes en forma de ausencia y que, a pesar de que a veces parece que ya han abandonado definitivamente la escena, vuelven y reaparecen, alterando la representación de una manera imprevisible e imposible de planificar y de someter a lógicas protocolarias. Sin esos acontecimientos, sin esos espectros, sin esas «ausencias presentes», no hay argumento, porque para el actor no hay más «ser» que ese ser relacional, ese ser mundano.

El actor tendrá que batallar con el aguijón que provoca la presencia de antiguos escenarios que ya no recuerda porque se han perdido en medio de la noche, y deberá enfrentarse a esos extraños que se ocultan en los rincones más insospechados —en una fotografía, en una canción, en un libro— y que alteran esa soledad que le provoca insomnio; aunque sea una soledad falaz, una soledad que no es tal, porque, por desgracia, a veces desearía estar solo pero no lo consigue, dado que esos espectros siguen asediando sus sueños. En ocasiones, esas relaciones lo acabarán matando. No se trata solo de una muerte física, de una muerte en la que se le para el corazón y el electroencefalograma es plano; hay otras maneras —quizá peores— de entender la muerte desde el punto de vista de la existencia: hay muertes en vida; por ejemplo, el pánico a ser tocado, el miedo a la presencia del cuerpo y el aliento del otro —un extraño—, o la melancolía, esa tristeza infinita, ese sol negro, esa mirada al abismo sin fondo que deja la noche abierta.

Desde la adquisición de un nombre propio, el argumento de la existencia está marcado por una huella que no pertenece a su portador; al contrario, expresa la presencia de otro. El argumento no es una sustancia que se oculta en el interior de los cuerpos, al modo de un molusco en su caparazón, sino una exterioridad radical; por eso un existente es alguien vinculado a un mundo interpretado, a un relato compuesto por una historia que viene de lejos, con sus máscaras y sus gestos, con sus relaciones y sus decorados, con sus cosas y sus objetos. Los relatos son lazos, son vínculos. Es imposible pensar un argumento que no pueda ser representado, porque la existencia es precisamente eso, la representación que transforma a un individuo en actor.[11]

Que alguien es actor significa que su argumento es una «puesta en escena» que consiste en representar un guion que no es un simple guion. Los guiones son «papeles», formas de ser que se han adquirido por medio de procesos educativos en los que se ha transmitido una gramática; pero, al mismo tiempo, son argumentos reconfigurados a partir de acontecimientos y encuentros con lo otro, con la exterioridad. En esos argumentos, el guion se convierte en una biografía de ritmo disonante, en una trama incompleta. Que alguien es actor también quiere decir que su forma de ser no es una identidad compacta y cerrada, terminada, permanente y estable, porque lo que alguien es lo es *en* sus formas de aparición, en sus vínculos, en sus relaciones. Todo argumento es un relato en devenir del que se desconoce su final. En ese sentido, es lógico pensar que la existencia no es homogénea, sino incoherente, de ahí que el actor tenga necesidad de acudir (o de construir) en innumerables ocasiones a *ficciones de continuidad,* por ejemplo, al sí mismo, al alma o a la sustancia, entre muchas otras.[12] Pero lo cierto es que en el drama humano no hay tramas compactas ni coherentes. Por eso, como puede imaginarse, en un mundo en el que la exterioridad está claramente en tela de juicio y en el que el yo sustancial campa a sus anchas, las tramas ambiguas y disonantes son incómodas y, por lo tanto, no es raro que sean capturadas por esas ficciones de continuidad que ofrecen tranquilidad al actor y que, en ocasiones, se transforman en identidades cerradas.

Conviene tener muy presente que en todo argumento hay grietas abiertas a los abismos de lo real, a eso indisponible que tarde o temprano puede acabar convirtiéndose en inhóspito. El actor no puede eludir esas grietas que le sitúan al borde de un precipicio. Esa posibilidad es la condición de su existencia. Para existir, el actor tiene que atreverse a hacerse cargo de ese vértigo que en ocasiones petrifica su vida pero que, al mismo tiempo, la dota de un sinsentido que mantiene agitado el latido de su piel y de sus entrañas.

Un actor aparece en un escenario; va a dar comienzo una función y su existencia es una representación teatral. En la primera parte de su libro *La vida del espíritu,* Hannah Arendt se ocupó de pensar en qué consiste la «aparición». Arendt sostiene que los seres vivos hacen su aparición como actores en un escenario preparado para ellos. El escenario —sigue diciendo— es el mismo para todos los que están vivos, pero parece distinto para cada especie, diferente, incluso, para cada individuo. Es la perspectiva que opera al modo de una mediación entre el actor y el mundo, y, al mismo tiempo, está compuesto por situaciones que dan lugar a nuevas (infinitas) perspectivas. Un actor no puede aparecer en un escenario sin representar un guion que se convertirá en un argumento, pero para ello será necesario que ese guion se vea afectado tanto por los acontecimientos como por aquellos que interpretarán su representación (los «espectadores»). Está claro que no puede haber una representación libre de ambigüedades, de conflictos y de malentendidos, de ahí que tampoco ningún argumento pueda eludir un infinito conflicto de interpretaciones. La trama de la existencia será siempre e inevitablemente una narración dotada de un ritmo inestable y en riesgo, porque no le será posible esquivar la exterioridad, el contacto o el vínculo.

Aparecer en el escenario de la existencia es ser visto, oído, tocado, saboreado, olido por otros; la representación es una interacción corpórea, piel con piel, y en cualquier interacción el *roce* es inevitable: «Nada teme el hombre más que ser tocado por lo desconocido», afirma Canetti al comienzo de *Masa y poder.* Si en un escenario hay una pluralidad de actores —(y siempre la hay, de forma explícita o implícita)—, entonces necesariamente habrá roce, y este está dotado de ambigüedad: puede ser fuente de placer, de seducción, pero también puede ser mortal. En ese roce de los cuerpos hay espectadores que creen que están a salvo porque participan a distancia de la representación, al menos a cierta distancia, y pueden pensar que ese roce no va con ellos. Todos contemplan la escena, pero su contemplación no es indiferente. Nadie existe completamente al margen. Nadie es espectador ni actor puro.

En el escenario de la existencia hay una primacía de la representación sobre la acción. Nadie representa nada solo. Representar es estar vinculado, aparecer frente y junto a otros. No hay representación sin vínculo y, por lo tanto, tampoco sin extraños que irrumpen en el momento menos pensado. La representación es el drama humano. Ninguna otra forma de ser es anterior a ella ni más importante, pero, puesto que la representación no puede eludir la otredad, el contacto será un contacto frágil y, en ocasiones, amenazante. Por esa razón, para poder configurar su argumento, el actor sentirá la necesidad de apoyarse en *formas de protección* (físicas y simbólicas). Una de esas formas son los *vínculos de identificación*. Esos vínculos harán posible generar las ya mencionadas *ficciones de continuidad* para que pueda darse la instalación del actor en el escenario de la existencia.

Ha quedado claro que el argumento no depende del

actor, de su voluntad o de su libre decisión. La trama es el resultado (inacabado e inacabable) del guion heredado y de las relaciones con los otros, tanto con aquellos que aparecen como personajes de ese mismo guion como con los que irrumpen en el escenario al modo de intrusos. En el escenario de la existencia, el actor es un ser con los otros: con la familia, con su grupo de amigos y con su entorno cultural, y, para que el argumento pueda configurarse, será necesario que las relaciones se conviertan en lazos *de cierta densidad,* en vínculos que doten al actor no de una identidad inmóvil, esencial y firme, sino de una identificación estable, es decir, de una ficción de continuidad de orden relacional y narrativo que haga posible que pueda sentirse protegido de las sombras amenazadoras que surgen del mundo. El actor convierte su «ser en relación» en un modo de «ser enlazado», de manera que esos vínculos serán los que le proporcionarán una garantía para instalarse en un escenario *con cierta cordialidad.*

En ese caso, el roce con los otros podrá ser fortalecedor, podrá ser generador de una continuidad afectiva, porque los otros con los que se enlaza serán personas con las que comparte algo (un apellido, unas creencias, unos símbolos, unos mitos, unos rituales, unos gestos) y con las que participa de una pérdida o ausencia (el fallecimiento de un familiar, por ejemplo). El actor aprenderá que esos otros son —en definitiva— personas «como él», que piensan, que actúan, que hablan, que sienten o que sufren «como él»; pero ese roce afectivo no podrá eliminar el conflicto ni la amenaza.

Además del roce, del contacto y del afecto, hay otros elementos físicos y simbólicos que favorecerán la creación de lazos. Pensemos en los que tienen que ver con el cuerpo, con la moda, con el peinado, así como con las marcas corporales y los tatuajes. En ese caso, se trata de las *inscripciones corporales,* o de lo que el antropólogo David Le Breton llamó la «firma del yo». En muchas culturas es relativamente habitual *marcar* el cuerpo con la extracción de un fragmento (prepucio, clítoris, dientes, dedos, etcétera), hacer *inscripciones* en la piel, pintarla, usar joyas, anillos, pendientes, y también hay «firmas del yo» en las distintas formas de peinado o de indumentaria. Esas marcas corporales suelen ser un modo ritual de inscripción en el grupo o en la comunidad y, al mismo tiempo, de separación de otros grupos y de diferenciación con ellos. Esas marcas también ejercen la función mencionada de ficciones de continuidad. Tales inscripciones corporales humanizan al hombre al ponerlo socialmente en el mundo y al vincularlo a los otros.[13] Pero hay que tener en cuenta que esa «humanización» no puede ni debe ser sinónima de «bondad». Ser *humano* no significa ser *bueno,* sino ser *ambiguo,* esto es, tener la posibilidad de construir lazos de solidaridad y de compasión, pero también, por desgracia, formas de violencia y de crueldad.

A diferencia de las relaciones en general, las ficciones de continuidad, los lazos o relaciones densas, se crean con otros cuerpos que se perciben como cercanos, que se sienten como cómplices. Ante la presencia de un intruso, ante una mirada perturbadora, el actor sabe que puede contar con esos otros que son como él, que forman un grupo de amigos, una cuadrilla o un equipo. Algunos de esos lazos ya están inscritos en la gramática que ha heredado y han quedado concretados en el guion que tendrá que representar; piénsese, por ejemplo, en los relativos a la familia. Otros, en cambio, los que hacen referencia a las amistades, son el producto de los encuentros y desencuentros azarosos que cada actor establece con los otros actores y espectadores que le salen al paso. Ambos tipos de lazos, para bien o para mal, son ineludibles en la formación del argumento. Ahora bien, es necesario recordar —e insistir en ello— que las relaciones densas, por más seguras y duraderas que sean, no pueden evitar —aunque seguramente lo desearían— la posibilidad de la contaminación, de la ruptura, de la incoherencia y de la desestructuración, porque la debilitación de la identificación puede venir tanto del *exterior* como del *interior* de la relación, esto es, de la propia familia o del grupo de amigos. Muchos consideran que algo así es un riesgo o un peligro. Sin embargo, de una manera u otra, los argumentos son tramas amenazadas. Y eso, como veremos después, en lugar de ser perjudicial es la condición necesaria para que un grupo o una comunidad no se conviertan en una secta o en la base de un régimen totalitario.

El relato de Kafka titulado «Comunidad» ejemplifica lo que aquí se está diciendo:

> Somos cinco amigos; una vez salimos uno detrás del otro de una casa; primero salió uno y se puso junto al portal, luego salió el segundo por la puerta, o, mejor dicho, se deslizó con la ligereza de una bolita de mercurio, y se colocó a escasa distancia del primero; luego el tercero, luego el cuarto, luego el quinto. Al final formábamos todos una fila. La gente se percató de nosotros, nos señaló y dijo: «Los cinco acaban de salir de esta casa». Desde entonces vivimos juntos; sería una vida pacífica, si no se inmiscuyera siempre un sexto. No nos hace nada, pero nos resulta molesto, lo que ya es bastante; ¿por qué se mete donde no lo llaman? No lo conocemos ni queremos acogerlo entre nosotros. De hecho, los cinco tampoco nos conocíamos antes ni nos conocemos ahora, a decir verdad, pero lo que entre nosotros cinco es posible y está tolerado, no es posible ni está tolerado en relación con un sexto. Por otra parte, somos cinco y no queremos ser seis. ¿Y qué sentido puede tener esta permanente convivencia? La de nosotros cinco tampoco tiene sentido, pero ya estamos juntos, así seguimos y no queremos una nueva unión precisamente debido a nuestras experiencias. Pero ¿cómo dar a entender todo esto al sexto? Como las largas explicaciones casi equivaldrían a aceptarlo en nuestro círculo, preferimos no explicar nada y simplemente no lo aceptamos. Por mucho que frunza los labios, lo apartamos con los codos, pero por mucho que lo apartemos, él vuelve.[14]

La narración muestra en toda su radicalidad el peligro de la comunidad, su lógica, su forma de operar en el escenario de la existencia. Hay comunidades por todas partes porque los actores necesitan relaciones densas que les proporcionen ámbitos de protección. Pero las comunidades que crean identidades firmes y seguras, compactas en exceso, pueden ser muy peligrosas, porque toda comunidad es por fuerza excluyente y, en ese sentido, también es inevitablemente hostil. Eso es lo que puede inferirse del texto de Kafka. En el relato, el «sexto amigo» impide la felicidad del grupo, de los otros cinco. Es alguien que molesta, que rompe la armonía, por eso no puede ser acogido. Tampoco se le darán explicaciones, no se justificará el motivo de su no aceptación, porque algo así ya supondría *de facto* su aceptación. El «sexto amigo» es un peligro, pero un peligro necesario, porque es él el que da coherencia y fortaleza a los otros cinco.

En la narración de Kafka, la amenaza proviene del exterior, pero, como se ha dicho antes, en ocasiones surge en el interior del grupo: ese otro con el que se comparte un vínculo de identificación puede convertirse en una amenaza si sucede algún acontecimiento que haga tambalear la relación y acabe rompiendo los lazos con los que se habían tejido las relaciones densas. Pensemos, por ejemplo, en una traición, una infidelidad o un engaño. Alguien con el que se había creado una relación densa de amistad o de amor no es el que parecía ser. Tal vez haya sufrido un cambio radical, aunque se desconoce la razón o causa de ese cambio. A pesar de que parece cumplir con los requisitos necesarios para seguir siendo identificado como miembro del grupo, surge una duda inquietante, porque quizá no sea más que un impostor.

Esa figura, la del *impostor,* es sumamente interesante. Es posible que todo no sea más que una mentira y que no exista tal vínculo, que nunca haya existido una relación densa, que los lazos creados no sean otra cosa que un falso decorado y que el actor sea un individuo que se hace pasar por lo que no es, alguien en el que uno cree que puede confiar porque es «de los suyos», cuando realmente no es así. El impostor es una especie de presencia maligna, un farsante, un actor que finge ser «otro» con el fin de engañar al resto. Es un falso actor. El impostor es alguien que traiciona la confianza que los otros han depositado en él. El escenario de la existencia está lleno de impostores. Un actor le confiesa a otro sus secretos, pero resulta que ese otro no es quien dice ser. Aunque puede suceder también que ese impostor, al que el actor cree haber descubierto, en el fondo no lo sea, y que en realidad sea alguien que hace la función de espejo, es decir, un individuo que muestra la impostura del propio actor. A veces el actor necesita sentirse amenazado para fortalecer su argumento, para que su trama sea más coherente y firme.

Las relaciones densas no pueden construirse a base de contratos, sino de confianza. Son *lazos de confianza.* Sin ellos no es posible la creación de un argumento mínimamente estable (pero no del todo, porque, en el escenario de la existencia, la confianza está de una manera u otra amenazada por la *traición).* La traición siempre proviene de una relación densa, de un lazo construido con alguien perteneciente al grupo, a la familia o a la comunidad. Solo puede ser un traidor alguien cercano. Un individuo que vive al margen del grupo no puede ser considerado un traidor. Por eso uno de los ejemplos más interesantes de esa «confianza amenazada» es la relación entre el maestro y el discípulo. Si recordamos el último capítulo de la primera parte de *Así habló Zaratustra,* nos daremos cuenta de que el maestro exhorta a sus alumnos a que lo traicionen, les dice que renieguen de él, que lo olviden, porque él solo volverá cuando eso suceda. «Se recompensa mal a un maestro si se permanece siempre siendo discípulo», escribe Nietzsche. Zaratustra es ese maestro que cree que sin alguna forma de traición no hay magisterio.

Esa idea remite a una escena bien conocida, a saber: a lo sucedido la noche de Getsemaní.[15] En ese pasaje de los Evangelios no se habla de Dios, sino del hombre. Toda persona educada en la tradición occidental recuerda el momento en el que, con un beso, Judas traiciona al Nazareno. La noche de Getsemaní es el escenario del abandono absoluto, de la plegaria desesperada, de la traición más dramática. Hay tres escenas en ese acto. La primera es el anuncio de Jesús a sus discípulos de su pasión y de su muerte. La segunda es el momento de la soledad y de la plegaria. Y, por último, la tercera es el beso de Judas y el arresto de Jesús. Esa tercera escena es la que nos interesa ahora.

La noche de Getsemaní es la noche de la traición a través de un beso.[16] El beso es un gesto asociado al amor, pero en esa escena expresa lo contrario: es el gesto de la traición. Ahora bien, es necesario recordar que, además de Judas, hay otro actor clave en Getsemaní. Al parecer, hubo una «segunda» traición, la del apóstol Pedro. Ahí se muestra con toda claridad lo que se ha dicho hace un momento, el hecho de que la traición viene siempre de alguien cercano, de alguien con quien se ha creado una relación densa, un lazo de confianza y afecto. Un desconocido puede engañar, pero no puede traicionar. Judas y Pedro son muy diferentes, pero también tienen algo en común: la proximidad con Jesús.[17]

Judas, a diferencia de Pedro, planifica su traición, medita su venganza contra Jesús porque lo ha decepcionado. La suya es una traición por motivos políticos.[18] La traición de Pedro, en cambio, es producto de su miedo y de su fragilidad. Pedro es un cobarde; de ahí que para muchos su actitud sea mucho más comprensible (o admisible) que la de Judas. Porque ¿quién se atrevería a decir que nunca traicionaría en una situación límite, ante una amenaza de muerte? Es verdad que la cobardía tiene mala prensa y, por eso, nadie se atreve a confesarla de manera abierta, pero en el escenario de la existencia es una actitud habitual. Pedro «lloró amargamente» (Mt 26,75). Su traición va acompañada de esas lágrimas que muestran la extrema vulnerabilidad del discípulo que tiene miedo de ser reconocido como seguidor del maestro. Frente al gesto suicida de Judas, pues, a Pedro se le hace insoportable su mentira, pero esa mentira y esa traición revelan su radical «humanidad». Los lazos de confianza son vínculos expuestos a la traición, pero también a la demanda de perdón.

Sin duda, esas situaciones que narran los textos evangélicos son ejemplos que muestran abiertamente la forma de la configuración incierta de un argumento basado en la confianza depositada en el otro. Los lazos que operan en los vínculos de identificación, aunque densos, no pueden dejar de ser inciertos y frágiles porque están basados en esa confianza, que es algo que no puede probarse. De ahí su fragilidad. Como hemos visto, el argumento del actor no es sustancial, sino relacional; aunque él se haya vinculado con un grupo, esa trama no es nunca lo suficientemente fuerte y estable para evitar sentirse amenazada por las formas de lo indisponible (el engaño, la mentira, la impostura o la traición). Si se dan determinadas circunstancias, cualquier situación puede transformarse en una situación infernal. Ahora bien, como todo lo que acontece en el escenario de la existencia, la ambigüedad hace acto de presencia, porque, como veremos dentro de un momento, esa debilidad también es lo que hace que el argumento del actor tenga una forma susceptible de convertirse en una especie de sustancia firme que dé lugar a dogmatismos y a formas de violencia. Hay que andarse con cuidado con la confianza *a ciegas*.

Antes de considerar esa cuestión será necesario pensar qué sucede si los vínculos densos de identificación se fracturan o incluso llegan a desaparecer con la aparición de lo que podría llamarse *lógica del contrato*. En los escenarios de la modernidad tardía, la confianza está siendo sustituida por el contrato. Dicho de otro modo: si en esos escenarios el contrato se vuelve necesario, o imprescindible, para que los lazos puedan tejerse alrededor de un argumento es *porque la confianza se ha roto*. Lo primero que hay que tener presente es que, mientras que el contrato es una lógica, la confianza es un don, una donación. Alguien da confianza a otro y este cree en el don, cree en ese alguien. No necesita ningún documento por escrito que esté firmado. De hecho, un documento escrito y firmado sería la negación del don.

A diferencia del don de la confianza, la lógica del contrato es recelosa. Con el contrato, el actor cree estar protegido de la traición y de la suspicacia, o al menos considera que posee cierta defensa contra ellas. Pero lo cierto es que no hay contrato que pueda proporcionar protección contra *todas* las contingencias. Cualquier contrato es estructuralmente incompleto, de ahí que, aunque exista un contrato, el actor necesite también confianza. Un vínculo sometido del todo a la lógica del contrato no es operativo en las relaciones densas, puesto que, para habitar cortésmente en las situaciones más decisivas de la vida cotidiana, el actor necesita lazos afectivos, corpóreos, lazos que se manifiesten en el roce y en el contacto sensible. En definitiva: si la lógica del contrato sustituye por completo al don de la confianza, el vínculo entrará en crisis y la trama del actor se encontrará expuesta a la desestructuración. Entonces, probablemente el vértigo haga su aparición y tarde o temprano el escenario acabe dominado por el vacío existencial.

Otro de los elementos que hay que considerar en la creación de los vínculos de identificación necesarios para la configuración de una trama es la *gramática de lo implícito*. Para instalarse en un escenario, al actor no le basta con el lenguaje de lo explícito, es decir, con lo claro y lo distinto, sino que también necesita lo implícito, necesita percibir la palabra *no dicha* del otro. Esa palabra puede ser el silencio, un silencio que nada tiene que ver con el mutismo, por supuesto, sino todo lo contrario. Sin silencios, las palabras del amor, de la amistad o de la paternidad no *dicen* nada.

Los implícitos, además, tienen una dimensión vital que habría que subrayar: el afecto. Los vínculos de identificación son eficaces si están basados en los silencios afectivos. En un escenario frío, en el que se da una fractura de los afectos, el actor encuentra enormes dificultades para hacer frente al peso del mundo. En ese caso, la existencia se convierte en una carga casi insoportable.[19] El triunfo de la lógica del contrato, junto con la burocratización total de la vida, el imperio de la prisa, la precariedad del trabajo y las relaciones personales líquidas impiden la creación de lazos y relaciones densas basadas en gramáticas de lo implícito, del silencio, en gestos de amistad y de amor.

Para hacer frente a la amenaza de las sombras del mundo, de lo indominable, tiene que existir algo que pueda ser mostrado sin ser dicho. Afecto y confianza son elementos que mantienen vivos los vínculos. Pero es preciso insistir en que no hay pruebas para la confianza. Alguien que diga «confía en mí» no puede ofrecer pruebas, pero sí gestos. No hay que confundir una *prueba* con un *gesto*. La prueba pertenece a la *gramática de la evidencia,* a la condición cartesiana de lo claro y lo distinto; el gesto, en cambio, pertenece a la *gramática del eros*. La prueba está fuera de la corporeidad. Una prueba no pertenece al actor, es algo que funciona al margen de su cuerpo, de su palabra, de su silencio. Todo lo contrario ocurre con los gestos. Estos no son ni tipificables ni categorizables, por eso no puede haber una taxonomía del gesto.

A diferencia de la prueba, el gesto es algo que depende de la biografía del actor. En otras palabras: si la confianza en esa persona se fracturó en el pasado, por ejemplo, por algo que hizo, por una promesa incumplida, entonces su palabra tendrá poco (o tal vez ningún) valor y es posible que sea un obstáculo para la creación de nuevos lazos. Sabemos que muchos de los actuales escenarios de la modernidad se caracterizan por su «hiperconectividad», pero también es sabido que operan con una radical desvinculación afectiva. La cuestión es que es imposible configurar un argumento en un escenario en el que los «efectos» han sustituido a los «afectos». La pregunta «¿para qué sirve?» (y otras derivadas de ella: «¿qué me aporta?», «¿qué gano yo con eso?», etcétera) es una cuestión que impone claramente una lógica del efecto o de la efectividad, trasladando a un plano secundario (o eliminando sin más) el afecto o la afectividad. Si la lógica del efecto prevalece como la habitual e incontestable en la representación, entonces la existencia entra en una grave crisis y el argumento se fractura. Si todos los vínculos se forman alrededor de la efectividad, entonces los lazos más importantes para la existencia se debilitan y corren el riesgo de desaparecer. Puede pensarse en la amistad o el amor, o en cualquiera de sus derivadas (la paternidad, la fraternidad, la sexualidad). En los escenarios de la modernidad, la lógica de la efectividad ha sustituido el *eros* por la *tekhné*.

Junto a la confianza, la promesa constituye otro de esos implícitos imprescindibles para la creación de los vínculos necesarios para la configuración de un argumento que haga posible habitar el escenario de la existencia. La trama del actor está formada por promesas que han ido surgiendo a lo largo de su vida. Algunas tal vez hayan aparecido sin que se haya dado cuenta, casi sin querer; algunas las ha hecho él, otras se las han hecho. Su existencia está llena de ellas, aunque a veces se promete sin pensar en la importancia que esa palabra tiene y la enorme responsabilidad que conlleva. Prometer no es baladí, es algo fundamental para poder habitar el escenario de la existencia. Pero, aunque muchas veces se toman como sinónimos, *prometer* no es lo mismo que *jurar*. Se jura poniendo a Dios por testigo o la mano sobre la Biblia (o sobre la Constitución). La promesa, tal como aquí se contempla, y a diferencia del juramento, se formula cara a cara, *ante el otro:* «Te prometo...». Se trata de un compromiso: prometer es comprometerse, y no se puede utilizar ese verbo en vano.[20]

Como ya se ha dicho, la promesa y la confianza son lazos que dan vida a relaciones densas. Para el actor, esos vínculos afectivos no son negociables, pero, de nuevo, no hay que olvidar que no pueden dejar de ser ambiguos y que, por lo tanto, puede esperarse de ellos lo mejor y lo peor. Es ahora el momento de reflexionar acerca de la cuestión que se ha anunciado antes, a saber: el peligro que genera *la confianza ciega*. Una confianza ciega es aquella que puede dar lugar a un vínculo de identificación tan dependiente del otro que genere enemigos radicales con los que es imposible establecer no ya un acuerdo, sino ni siquiera un mínimo de comunicación. La alienación, por ejemplo, es uno de los peligros que resultan de un exceso de confianza. Algo parecido sucede con la promesa. Cumplir una promesa a rajatabla, pase lo que pase, sin atender a las consecuencias, sin fijarse en la situación o en el cambio de situación, sin escuchar los matices del tiempo y de la historia, puede resultar peligroso y abrir ámbitos de fanatismo y de locura identitaria.[21]

No olvidemos que la condición finita y vulnerable del actor lo sitúa en un escenario concreto, con sus distintas situaciones que cambian constantemente. Se sale de una situación para entrar enseguida en otra, de ahí que, aunque se habite el mismo escenario, ese escenario nunca sea el mismo. La promesa se pronuncia en una situación, y se dirá que ese es el valor de la promesa: la persistencia en el tiempo, su persistencia a pesar del cambio de situación, su permanencia a pesar de los cambios y de las transformaciones. Y es verdad, pero al mismo tiempo ese es su peligro. Se trata, pues, como siempre ocurre en el escenario de la existencia, de un arma de doble filo, de una ambivalencia.

Es necesario estar alerta y andarse con cuidado. Los procesos y las acciones educativas tendrían aquí que prestar atención, porque un vínculo de identificación extremadamente denso, en el que no hay grietas por las que se filtre la duda, en el que el argumento se convierte en una identidad sustancial, firme y compacta, es a menudo un componente básico para la creación de una visión sectaria o dogmática del mundo. Cuando el vaivén, el ritmo de la trama del actor, con sus dudas y sus contradicciones, se unifica en una esencia inmóvil y por completo coherente, el rodillo de las formas totalitarias está listo para ponerse en funcionamiento. En ese caso, la identidad se convierte en una poderosa arma para agredir al otro, al que es extraño, distinto o diferente, o incluso para establecer jerarquías de dominación y de sometimiento dentro del mismo grupo.

Cualquier vínculo puede acabar matando si deja de ser creador de un argumento disonante y se convierte en una identidad compacta. El peligro es real tanto para el mismo actor como para esos otros con los que habita las diferentes situaciones del escenario. La identidad sustancial puede imposibilitar la forma de comunicación entre ellos e incluso legitimar su exterminio. Si el otro deja de ser «otro» y se convierte en un «no yo», llega a ser un ente amenazante y entonces la lógica de la crueldad hace su aparición. En ese caso, el escenario es un escenario infernal. Ese «otro» puede hacer referencia a otro actor, pero también puede ser «lo otro», es decir, libros, ideas, religiones, símbolos, ritos, etcétera. Hay un fenómeno interesante que algunos profesores, por ejemplo, ya han comenzado a detectar. Se trata del hecho de que algunos padres y estudiantes rechacen la lectura de ciertos libros que consideran peligrosos porque atentan contra sus ideas y convicciones. Hay casos en los que esos mismos padres y estudiantes han exigido que la lectura de algunos autores de la cultura occidental sea prohibida.[22] La creciente consagración de la autenticidad y la defensa a ultranza de la identidad compacta son inseparables de las demandas de protección individual para, de ese modo, estar a resguardo de la alteridad, de la diferencia y de la crítica. El personaje, ahora recubierto con vínculos sustanciales identitarios, no corre el peligro de tener que poner en duda las convicciones que están sustentadas en la comunidad. Así, la identidad sustancial está a buen recaudo y la tranquilidad del personaje queda garantizada.[23] En todos esos casos predomina una alabanza del «nosotros», un elogio a identidades comunitarias (y victimistas) y un odio al otro, el odio a aquel que es —por el mero hecho de «ser»— un enemigo.

Esa identidad sustancial es guerrera y belicosa porque necesita oponerse a un «no yo» para poder constituirse. Pero ese «no yo» no puede estar a su mismo nivel. No hay, ni puede haber, diálogo con el enemigo, solo puede haberlo con el adversario. De ahí que el «no yo» no sea, para la identidad sustancial, alguien que no piense como ella (un adversario), sino un enemigo y, como tal, una amenaza. Esa es la condición de posibilidad de «lo político».[24] Cuanto más fuerte es la amenaza del «no yo», más fuerte es también la identidad sustancial. Y si no hay enemigo habrá que inventarlo, será necesario crear un enemigo fantasma. Que el enemigo exista o simplemente sea una ilusión es lo de menos, lo importante es que los personajes crean en su existencia.

La memoria ocupa un lugar destacado tanto en los vínculos de identificación necesarios para la creación del argumento como en los casos en que ese mismo argumento acaba convirtiéndose en una peligrosa identidad sustancial y comunitaria. Resulta obvio que la memoria posee una ambigüedad radical. Si se hereda una gramática y, con ella, un relato y una biblioteca, se heredan al mismo tiempo amigos y enemigos «de esos de toda la vida», porque los vínculos de identificación también son lazos de memoria individual y colectiva. Toda memoria es, al mismo tiempo, singular y plural, puesto que no hay singularidad que no pase por la pluralidad y la otredad. La memoria tiene una base neuronal y otra cultural, crece desde fuera. Una memoria puramente individual no existe; sería algo así como un lenguaje privado. La base neuronal no se activaría sin la relación con los otros, sin el lenguaje, sin las acciones y sin los afectos. Sin *pathos* no hay memoria, y en ese *pathos* las emociones juegan un papel decisivo. El amor, la amistad, la confianza, la solidaridad, el interés, pero también el odio, el sufrimiento y la enemistad.[25] Es a través de esos afectos como las representaciones quedan grabadas en la memoria. Es inevitable e ineludible: todo argumento es una trama de memoria, de ahí que no exista una memoria aséptica, apática, neutra; por lo tanto, la memoria no es una fotografía de lo que sucedió, sino su interpretación.

Un exceso de recuerdo (como es el caso de *Funes, el memorioso,* en el relato de Jorge Luis Borges) es insoportable e impide la existencia, pero un exceso de olvido (la enfermedad de Alzheimer, por ejemplo) supone la muerte del actor. Desde una perspectiva antropológica que tiene como punto de partida la finitud, nadie puede estar incorporando en la creación de su argumento recuerdos sin olvidos porque algo así sería la negación de «lo abierto», supondría un bloqueo existencial; en tal caso, el argumento se convertiría en una especie de fósil que cierra las puertas a cualquier horizonte de expectativa y de esperanza. Es necesario olvidar, liberar la trama de amores y de odios, de amigos y de enemigos, pero eso no es fácil, en ocasiones es imposible, porque no depende de la voluntad del actor. Uno no decide qué olvidar y qué recordar ni cuándo hacerlo. Uno olvida y recuerda, sin más. De ahí que, debido a su radical ambigüedad, la memoria también sea una fuente de conflictos muy graves. La memoria es, ciertamente, un antídoto que puede posibilitar que los vínculos del odio y la enemistad puedan ser reparados a través, por ejemplo, del perdón. Pero, al mismo tiempo, la memoria ejerce muchas veces una función sumamente negativa.[26] Hay memorias que matan porque generan y renuevan antiguas gramáticas del odio. Son memorias que abren las puertas a la venganza, como sucede en el caso del capitán Ahab en *Moby Dick,* la gran novela de Herman Melville. Esas memorias bloquean el perdón y la vergüenza.

Para bien o para mal, no hay lazos ni vínculos que estén por completo libres de memoria. Sin ella, las relaciones entre los actores no serían posibles y ninguno de ellos podría configurar su argumento. En el escenario de la existencia hay una «memoria vinculante»[27] que surge de una necesidad antropológica básica: la pertenencia a un grupo, a una familia, a una comunidad, con todo lo bueno y todo lo malo que esa pertenencia lleva consigo. Se trata de una identidad colectiva y compartida que viene de lejos, que escapa al recuerdo del actor; es una memoria inmemorial que teje lazos de pertenencia con un pasado que es posible que el actor sea incapaz de recordar, pero que está presente de manera inevitable en su trama.

Volvamos ahora a la cuestión de la identidad amenazada. El actor necesita algún tipo de «proceso de protección» para poder hacer frente a los entes y a las situaciones inquietantes del escenario de la existencia. ¿Cómo se defiende el actor de la presencia amenazante de un (supuesto) enemigo? En la vida cotidiana el proceso sería más o menos el siguiente: en cualquier momento irrumpe en el escenario un «ente amenazante» (un extranjero, un loco, un perverso, un anormal, un salvaje, etcétera) que el actor percibe como un enemigo y, por lo tanto, como un peligro. Entonces los lazos densos que han servido para la configuración de su argumento se activan de nuevo. Al sentirse intimidado por la presencia de algo o alguien que no puede someter a control, de algo o alguien que rompe o pone en crisis su gramática y su tan bien aprendido guion, se genera en él un deseo de repliegue, de reclusión, de andar hacia dentro, como si fuera una especie de caracol. Está convencido de que solo en la interioridad se puede estar seguro. El yo, la familia, la cuadrilla de amigos, la cultura o la nación son «fortalezas interiores» que generan complicidades de pertenencia y, de ese modo, favorecen que el actor pueda conjurar (o al menos intentan evitar en lo posible) el peligro que supone el ente o la situación amenazante. Las fortalezas interiores protegen al actor porque convierten su argumento disonante en una ficción de continuidad con un alto grado de coherencia y estabilidad. El roce, el contacto, entre los miembros del grupo no es ahora una fuente de temor, sino todo lo contrario: es su protección. La masa desempeña ahí un papel primordial. No hace falta en ese caso que surja una identidad sustancial, basta con que el argumento del actor se deje llevar por la defensa que le ofrecen las fortalezas interiores. Las dudas, los dilemas, los conflictos propios de toda trama quedan puestos entre paréntesis gracias al contacto con los otros individuos de la masa que le proporcionan cierta tranquilidad.

A menudo, al actor se le educa en función de esa ficción tranquilizadora: las instituciones pedagógicas lo convencen de que su argumento no es más que una identidad en continuidad con un círculo coherente que lo protegerá sin dudarlo y a cualquier precio del asalto de los entes y las situaciones amenazantes. De hecho —dirán las instituciones pedagógicas—, no hay construcción posible de un argumento sin esa extrema densidad que ofrecen al actor las fortalezas interiores. El actor acaba tranquilizándose, porque se convence de que su argumento es un yo coherente y fusionado con su grupo o comunidad y, por eso, está protegido de cualquier relación con lo indominable, con lo indisponible, con los «entes amenazantes».

Los vínculos de identificación operan a partir de un mecanismo simbólico que funciona del siguiente modo: construye una diferencia nítida entre el yo y el «no yo», entre lo interior y lo exterior, y de ese modo traza un límite que separa la verdad y el bien (que siempre son internos, constantes y permanentes) de la maldad y la falsedad (que siempre son externas, inestables y cambiantes). Las fortalezas consiguen su propósito mediante una suerte de desconexión que consiste en dar la espalda al mundo edificando «muros de contención» para mantener a raya las «sombras», todo lo que fluye incesantemente y que no es posible tener bajo control, por ejemplo la historia, el tiempo, la otredad, las transformaciones, etcétera.[28] Por esa razón desempeñan una función pedagógica de primera magnitud. Desde la caverna platónica se ha educado en la idea de que, para poder instalarse en un escenario y habitarlo con cierta tranquilidad, es necesario defenderse de las sombras a toda costa; o, como mínimo, habría que mantenerlas a distancia. No hay duda de que, en el escenario de la existencia, el actor siempre ve cierto peligro en lo exterior, que aparece ante él como algo indominable que lo atemoriza, pero eso es precisamente «estar» en un escenario: no poder eludir el peligro. Muchas veces el actor no se encuentra con fuerzas para aceptar el riesgo y el malestar que toda exterioridad provoca. Los vínculos de identificación lo mantendrán alejado de ese malestar poniendo barreras, límites simbólicos, a la exterioridad.

Ahora bien, como ya se dijo antes, las fortalezas tienen sus riesgos, algunos de los cuales son muy graves y pueden dar origen a dosis enormes de violencia y crueldad porque, al proteger de manera radical de la amenaza exterior, esas fortalezas pueden crear fanáticos incapaces de establecer vínculos de cordialidad y de hospitalidad con lo otro, con lo diferente o lo extraño, que serán vistos como enemigos. Apoyadas en la memoria, las fortalezas se edifican sobre la base de unos *recuerdos* que no son susceptibles de elección ni de eliminación. Los procesos pedagógicos insisten en el deber del actor. El actor «se debe» a lo que antaño sucedió y que ahora todavía cohesiona al grupo y le otorga identidad. Si no se somete a ese deber que le impone la memoria vinculante, el actor puede convertirse con facilidad en un traidor: *recuerda de dónde vienes, recuerda lo que sucedió, recuerda quién eres, recuerda quiénes son tus enemigos*. En tal caso, la gramática que da lugar al guion con sus respectivos esquemas de interpretación y de acción puede ser una gramática del odio.

Por desgracia, en toda acción educativa se transmite, en mayor o menor medida, de forma explícita o implícita, algo así como un *discurso del odio*. El odio puede ser el resultado de la ausencia de educación, pero también es un elemento de la transmisión pedagógica, porque en los relatos incorporados a la gramática que el actor hereda *hay cuentas pendientes*, en los relatos hay cadáveres, víctimas y asesinatos que serán, de modo consciente o no, reproducidos. Jorge Semprún abordó esa cuestión en su novela *Veinte años y un día* (2003). Cada año, en la finca La Maestranza (Toledo) se celebra una ceremonia, una especie de auto sacramental, para recordar y reproducir el asesinato de José María Avendaño a manos de los campesinos. Pero veinte años después del suceso, el 18 de julio de 1956, los Avendaño deciden que esa va a ser la última vez, que ese día se van a cerrar de manera definitiva las cuentas pendientes, la herencia de unos asesinatos, y, en consecuencia, se va a cancelar ese discurso del odio que año tras año se ha ido renovando y transmitiendo a las nuevas generaciones. La dificultad de la tarea es evidente, porque, aunque no se repita explícitamente la ceremonia, la representación del asesinato, su huella sigue estando presente en la memoria de los supervivientes.

El odio se educa, el odio se transmite, el odio se hereda, el odio persiste. Todo argumento es heredero de una historia en la que se cometió un crimen que no ha sido cancelado. Los vínculos de identificación también son vínculos con algunas viejas historias que narran asesinatos que nadie ha resuelto y que, aunque tal vez han cicatrizado, siguen presentes. El odio no respeta el tiempo, aumenta con la transmisión, y, cuando parece que ha sido abandonado, vuelve a aparecer. Es metastásico. Se expande por el organismo, coloniza la trama de la existencia del actor y dirige los vínculos a su antojo; los hace más poderosos. El enemigo ya no está *en* el presente, pero sigue estando presente. El odio asedia desde fuera, viene de lejos, pero gruñe en el interior del argumento, late en el hilo denso de los vínculos. Un crimen no tendrá éxito si no queda grabado en la memoria de los herederos, en la de sus hijos, en la de sus nietos. Un asesinato no triunfa si se olvida. Generación tras generación, nadie es inmune a su poder de reiteración y ninguna educación podrá eludirlo. Al contrario, en toda educación se oculta una gramática del odio.

El odio no es gratuito, tiene motivos que expresan una herida incurable que, por eso mismo, nunca podrá borrarse. Habría que preguntarse acerca de la racionalidad del odio, sobre si el odio atiende a alguna lógica o, por el contrario, es lo irracional por excelencia, lo absurdo, el resultado de unas pasiones desenfrenadas. En ese caso, la solución para poder someterlo sería fácil: habría que gobernar las pasiones, sería necesario que la razón reprimiera el odio. Hay muchos que creen que, con una educación adecuada, el odio quedaría desactivado. Pero probablemente la cuestión no sea tan sencilla. En la medida en que el odio se instala en los vínculos de identificación y el argumento queda vertebrado por él, existe una racionalidad del odio.

Un argumento sin fisuras, una trama sin dudas, sin altibajos, sin interrogantes que no pueden responderse, una identidad sustancial, compacta y coherente en la que todo encaja, representa una forma fanática de vida que legitima el odio y la venganza. La duda, la ambigüedad y la sombra son antídotos contra el fanatismo, son elementos fundamentales que pueden evitar que un argumento se convierta en un pilar denso y firme. La educación no puede ni debe, en ese sentido, evitar el vaivén de la disonancia, sino todo lo contrario. Una educación que se pretenda contraria al totalitarismo y al fanatismo tiene que ser portadora de una gramática de la perplejidad.

El peligro de las identidades compactas es evidente. El fanático no posee, en sentido estricto, un argumento, sino un yo sustancial perfectamente integrado en su comunidad, que siempre es, de una manera u otra, una comunidad de exclusión que opera sirviéndose de una lógica de la crueldad.[29] El fanático no teme la exterioridad porque cree estar protegido de las sombras y de los enigmas. Su escenario deja de ser propiamente un escenario y se convierte en un espacio de seguridad radical que le permite desplegar su característica distintiva básica: la superioridad moral y, en consecuencia, la buena conciencia y la arrogancia.[30] Está convencido de estar en posesión de la Verdad, con mayúsculas, y está tranquilo porque encuentra apoyo en su grupo o en su comunidad, un apoyo que le ofrece una identidad firme, uniforme y compartida. No tiene dudas, o, en el caso de que las tenga, siempre encuentra respuestas para todo. El fanático sabe que lo que él piensa y lo que él hace será corroborado por el resto del grupo. Se sabe apoyado, pero no solo eso. La sensación de soledad desaparece. Su modo de vestir, de moverse, de hablar, además de estar en sintonía total con el grupo, es el verdadero. El fanático se cree portavoz de la Verdad, de una Verdad que lo trasciende, que se le ha revelado y que ahora le pertenece.

En los escenarios de la contemporaneidad, a los habituales vínculos de identificación se han añadido otros. Han surgido una especie de «comunidades virtuales» en las que las relaciones entre los actores se han vuelto sospechosas, dando lugar a crisis de compromiso y de confianza. El actor se ha convertido en un personaje que vive sentado detrás de la pantalla del ordenador. Su cara es un «perfil de usuario», su identidad es un número.

Las relaciones virtuales son rápidas, anónimas, estimulantes; y si no lo son, basta con bloquear al otro usuario y cerrar la pantalla. Si se sigue creyendo que la tecnología es una ventana al mundo, entonces cada actor es dueño de ese mundo, porque puede cerrar la ventana cuando le plazca.[31] «Hágase *mi* voluntad», parece ser el lema. Luego resultará que nada de eso estaba tan claro, que los intrusos siguen ahí, escondidos entre bastidores. Ahora, medios de comunicación y libros de autoayuda se convierten en nuevas fortalezas creadoras de identidades en las que el usuario —dueño, amo y señor de su existencia— parece ser auténticamente «sí mismo». Las nuevas fortalezas son creadoras de identidades en apariencia «auténticas».[32] Han convencido al actor de que es posible escapar de lo exterior (del tiempo, de la historia, de la otredad), de que es necesario conocerse a uno mismo, de que hay que aprender a hacer viajes interiores a lo que «realmente se es», como si hubiera algo esencial que le hiciera ser «realmente». Entonces el actor se convierte en un personaje (una forma de ser un usuario) y decide «blanquear» su argumento.[33]

Se trata de romper las relaciones con el mundo, que siempre son portadoras de inquietudes y de malestar. Se trata de eliminar el vínculo corpóreo, porque todo roce es peligroso y puede contaminar; se trata de bloquear el peligro que supone instalarse en un escenario plural en el que la incertidumbre, lo indominable y lo inhóspito pueden hacer acto de presencia, un escenario en el que un intruso puede irrumpir y cambiarlo todo, un escenario en el que el actor puede transformarse una mañana, tras un sueño intranquilo, en un monstruoso insecto. No es suficiente con reducir el peligro de lo extraño; hay que conjurarlo por completo, hay que eliminarlo del todo.

En ese punto, el yo del actor es la identidad de un usuario vinculado a una comunidad virtual. La comunidad virtual produce anestesia, y el actor está convencido (de forma consciente o no) de que gracias a esa transformación vivirá una vida mejor, más plena, más intensa. Pero será una vida sin argumento. «Hay que desconectar», piensa. Pero, desconectar, ¿de qué?, ¿de quién? ¿De vínculos que no lo estimulaban o que no eran suficientemente seguros? Por supuesto, algunas de esas desconexiones no suponen rupturas radicales con el mundo, pero otras resultan graves, sobre todo si el viaje de desaparición destruye la trama, es decir, si convierte los argumentos y sus disonancias en un yo encapsulado, aislado (sin argumento), y, por lo tanto, en un individuo sin lazos de otredad y, en consecuencia, sin peligros, sin posibilidad de acontecimientos y sin vértigo. Se trata de una especie de «privatización» de la existencia. Ahora bien, una privatización de la existencia supone su negación. Si la existencia no es una salida al exterior, si no es exterioridad, entonces no es existencia. Lo que ocurre en la comunidad virtual es que nos encontramos con un vínculo entre un yo poseedor de una «faz» y unos personajes virtuales. Sucede, no obstante, que el vínculo virtual no es, en sentido estricto, «vínculo». No se puede existir detrás de un muro protegido de todas las tormentas, no se puede existir detrás de una suerte de jaula que permita prescindir de un afuera excesivamente amenazador.[34]

Hay que *huir del mundo*. Ese es el nuevo imperativo. El actor convertido en usuario se retira para liberarse de la presión del mundo, de la ambigüedad del escenario, de la fatiga de la existencia. Siente que existir es a veces algo demasiado pesado o demasiado poco auténtico o demasiado confuso. «Blanquearse» es un intento de buscar una relación con los otros que siempre esté bajo control, una relación anestesiada. En la red, los vínculos de identificación ya no son corpóreos. La existencia es una vida sin roce, una vida en la que nadie es tocado por lo desconocido. La representación escénica ha quedado interrumpida, cortada, y la trama deja de tener oscilaciones, por lo que ya no siente el movimiento de las olas del escenario y se convierte en algo así como un charco que pronto no contendrá más que agua sucia y contaminada. Al conseguir «blanquear» su vida, el actor queda convencido de que así es más auténtica, pero en realidad es todo lo contrario: es pobre y no contiene ningún tipo de resonancia. Ya no hay peligro ni contaminación, pero tampoco hay amor ni amistad, ya no hay confianza ni promesa.

Retirarse, buscar un refugio interior, físico o simbólico, es protegerse del peso de la existencia y de la fragilidad del mundo. A partir de ese instante, el usuario renuncia a su representación; se encierra en una habitación y ya no sale de ella más que para hacer actividades relacionadas con la supervivencia. La «blancura» es la voluntad de detener el flujo del tiempo, de romper con todo vínculo escénico; es la búsqueda de la impersonalidad, el deseo de huir de todo argumento y el ansia de convertirse en un ente compacto y neutro. El actor transforma su representación en una especie de desierto en el que ya no hay ninguna afección. Es el desapego.[35] La «blancura» es un cierre al acontecimiento. Es un viaje interior, un viaje a una fortaleza vacía. El individuo no se da a los otros, pero tampoco a sí mismo. Se trata de existir lo menos posible y de no encontrarse más en el seno de los flujos de la vida común.[36] El objetivo es bloquear cualquier intento de aparición dramática, escapar del argumento de la representación. Se inaugura, de ese modo, una suerte de *ontología de la soledad* provocada por un desistimiento radical del mundo.

Algunos individuos se encierran y transforman su casa o su habitación en algo parecido a una ermita. Nadie va a verlos, no tienen ninguna visita, no hay contacto con lo exterior, con la otredad.[37] Ese contacto podría contaminar su pureza. El personaje que vive en esa ontología de la soledad *es*, pero no *está*. No soporta el estar en situación. En ocasiones, la huida del mundo y la consiguiente transformación del actor en personaje no son una elección; a veces son el resultado del vínculo fallido con otros actores, del fracaso del vínculo o simplemente de su ausencia. En esa especie de ermita, el orden es absoluto; se trata de un cosmos del todo cósmico, no amenazado por el caos a no ser que haya una caída de la red y el ordenador y el teléfono móvil dejen de funcionar. Todo lo sombrío, todo lo desagradable, todo lo inquietante que acechaba en el escenario ha quedado, al parecer, definitivamente fuera de combate. Nada de ruidos, nada de disonancias, nada de falsos movimientos. Pero en ese hogar no hay belleza porque no hay posibilidad de que irrumpa lo terrible (recuérdese la primera de las *Elegías de Duino,* de Rilke), tampoco hay resonancia, ni educación. Robert Walser lo señala con maestría y precisión en sus conversaciones con Carl Seelig: «En la vida humana tiene que haber también cosas desagradables, para que lo bello se destaque con tanta mayor plasticidad de lo feo. Las preocupaciones son los mejores educadores».[38]

Un hogar cósmico no es un escenario; de hecho, es todo lo contrario. La «blancura» uniformiza: todo es lo mismo, todo es igual. Tampoco hay responsabilidad, pero no porque no haya libertad, sino porque no hay respuesta. La respuesta, en sentido estricto, solo puede darse a un singular, a un nombre propio, a un actor, nunca a un todo o a una totalidad. Y sin respuesta no hay responsabilidad. La responsabilidad es una respuesta singular que se da a alguien, pero el personaje ha renunciado a su singularidad. Para ser singular a uno no le basta con ser un personaje que hereda un guion y lo cumple a rajatabla; tiene que ser actor y habitar un escenario sombrío y amenazado. Es el precio de la existencia.

En los refugios físicos, el personaje ya no debe nada a nadie. En aquellos que son compartidos (un monasterio, por ejemplo), deja de cuidar de su propia existencia. Otros lo harán por él. Hay un horario establecido, unas horas para comer, para rezar, para dormir. Además del monasterio, el hospital es otro de esos lugares de refugio.[39] Recordemos el sanatorio para tuberculosos de *La montaña mágica,* de Thomas Mann. El enfermo queda allí recluido, si bien los familiares lo pueden visitar (Hans Castorp visita a su primo Joachim), y el personal libera a los internos de las labores cotidianas. Las noticias del mundo llegan filtradas, y el convaleciente sigue viviendo en un espacio sin mundo, en una especie de «falso» escenario en el que, como dirá Joachim a Hans durante la cena de la primera noche, «no hay tiempo porque no hay vida». El sanatorio de Davos de la novela de Mann marca una línea de separación entre el cosmos interior y el caos exterior, es una barrera de protección contra las ambigüedades del escenario de la existencia, aunque en las conversaciones entre los internos (sobre todo entre Settembrini y Naphta) se reproducen esas ambigüedades. En ese espacio no se puede estar por completo liberado de las sombras. La enfermedad, el sufrimiento, la muerte, el paso del tiempo, el sentido de la existencia, etcétera, están constantemente presentes en las discusiones entre los internos.

Sin embargo, hay formas de reclusión que evitan al personaje el peligro y la contaminación que conlleva todo contacto y le permiten neutralizar la inquietante presencia de la otredad en cualquiera de sus versiones. Le consienten estar a salvo de ese (o «eso») otro que podría convertirse en intruso, en enemigo.[40] El personaje encerrado, entonces, se convierte en un extraño para los que antes eran sus seres próximos, para sus amigos y sus familiares. Su vida pierde toda resonancia y todo deseo.[41] El personaje renuncia a ser actor, alguien vinculado a otros, alguien que existe en un escenario y que, por lo tanto, vive en la fragilidad del mundo. Construye una suerte de muro invisible para que nada ni nadie pueda separarlo de sus espacios de seguridad. Habita en una isla desierta. El tiempo pasa sin que nada suceda, sin que nada acontezca. No hay más novedad que lo que ya estaba de algún modo previsto, pero no es nada extraordinario. El personaje quizá todavía pueda contemplar el escenario desde la distancia, desde lejos, desde la pantalla de su ordenador, que para muchos es una ventana al mundo, como si esa ventana fuera la entrada a lo real.

Un importante ejemplo literario de esa huida o extrañamiento del mundo lo encontramos en la novela de Georges Perec *Un hombre que duerme*.[42] Encerrado en su habitación, tumbado en la cama y mirando al techo, sin ganas de ver a nadie, de hablar con nadie, de pensar, de salir, de moverse..., el individuo se da cuenta de que no sabe vivir, de que jamás sabrá vivir.[43] O, mejor, sabe que no sabe existir; porque vivir, en sentido estricto, implica seguir viviendo, seguir respirando, pero para existir hay que habitar un escenario, y él vive replegado en su espacio, sensible solo a unos pequeños detalles a su alrededor. Si alguna vez sale de casa, de noche, se da cuenta de que no es nadie, de que no es nada. Su vida no es una representación, no tiene trama alguna, no posee argumento. Está liberado del mundo y de sí mismo; no tiene existencia: «... el sentimiento de tu existencia, casi de tu importancia, la impresión de pertenecer, de nadar en el mundo, comienza a faltarte».[44]

Un hombre que duerme recuerda a *Bartleby, el escribiente,* de Melville: «Preferiría no hacerlo». El personaje se queda en su habitación, sin comer, sin leer, sin moverse. En su cuarto, su vida se reduce a esas cuatro paredes. Eso es todo lo que tiene. Espera, pero tampoco sabe exactamente qué es lo que espera; ¿espera que llegue la noche?, ¿que los días desaparezcan?, ¿que los recuerdos se borren? No ve más a sus amigos; rompe todo vínculo, no abre la puerta, no llama a nadie, no habla con nadie. El personaje no es más que un núcleo duro de indiferencia, una mirada neutra que huye de las miradas.[45] Delante, nada, nada, ningún horizonte, ningún proyecto, ninguna ilusión, «solamente la almohada, negra, espesa, asfixiante».[46] La habitación se ha convertido en el centro del mundo, pero de un mundo sin escenarios, sin disonancias, sin vínculos, sin contacto piel con piel. En el silencio del cuarto no hay tiempo, no hay vida. El personaje busca la calma, el sueño, la disolución de la trama: «No querer nada más. Esperar, hasta que no hay nada más que esperar. Holgazanear, dormir».[47] La existencia se ha convertido en una vida inmóvil, sin desorden, sin asperezas, sin conflictos, sin desequilibrios: «Minuto tras minuto, hora tras hora, día tras día, estación tras estación, algo que nunca tendrá fin va a comenzar: tu vida vegetal, tu vida anulada».[48]

Hay huidas del mundo que no se buscan, que son el resultado de un trauma, de la experiencia traumática de la pérdida. Todo duelo es, de alguna forma, una retirada del mundo, una grave ruptura en el argumento, un profundo corte que quizá no llegue a cicatrizar. Lo peor es que el duelo —que, como Freud señala, no es patológico— se transforme en melancolía y entonces adquiera tintes autodestructivos. Es verdad que a lo largo de la historia ha habido grandes genios melancólicos, pero aquí se trata de una melancolía depresiva que rompe la relación con el mundo y con uno mismo. El argumento queda roto de tal manera que no es posible reconstruirlo. Sucede en ese caso que el actor es un personaje que no puede salir de casa, que deja de sentir el movimiento de sus ritmos, con sus buenos y malos momentos, que deja de estar en situaciones, que deja de nadar en el río del tiempo, con sus claroscuros, para vivir inmerso en la depresión. Ya no hay propiamente representación porque no existe el latido del mundo. En la depresión no hay representación alguna porque no hay otredad ni disonancia ni vértigo, solo vacío. Estar solo, olvidarse de esperar, de tener éxito, de perseverar.[49] Salir a la calle, pero sin buscar nada, sin mirar nada, sin ir a ningún sitio, solo moverse de un modo mecánico, sin hablar con nadie, ni siquiera con uno mismo. Sentir que pasan las horas, pero no mirar el reloj. Quizá notar el tiempo solo porque hay una pérdida de intensidad de la luz. Oscurece, y volver a casa y pensar en comer algo, pero sin hambre. Desnudarse y meterse en la cama. No dormir, ni siquiera con pastillas. Cuando por fin el sueño hace su aparición, es un obsequio sin agradecimiento.

Depresión significa «hundimiento», «caída». Es la convicción de haber «tocado fondo».[50] El actor se ha convertido en un personaje que se siente ajeno a su trama, como si el argumento ya no le perteneciera, como si no formara parte de él, como si no fuera él. El actor siente que, aunque fueran frágiles, ha perdido sus puntos de apoyo. La depresión puede tener múltiples causas, pero hay una especialmente importante: la experiencia de la pérdida. La pérdida no tiene que ser por fuerza la muerte de un ser querido; cualquier pérdida puede convertirse en traumática si lo perdido daba sentido a la existencia, sobre todo si se trata de una pérdida irreversible. El actor ya sabía que desde el principio la existencia está hecha de pérdidas. Pérdida del útero materno, pérdida de la infancia, de la escuela, de los primeros amigos, de la casa que había habitado en los primeros años de su vida, del primer amor, del primer beso... La existencia está hecha de caminos de no retorno, de sucesos que hay que incorporar al argumento, pero eso no significa que, al hacerlo, cobren sentido y todo se aclare. No hay existencia clara o diáfana, no hay existencia fuera de la caverna. Existir es un camino difícil de sobrellevar.

Por desgracia, para que irrumpa el trauma de la pérdida no hace falta un gran acontecimiento. Muchas veces basta con un pequeño incidente, con algo simple o banal, infraordinario; basta algo sin importancia para que se den la melancolía y la depresión. El trauma provoca que el actor ya no esté implicado en su argumento, como si este no fuera con él; parece bastarle con ser un personaje que se aprende y repite un guion a rajatabla. El trauma abre una grieta en sus situaciones vitales y en sus relaciones con los demás y, con ello, impide que pueda configurar su argumento con un mínimo de sentido y, en consecuencia, que pueda instalarse en su escenario. Encerrado en una identidad que ya no lo protege, sino que lo anula, el actor no deja de pensar en sus ausencias. El trauma está tan presente en su vida que no le deja salir de sí. No le permite existir. La depresión, en sus diversas formas, es una repetitiva y machacona reiteración de la pérdida.[51]

Volver al mundo y recuperar su latido. Regresar al movimiento de las olas. Para instalarse en el escenario y configurar su argumento, el actor requiere ceremonias, costumbres y hábitos. Podría creerse que, en ese escenario, los hábitos también ejercen esa función de control, de huida y de extrañamiento del mundo, de borrado de la representación y de blanqueo, pero no es así. No debe confundirse la creación de «blancura» con la necesidad de hábitos. Como veremos más adelante, las rutinas de la vida ordinaria impiden el naufragio y mantienen al actor a flote, con un mínimo de estabilidad. Los hábitos no lo alejan (o no deberían alejarlo) del escenario, no tienen nada que ver con una huida, con una desaparición de sí. Todo lo contrario. En cambio, la «protocolización» del mundo es otra historia. Es un intento de dominación de la contingencia que lleva consigo una desertización del escenario.

En el escenario (especialmente en el de la modernidad tardía) se anda escaso de tiempo. Hay libertad para el cambio y la innovación, pero esa libertad está limitada por la brevedad, por la escasez de tiempo. Cuanto más moderno es el mundo moderno, más breve es el tiempo, y el actor tiene una mayor sensación de fugacidad. De ahí que, para configurar su argumento, precise enlazar con el pasado. El *aquí* y el *ahora* necesitan del *antes*. El actor no tiene más remedio que recurrir a lo ya sabido, aunque no esté demostrado científicamente y a él lo acusen de conservador, pero ha de recurrir a algo que ya funcionó antes, que tuvo «cierto» éxito, que se da por supuesto, pese a que también pueda cuestionarse y entrar en crisis en cualquier momento. El «porvenir» necesita del «provenir».[52]

Como ya se ha dicho, desde la infancia el actor ha utilizado la confianza para mantener ese enlace que le ofrece la serenidad necesaria para edificar su argumento y habitar el escenario. El actor tiene la sensación de que, en el escenario de la modernidad, el contrato ha sustituido a la confianza. Y eso es grave. Pero no se trata solo de confianza en otros, en otros actores como él, sino en objetos y cosas que resisten el paso del tiempo y que, al contactar con su piel y sus sentidos, remiten a escenarios pasados, a otros tiempos. La confianza es una confianza en las cosas, porque las cosas no son solo objetos que se usan y se tiran, sino entes que tienen memoria y que remiten a una historia que, al ser revivida, puede ofrecer serenidad (a veces, por supuesto, también inquietud). Esas cosas tienen un papel decisivo en la configuración del argumento. Para el actor, las cosas no son algo prescindible, sino todo lo contrario.

Pensemos, por ejemplo, en los niños que compensan esa incertidumbre que de vez en cuando hace acto de presencia abrazándose a un osito de peluche. Tienen confianza en él. Les da sosiego y serenidad. Lo necesitan para poder conciliar el sueño. Pero no solo lo necesitan los niños; los adultos también tienen sus «ositos», que ocupan un lugar destacado en su argumento. Cada actor lleva alguno escondido. Para poder hacer frente a lo nuevo, a lo diferente o a lo distinto se necesita algo antiguo, algo conocido, algo aproblemático, algo que no necesite justificación no solo frente a los demás, sino también frente a uno mismo. Para que sea posible la configuración del argumento es necesaria cierta continuidad en el tiempo, así como confianza en las figuras reales o simbólicas que la han formado. No hay argumento posible sin esa continuidad. Hay rupturas, sin duda, pero no pueden ser tan graves ni tan omnipresentes como para no permitir formar continuidades, porque son esas continuidades las que darán a la trama de la existencia el mínimo de coherencia necesario.

Es entonces cuando el actor siente la necesidad de los hábitos y las costumbres. No se trata de evidencias empíricas, sino simplemente de lo que se sabe que aporta la serenidad necesaria para la creación del argumento. Es posible que el actor creyera que lo había olvidado, pero de repente se acuerda, ha surgido de nuevo, y piensa que es necesario recurrir a ese conocimiento para hacer frente a los conflictos de su vida ordinaria. Los hábitos y las costumbres desaceleran, le proporcionan la creación de un argumento más sosegado, le ofrecen la posibilidad de pensar en aquello que realmente merece la pena, en lo que es decisivo, así como de no desfallecer, al menos de momento.[53]

El argumento es la historia del actor (o, mejor, un conjunto de historias), y es obvio que para que haya relato o narración tiene que haber tiempo. Hay un vínculo necesario entre *tiempo* y *narración* (como mostró Paul Ricœur). A la hora de crear un argumento, pues, no se puede prescindir del tiempo, pero tampoco del espacio. Basta recordar algunos ilustres ejemplos literarios o filosóficos para darse cuenta de la importancia del espacio en la existencia del actor. Por ejemplo, esa habitación caldeada a la que se refiere Descartes en su *Discurso del método* y que es donde descubre la verdad firme y segura del *cogito,* o esa «habitación propia» de la que habla Virginia Woolf y sin la cual no es posible escribir. Marcel Proust, en su breve ensayo *Sobre la lectura,* también hace referencia a la importancia del espacio, y Michel de Montaigne se encierra en su torre con biblioteca para poder escribir sus ensayos. Los argumentos de Montaigne, Descartes, Proust y Virginia Woolf están, sin duda, configurados a partir de esos espacios.

El espacio es, por otro lado, un recurso del actor para que su argumento sea estable y sereno y no se vea gravemente alterado por la contingencia y el temor que supone la aleatoriedad de toda representación, así como para hacer frente a la velocidad y el vértigo. El actor acude a *espacios de retiro,* de protección, en los que, sin estar encerrado y sin perder su nombre propio, pueda pasar desapercibido. En esos espacios parece como si la trama quedara «en suspenso». El argumento es dirigido por reglas que, en esos espacios, operan de forma inmediata e incuestionada. Para poder habitar el escenario de la existencia será conveniente recurrir a la serenidad y al silencio de esos espacios: una biblioteca, una sala de cine, un auditorio.

Para comprender con más precisión en qué consisten los espacios de retiro hay que pensar la diferencia entre *lugar* y *espacio*. Un lugar es una configuración geométrica de posiciones. Cada elemento que forma un lugar está ubicado en un sitio junto a otros elementos. En cambio, hay espacio desde el momento en que se considera el tiempo y la atmósfera. En el espacio, todo está vinculado al tiempo y a su condición atmosférica.[54] Un espacio no se puede medir, no es algo físico, no se puede analizar de manera objetiva; es algo que tiene que ser creado constantemente, es una «poética».[55] No es, como sucede con el lugar, algo con lo que el actor se encuentra, sino algo que ha sido configurado en un relato y ahora es el mismo actor el que lo sigue configurando. El actor forma su argumento en el espacio y, a su vez, el espacio se forma en la trama del actor. De ahí que el espacio dependa del actor tanto como el actor depende del espacio. En el caso de los espacios de retiro, el actor se contagia de su atmósfera y puede vivir su silencio y su serenidad; con ello, el argumento de su existencia dejará de sufrir súbitos vaivenes, aunque por supuesto no quedará bloqueado: seguirá siendo disonante, pero las disonancias que sufra probablemente le resultarán soportables.

Todo escenario es espacial; en él «hay» lugares, pero el escenario no «es» un lugar, aunque pueda acabar convirtiéndose en un lugar. No es que el lugar sea algo negativo, pero sí lo es el hecho de que el espacio acabe transformándose en lugar y que esté por completo colonizado por los lugares. A diferencia del lugar, el espacio no posee la univocidad ni la estabilidad de un sitio fijo. De hecho, nunca se está en el mismo espacio; el actor camina en todo momento sobre arenas movedizas.[56] De ahí que, si la existencia es disonante, lo sea entre otras cosas porque el escenario posee una dimensión espacial y, por lo tanto, también fluida, ambivalente y ambigua.

Si un escenario es un espacio en el que acontecen y se desarrollan representaciones, también es un espacio en el que el actor hereda una historia y se expone al mundo, en el que irrumpen extraños que no pueden ser «empalabrados» ni clasificados en un orden discursivo. Esta es otra característica del espacio: su «espectralidad». Todo espacio es «espectral». Un espectro es un ente en el que no se puede dejar de pensar, es la ausencia que sigue habitando la trama a pesar de que en el escenario no quede más que su rastro imperceptible.[57] ¿Necesita el actor conservar las huellas de lo que ya no está? Lo único que puede hacer es soportar en su existencia la «huella de lo incompleto» y que el espectro ocupe un sitio en el espacio y en el tiempo y, por consiguiente, en el argumento de la representación.[58]

Los escenarios están sometidos a constantes cambios que provocan que el argumento de la existencia del actor no quede fijado de una vez por todas, pero algunas de esas mutaciones típicas de la modernidad, por ejemplo las autopistas, los centros comerciales, los aeropuertos, las cadenas de comida rápida, las cafeterías, etcétera, se han convertido en «lugares de anonimato» que, lejos de proporcionar retiro o sosiego, resultan estresantes; son lugares en los que el actor no puede reconocerse, o solo puede hacerlo desde una identidad cerrada, al modo de un personaje, consumidor o cliente. A diferencia de los espacios de retiro, que ofrecen sosiego y que favorecen la construcción de un argumento con un tiempo adecuado, el lugar de anonimato hace referencia a un sitio que carece de singularidad; en el lugar de anonimato, todo es igual a todo.[59]

«¿Tiene usted tarjeta cliente?» es una de las preguntas típicas del lugar de anonimato. Uno de los peligros de esos lugares es el bloqueo de vínculos cara a cara. El actor es ahí un personaje que obedece y cumple su guion. De todas formas, también hay que tener en cuenta que el lugar puede transformarse en un espacio en el que el encuentro casual se convierta en un hallazgo relevante para su vida. Así, desde el prisma de la representación de un argumento, es importante tener presente que todo lugar sigue siendo ambiguo, porque puede aportar al actor una importante dosis de seguridad al ofrecerle un ámbito de «no reconocimiento» *esté donde esté*. Tanto la ubicación escénica (el decorado) como el lenguaje que allí se utiliza le proporcionan el anonimato que no le da en general un espacio. En ocasiones, el actor tiene la sensación de que el lugar le libera de las disonancias del espacio, aunque puede suceder lo contrario, que se convierta en una escena inhabitable.

Veamos de nuevo cómo la ambigüedad de los escenarios de la existencia reaparece constantemente como una de sus características fundamentales, porque a veces el actor prefiere ser un personaje y moverse en un lugar en el que el anonimato le haga sentir cómodo y, de ese modo, no tener que preocuparse por configurar argumentos que pueden situarlo al borde de un abismo y exponerlo a la experiencia del vértigo. ¿Por qué un lugar de anonimato puede proporcionar comodidad? Sencillamente porque el personaje tiene a su disposición (de forma explícita o implícita) unos «manuales de comportamiento» que dirigen todas sus acciones en un lenguaje en extremo codificado y reconocible por el resto de los personajes que lo rodean. Los argumentos de los actores siempre poseen altibajos. Las alternancias y las disonancias son inevitables en cualquier representación. Nunca son del todo coherentes. Pero si el espacio se transforma en lugar, las relaciones que el actor establece con los otros tienen tendencia a dejar de ser ambiguas y convertirse en previsibles y preestablecidas.

Pensemos en un restaurante de comida rápida. En él, el personaje usa un lenguaje universal (por ejemplo, un nivel de inglés básico) y un guion en forma de manual de comportamiento que no dependen en absoluto del espacio ni del tiempo. Nada más entrar en el establecimiento puede situarse sin problemas. Todo es reconocible, todo le resulta familiar. Esté donde esté, el personaje está tranquilo. Ahí no hay peligro de desorientación,[60] porque está rodeado de un lenguaje prescriptivo, prohibitivo y orientativo que lo mantiene estable y que no le provoca ansiedad. Ese lugar, pues, le proporciona la placidez de la que carecía cuando habitaba el espacio.

Recordemos que el modo de ser en el mundo del actor, así como su manera de estar en el escenario, son formas relacionales; se construyen con el cuerpo, con los objetos, con la vinculación a un espacio, a un tiempo y a una historia.[61] Nadie es nada por sí mismo, de forma completamente independiente de los demás. Con su cuerpo, el actor aprende a saludar, a sentarse, a ceder el paso, a despedirse, a modular su voz, su mirada, etcétera, y todos esos gestos los hace sin ser consciente de ellos, sin planificarlos. Podría decirse que le sale de forma «natural». En buena medida, todo eso es el resultado del guion que ha heredado al llegar al escenario y de la educación que ha incorporado a su existencia. Imita los gestos de los que conviven y comparten con él su lugar de pertenencia, habla su lenguaje con sus particularidades de tono, dirige su mirada y se coloca a la distancia culturalmente adecuada. Hace todo eso y no puede hacerlo de otro modo, le surge así, porque no se encontraría cómodo si no lo hiciera. Se viste de una determinada manera, se peina, se tatúa la piel, coloca adornos en sus dedos, en sus orejas... Sabe quién es porque se comporta como el resto de la gente con la que establece relaciones; se identifica con ellos, «es» ellos, crea sus vínculos familiares, de amistad o de pareja.[62] De esa manera, su vida le resulta más soportable o, al menos, no tan inquietante como lo sería si no tuviera esos vínculos de pertenencia. Pero las disonancias nunca desaparecen y el vértigo puede, en cualquier momento, hacer acto de presencia.

No hay más remedio que insistir en esta idea, a saber, que el argumento de la representación, como todo lo que ocurre en un escenario, es extremadamente ambiguo. Para muchos actores, esa ambigüedad es insoportable. Entonces esos mismos actores renuncian a configurar un argumento, adoptan la forma de un personaje y se someten a un guion. Esa figura resulta inquietante porque es una figura de la interioridad que procura ceñirse a un manual de instrucciones. El personaje es alguien que se deja llevar. Pero lo inquietante del personaje no es solo eso. Es un ser indiferente, que prescinde de los afectos en favor de los efectos, que somete todo lo que puede a la lógica del contrato y recela de la compasión, de la confianza y de la gratuidad. El personaje es una de las figuras típicas de los escenarios de la modernidad.

2
El temor a la exterioridad

No tengo vida interior.

VIRGINIA WOOLF, *Diarios*

Es posible que los antiguos filósofos estuvieran equivocados y que antes de la admiración hubiera otra experiencia más intensa, más primaria, más cercana a la verdad del mito: la del temor a la contingencia del mundo.[1] El actor, que hace un instante ha entrado en escena, pronto descubrirá que no puede hacer nada para cambiar el curso de los acontecimientos: no es imprescindible, algún día desaparecerá y a nadie le importará demasiado. Lo más probable es que dentro de unos años nadie se acuerde de él ni lo eche de menos. Desde la perspectiva del mundo, es un ser insignificante.[2] El tiempo es implacable y no quedará ni rastro de sus huellas ni de su presencia. Quizá alguna fotografía en algún teléfono móvil o perdida en la red. Pero eso no es lo más grave, porque hay otras experiencias que lo acechan y le provocan vértigo: la pérdida y la ausencia, la sensación de que tiene que habitar un escenario que, para bien o para mal, está lleno de espectros.

Desde su nacimiento, en la reflexión filosófica habitan algunos temores que tienen que ver con esas experiencias fundamentales. Esos miedos se han mantenido ocultos bajo distintos disfraces: la indiferencia, la pluralidad, las transformaciones, la pérdida, el vacío, el transcurrir del tiempo y la muerte. Pero tal vez todos puedan englobarse en uno mayúsculo: *el temor a la exterioridad*. No es fácil asumir lo que Milan Kundera llamó «la insoportable levedad del ser». La filosofía se jacta de hacerla «soportable», de consolar en los momentos de desesperación y de pánico, de haber fabricado un pensamiento de «ideas claras y distintas» situado *más allá* del tiempo, del espacio y de la historia que hace posible tener esos temores bajo control. El Origen, el Sentido, el Orden, la Ley —siempre con mayúsculas—, etcétera, se han constituido en el remedio contra el terror provocado por la imprevisibilidad del devenir, pero al hacerlo también han borrado el escenario de la existencia.[3] La tranquilidad y la serenidad de la vida acaban por destruir la vida misma.

Todo fluye, nada permanece. «La escasez de tiempo es la raíz de todos los males»,[4] y, en efecto, esa es la cuestión: escasez, levedad o, quizá, acontecer y pasar; porque, ciertamente, *lo nuestro es pasar*. La trama, el modo de ser del actor, se ubica en la sensación de que hay una falta de tiempo en la vida, de que la existencia es una caída al vacío y a la muerte y de que nada es del todo cierto excepto ese mismo devenir del tiempo. Como hemos visto, la identidad no es más que un argumento, y la existencia es una representación escénica, porque a un actor el mundo solo se le puede presentar bajo la forma de un escenario, esto es, desde una perspectiva. Existir consiste en habitar ese escenario, y eso solo se puede hacer a través de representaciones, en medio de sus situaciones y sus decorados, con guiones y máscaras. Podría parecer que esos escenarios no ofrecen ningún límite, ninguna prohibición, ninguna censura, ningún tabú; podría parecer que todo es posible, que hay una libertad plena, que todo está al alcance y a disposición de los actores. Pero no es así. Existir es la posibilidad de la radical imposibilidad, porque las situaciones a las que hay que enfrentarse son indisponibles o, como mínimo, poseen un notable espectro de indisponibilidad. En pocas palabras, el escenario no depende del actor. Nadie ha podido escoger su gramática ni su guion ni sus máscaras. Entonces, sin duda, es más que probable que surja un conflicto imposible de erradicar y que estructurará y determinará la forma de estar en el escenario. Es posible que el actor quiera *ser otro* diferente del que le ha tocado en suerte, tal vez desee destruir el guion que ha heredado, abandonar por completo la gramática en la que ha sido educado y configurar su trama en otro escenario. Pero pronto se dará cuenta de que es mucho menos libre de lo que creía, de que su libertad es en buena medida una ilusión necesaria. Tiene que creer que es libre para soportar el peso de la existencia; tiene que creerlo, aunque eso no significa que lo sea.

Conviene meditar acerca de la diferencia entre «ser» y «estar».[5] El escenario posee una doble cara: es una perspectiva de mundo y un ámbito de representación (espacio, tiempo e historia) en el que el actor se encuentra sin haberlo decidido. Ese «encontrarse» es el «estar». El humano *es* en el mundo, pero *está* en un escenario. El «estar» hace referencia a la «adverbialidad», es decir, a las situaciones; cada una de ellas remite a otra situación anterior y anticipa situaciones futuras. No hay situación primera ni tampoco última. En ellas, el argumento se representa hacia delante, pero sin poder dejar de mirar atrás, a una gramática que se ha heredado, a una biblioteca con sus historias y sus personajes, a un guion que ha sido aprendido e interiorizado como algo evidente. Existir es estar abierto al futuro, pero a un futuro en el que siempre hay pasado. En ese sentido, el «estar en situación» tiene una estructura biográfica, o, mejor todavía, argumentativa. La existencia es la representación de una trama que se ha creado a partir de un guion incorporado y unas situaciones que nunca se hubieran podido imaginar. En cada situación, la existencia es una posibilidad que depende de la tradición y del mundo. A veces el peso del pasado (de la herencia) es un fardo demasiado pesado del que el actor desearía desprenderse y no puede. Hay herencias traumáticas.

Es importante insistir en esta idea: el actor hereda un guion, pero forma un argumento y su existencia no se reduce a la representación de ese guion. Un argumento se configura en cada una de las situaciones y en cada una de las relaciones, de ahí su imprevisibilidad. Esa es la razón por la que el actor nunca acaba de «estar instalado» del todo en un escenario.[6] No está libre de acontecimientos, y estos no se pueden predecir. Nadie es nunca competente para abordarlos y para encontrar soluciones a sus desafíos, porque siempre son distintos; no hay acontecimientos iguales porque no hay situaciones iguales, ni siquiera análogas. Como señaló Karl Jaspers, una situación siempre es «una» situación concreta. No hay «situaciones», en abstracto. Toda situación posee coordenadas no solo físicas, sino también existenciales, porque en cada situación hay relaciones, vínculos de identificación con otros actores, con grupos, con objetos, con cosas, con otros seres vivos. Cada situación tiene una atmósfera adverbial: una estación del año, un día soleado de la semana o un día lluvioso, una cena en un restaurante, una visita a un museo, una asistencia a una conferencia, un viaje a una ciudad en la que nunca se ha estado o a una en la que se estuvo hace muchísimos años y ahora parece distinta. Cada situación es *esa* situación.

Para poder habitar un escenario en sus diversas situaciones, el actor tiene que ser capaz de instalarse en él. Pero esa instalación no es sencilla, porque el actor no es un personaje que recita un guion, no es competente porque no posee un manual de instrucciones que le permita aplicarlo a «esa» situación de modo que le facilite la formación de un argumento mínimamente coherente y sea capaz de anticipar respuestas de forma contrastada y segura. Además, no hay que olvidar que esa instalación no puede ser permanente, dado que, aunque hay situaciones que pueden ser duraderas, no hay situaciones definitivas. Ahora bien, pese a ello, para que haya situación, para que el actor perciba que está en una situación, tiene que ser posible *cierta* duración. Una situación no es algo instantáneo que desaparece enseguida, sino un «ahora» que se dilata en el tiempo y en el espacio y que favorece la narración de una historia. Ese «ahora» permite una duración del «estar» en el escenario. Tiene que haber cierta duración porque no hay ningún «estar» que no se relacione con un «estar» anterior o dependa de él, de algo que fue o de alguien que también estuvo ahí. Toda situación empezó «antes», se sepa o no. Siempre se procede de algún lugar, de algún tiempo; siempre se procede de «otros». Y es desde ese ambivalente e incierto «estar» en el escenario que el actor configura el argumento de su existencia.

El actor se encuentra en una ciudad que ya conoce, aunque hacía muchos años que no visitaba. Ha vuelto por motivos de trabajo y tiene que regresar a casa esa misma tarde, así que no tiene demasiado tiempo para recorrer otra vez esas calles que le traen antiguos recuerdos. Pero sucede que termina su trabajo más pronto de lo previsto y le quedan un par de horas libres antes de que salga el tren de vuelta. Entonces, decide volver a visitar ese viejo museo en el que tantas veces estuvo y ver de nuevo ese cuadro que siempre lo entusiasmó.

Una vez dentro, lo primero que le llama la atención es que el lienzo no está en la misma sala. Lo han cambiado de lugar. Le cuesta un tiempo encontrarlo. Al final lo ve; como de costumbre, está rodeado de turistas, escolares y visitantes curiosos. Es un cuadro muy conocido y la gente se fotografía delante de él. Parece que lo importante sea mostrar al mundo (a ese pseudomundo de las redes sociales) que se ha estado ahí. Lo de menos es el cuadro como tal. El actor intenta verlo de frente, pero es imposible. ¡Hay tanta gente alrededor! Entonces busca una esquina y se da cuenta de un pequeño detalle. Descubre algo en la pintura que antes no estaba. «Tenía que estar, es el mismo cuadro», piensa, pero nunca lo había visto, o no lo recordaba, o lo había olvidado. «Nunca se ve lo mismo», piensa. O quizá sí. El actor ha heredado en su guion *esquemas de interpretación y de acción* de naturaleza tanto epistemológica como moral, pero esos esquemas, aunque se heredan bajo la forma de un guion, también cambian y se transforman a partir de las relaciones con los demás y de las situaciones del escenario, y lo que un día a alguien le llama la atención, en otra ocasión puede pasar desapercibido.

El actor está en el mismo museo y se trata del mismo cuadro, pero no de la misma sala. Tampoco él es el mismo. Recuerda que la última vez lo acompañó alguien que ya no está y que nunca regresará. Eso lo cambia todo, eso convierte la situación en una escena completamente distinta. El detalle que ahora ve en ese cuadro cobra un nuevo significado. Algunos turistas sacan sus teléfonos móviles y hacen fotografías. El actor se queda de pie, en silencio, con la mirada fija en el detalle del cuadro. Se demora, hasta que nota cierta atmósfera en la sala que le resulta incómoda, por eso su «estar» delante del cuadro no dura mucho tiempo. El tren no espera. El tiempo de su instalación, en esa ocasión, es breve, pero suficiente para darse cuenta de algo importante: la instalación en el escenario de la existencia se articula en distintos ámbitos: narrativos, afectivos, morales, ceremoniales, técnicos, etcétera,[7] y también significativos. De ahí que una instalación sea siempre provisional y que el actor se apoye —quizá sin saberlo— en algunas de esas dimensiones para mantener el equilibrio en la provisionalidad del instante. El actor sabe que a veces el equilibrio se pierde y aparece otra vez el vértigo, y que la amenaza de la caída al vacío es una amenaza real. Lo que siente, lo siente en la piel, lo siente en forma de escalofrío que recorre su cuerpo. Nota el peligro del *horror vacui*.

Todo ha cambiado, parece que se ha hecho de noche

en pleno día. Los turistas siguen con sus fotos, pero el actor es incapaz de verlos. Los viejos fantasmas reaparecen, y hay un espíritu que emerge del cuadro y hace acto de presencia en esa sala, en esa atmósfera que de repente se ha vuelto gélida. No, no es ninguna alucinación. Es el significado del detalle del cuadro. Él, como sujeto, como interioridad, no tiene importancia. Lo realmente decisivo es la exterioridad: el museo, los turistas, el cuadro, el detalle, el ausente que hace años estuvo ahí y del que apenas tuvo tiempo de despedirse, la historia que parece que se terminó hace años en ese lugar pero que en realidad ha seguido habitando el escenario de su existencia sin que él lo supiera. Lo significativo no es lo que él opine; a nadie le interesa lo más mínimo su opinión o su vida, lo significativo es lo que ahí se representa, el afuera, la exterioridad.

Todo escenario tiene su memoria, por eso es necesario recordar cómo y por qué se ha llegado hasta aquí. Hay que descubrir la razón por la que algunos de los más grandes pensadores de Occidente han sentido temor frente a la exterioridad y la han demonizado. ¿Cuáles son las «fuentes del yo»?[8] ¿Por qué la interioridad ha adquirido un papel prioritario en la formación? ¿Por qué en la vida ordinaria lo interior parece que sea más valioso, más auténtico, que lo exterior? ¿Por qué hoy, en los escenarios de la modernidad, la defensa de la interioridad sigue tan extremadamente vigente?

La distinción entre interioridad y exterioridad no es evidente en Platón. La dicotomía central del platonismo no es esa, sino la del alma y el cuerpo (o, si se prefiere, la de lo inmaterial y lo material). El alma (en concreto su parte racional) es lo que orienta la vida, lo que la guía, lo que hace que uno sea dueño de sí mismo. Ante la impureza del cuerpo, el alma tiene prioridad sobre él; es lo puro, lo divino. En la tradición platónica, que será la base de la metafísica, el cuerpo es el principio del mal. Pero la defensa de la interioridad no es ahí todavía el punto central. En el *Fedón*, el diálogo platónico en el que se rememora la muerte de Sócrates, se narra una escena que se ha convertido en fundadora del pensamiento de Occidente. Platón, por boca de Sócrates, afirma que los filósofos son los enemigos del cuerpo y la muerte es una liberación. Según el filósofo griego, el objetivo de la *paideia* es que el alma se separe del cuerpo y ascienda a la Idea. Por eso, en otro conocido diálogo titulado *El banquete*, en el que se aborda el amor *(Eros)*, una sacerdotisa de Mantinea llamada Diotima cuenta a Sócrates que es necesario comenzar con las cosas bellas de este mundo y, sirviéndose de ellas como de escalas, hay que pasar de un solo cuerpo bello a dos, y de dos a todos los cuerpos bellos, y de todos los cuerpos bellos a las bellas normas de conducta, y de las bellas normas de conducta a las bellas ciencias, hasta llegar a contemplar lo Bello en sí. La belleza visible de los cuerpos es, para Platón, el camino a las Ideas, y el amor *(Eros)* será «el mediador» entre los dos mundos, el sensible y el inteligible.[9]

En la visión filosófica de Platón no es suficiente con que el alma se separe del cuerpo, también es necesario que lo haga del mundo. Hay en la tradición metafísica un menosprecio de lo mundano. El mundo no tiene realidad ni sentido por sí mismo. Para que los tenga es necesario que haya algo fuera de él, algo que lo trascienda. Desde esa perspectiva, el mundo que el actor conoce, en el que ha nacido y en el que tiene que instalarse a partir de una gramática, de una biblioteca y de un guion que ha heredado, no es verdaderamente real; para que lo sea y para que el escenario de la existencia tenga sentido es necesario un «doble», un mundo ideal.[10] El mundo es demasiado incierto e inhóspito para poder ser por sí mismo, y el humano es un actor que no soporta el vértigo que le provoca habitar un mundo en el que todo está en constante devenir y en el que las disonancias resultan inesquivables porque no hay una verdad con mayúsculas, una verdad absoluta, ni un manual de instrucciones que lo conduzca por el camino correcto. Al ser humano le angustia hacer frente a su condición de ser en la exterioridad. De ahí que, para la filosofía metafísica, el mundo tenga que ser, de algún modo, dominado, salvado del nihilismo, de la ausencia de sentido, de la ambigüedad, de la contradicción, de la contingencia. El platonismo y sus herederos creyeron necesario defender que había «algo» fuera del mundo, algo trascendente al tiempo, al espacio y a la historia, algo que tenía que dar seguridad a la existencia.

El sujeto se resiste a ser actor porque el mundo le parece, por sí mismo, insoportable. Por eso muchos adoptan el rol de meros personajes, de individuos que heredan un guion, y se limitan a representarlo, sin más. Para ofrecer seguridad a esos personajes, la empresa metafísica apartará la vida de la inmediatez del mundo y la pondrá en relación con otro mundo que tendrá la misión de hacer posible el control de lo real, de lo inmediatamente real. La tradición filosófica dirá que el sentido del mundo no puede hallarse en el mundo, que el sentido está fuera del mundo, que está en otra parte. Pero ¿de verdad es así? ¿No cabe la posibilidad de encontrar algún tipo de sentido del mundo sin tener que buscar un «doble metafísico»? Para la filosofía, la respuesta es *no,* porque según ella el mundo es radicalmente insuficiente para que alguien pueda encontrarle un sentido.[11]

Agustín de Hipona ha sido uno de los pensadores fundamentales de Occidente. La oposición platónica entre el espíritu y la materia, entre lo superior y lo inferior, entre lo eterno y lo temporal, entre lo inmutable y lo cambiante, se convierte en Agustín en una oposición entre interior y exterior. El privilegio agustiniano de la interioridad ha seguido vigente hasta hoy. Los que siguen pensando lo humano desde la espiritualidad recogen (de forma consciente o no) el legado del obispo de Hipona: el giro y la prioridad de la interioridad.[12] Su consecuencia es la inauguración de una vía para las fuentes de la moral. Las *Confesiones* son, en ese sentido, una obra paradigmática que ejerció (incluso, en cierto modo, todavía ejerce) un influjo importantísimo que puede observarse con más claridad si cabe en su libro acerca de la cuestión de la Trinidad, en el que distingue entre el «hombre interior» y el «hombre exterior».[13] Lo exterior es el reino del cuerpo, es lo que los humanos tienen en común con los animales. El hombre interior, en cambio, es el ámbito del alma. Para Agustín, hay que atender a lo interior porque es lo genuinamente humano.

Pero ¿por qué esa defensa acérrima de la interioridad? ¿Por qué hay que viajar hacia dentro? La respuesta es que para Agustín es ahí donde está la Verdad, donde se encuentra Dios. Según él, la principal ruta hacia Dios no se halla en los objetos del mundo (como en Platón), sino en el interior de cada uno. La luz de Dios está dentro del hombre. Escribe en el libro III de las *Confesiones:* «Tú, en cambio, estabas más dentro de mí que mi más profunda interioridad y por encima de lo más alto a lo que podía yo llegar».[14] En consecuencia, parece obvio que la pedagogía agustiniana consista en un viaje interior. La frase más elocuente de Agustín que complementa la anterior y que va a recorrer todo el pensamiento occidental hasta las *Meditaciones cartesianas,* de Husserl, es esta: «No vayas fuera; entra en ti mismo, porque en el interior del hombre reside la verdad».[15]

Agustín empezó buscando a Dios en la tierra, en el mar, en el cielo, pero en ningún sitio lo encontraba; por eso optó por dirigir su mirada hacia el alma.[16] Si el obispo de Hipona dio ese paso, si escogió el camino de la interioridad, fue porque andaba convencido de que se podía pensar a Dios como el principio fundamental que ordena dentro del yo. El alma anima al cuerpo y Dios, a su vez, vivifica al alma. La luz de Dios es una luz interior. El vuelco de Agustín hacia el interior es un giro hacia una «reflexividad radical».[17] Esa es la idea central: la Verdad (con mayúsculas) mora dentro de uno mismo y Dios es la Verdad.[18] Él está *dentro*, y el camino hacia el interior nos lleva también hacia *arriba*, a lo *alto*.

A partir de este momento, será necesario que el alma se concentre en sí misma y se exprese como pura interioridad. Ambas cosas engendran la formación del sujeto individual, un sujeto separado de las pasiones del cuerpo, contrario al mundo y a sus transformaciones. Es en esa interioridad donde Dios, y más tarde Cristo, se ha manifestado. El individuo cristiano vive separado del mundo y sus escenarios, porque su objetivo no es alcanzar la ciudad terrenal, sino la ciudad celestial. ¿De qué modo podemos amar a Dios si amamos el mundo?, se pregunta Agustín. Para él hay dos amores, el amor al mundo y el amor a Dios, y si el primero habita en nosotros, entonces no hay lugar para el segundo.[19] De ahí que la ética que se desarrolle a partir de ahora no sea una ética inscrita en los escenarios de la existencia, sino una moral de la interioridad.

El recorrido histórico que emprende Occidente en favor de la interioridad tiene un momento decisivo en el paso de la Edad Media a la modernidad. Solo el mundo moderno se ha fijado como objetivo vital la autonomía y la realización del sujeto, hasta el punto de que se podría decir que entre 1500 y 1800 se da el «descubrimiento del individuo». Todos los grandes pensadores modernos han coincidido en considerar que ese descubrimiento es uno de los aspectos cruciales de la historia.[20] Obviamente, al hablar de «descubrimiento» no se está haciendo referencia al hecho de que con anterioridad no hubiera una conciencia individual, sino a esa «tematización del yo» que, de forma explícita, comienza en el Renacimiento y se intensifica con la alfabetización de la sociedad.[21] Piénsese, por ejemplo, en la irrupción de la imprenta y la difusión de la lectura y la escritura.

El individualismo medieval y el reconocimiento por parte de la Iglesia del valor del sujeto desembocarán en la Reforma de Martín Lutero. La salvación de cada individuo no depende de la mediación sacerdotal o sacramental, sino de una relación directa con Dios. Cada persona puede leer la Biblia e interpretarla. El individuo solo será responsable ante Dios y ante su conciencia.[22] De modo que la tesis central de la Reforma podría resumirse diciendo que la salvación proviene solo de la fe, no de las obras. Al parecer, Lutero comprendió el verdadero sentido de las palabras de Pablo de Tarso en la *Carta a los Romanos* (1, 16-17): «Lo que nos hace justos ante Dios no son los esfuerzos ni los ejercicios penitenciales o las buenas obras, no es lo que podemos hacer por nosotros mismos, sino la fe en Cristo». La fe no es un impulso de la voluntad, no es una acción, sino un acontecer que transforma al hombre interior; cada uno individualmente tiene que experimentar ese acontecer *interior* de la gracia.[23] La fe, pues, es un suceso interno que excluye cualquier forma de exterioridad (dinero, indulgencias, sacramentos): «Cada uno en su interior tiene por igual una relación inmediata con Dios».[24] En la Reforma, el camino hacia Dios es el de la radical interiorización existencial del acto de fe, que, a su vez, se convierte en Lutero en un vigoroso ataque a la exterioridad y a la moral derivada de ella.[25] Hay en su punto de partida una visión pesimista de la condición humana, porque todos somos pecadores y merecemos castigo. La salvación, si tiene lugar, vendrá solo de la fe. Será necesario aceptar ese principio, asumirlo y ponernos a merced de Dios, puesto que de él depende nuestra salvación.[26]

El Renacimiento es una época decisiva en la formación del yo individual. La importancia de la biografía y, sobre todo, del autorretrato es una clara muestra de ello. Ahora, el interés se centra en el sí mismo y en el hecho de asumir la propia responsabilidad.[27] El primer gran autor moderno en el que la reflexión sobre el yo ocupa un lugar central es

Michel de Montaigne. Montaigne no escribió una autobiografía, pero sus *Ensayos* sitúan al yo en un lugar preponderante. Así lo establece el mismo autor al principio de esa obra monumental: «Yo soy la materia de mi libro», escribe. Encerrado en su biblioteca, que se encuentra en una torre desde la cual contempla el mundo, Montaigne piensa, «ensaya» sus reflexiones sobre los más diversos temas: la educación, la crueldad, la muerte, la soledad, la experiencia, etcétera.

Los autorretratos de Alberto Durero son, seguramente, otros ejemplos que muestran esa emergencia del yo individual,[28] pero la defensa filosófica a ultranza de la interioridad alcanza su cenit en el siglo XVII con la obra de René Descartes. Él es el creador de esa *ontología de la independencia* típica de la modernidad. Según Descartes, se puede dudar del mundo, de los demás, del cuerpo e incluso de Dios, pero no del yo, porque es lo que se basta a sí mismo. El yo es lo único que resiste a la duda metódica, y se ubica en la interioridad. Las consecuencias filosóficas de esa posición serán enormes, hasta el punto de que todavía hoy siguen en buena medida vigentes, como algo evidente o dado por supuesto. El yo cartesiano determinará todas las filosofías posteriores.

El *Discurso del método* comienza con un hermoso capítulo dedicado a la formación. En él, su autor narra su biografía en tres viajes. El primero tiene lugar en la escuela y consiste en un recorrido por la biblioteca, por los libros; se trata, como escribe el mismo autor, de un diálogo con las mejores mentes del pasado. Pero Descartes se da cuenta de que la lectura no le proporciona la certeza apodíctica que anda buscando; por eso la abandona y se marcha a conocer el mundo exterior. No cabe duda de que esos dos primeros viajes son fascinantes, pero el filósofo francés emprende un tercero, el interior, y ahí, de repente, todo cambia. Aparece el «Descartes metafísico», el que ofrece una defensa de la interioridad y de la descorporeización.

Ni la exterioridad de los libros ni la del mundo le sirven para descubrir un principio absoluto, firme y seguro; para alcanzarlo tiene que hacer otro viaje. La escena es muy conocida: una meditación en una habitación cerrada junto a una estufa, en pleno invierno, al margen del mundo. Si la escena fundadora de la Antigüedad fue la muerte de Sócrates, la de la Modernidad será la del pensador en su habitación, como podemos ver en el cuadro *Filósofo en meditación* (1632), de Rembrandt, expuesto en el Louvre. En esa escena, el yo está separado de los otros, no habla con nadie, no ríe ni llora. Para contestar a la pregunta «¿quién soy?», a ese yo le basta con remitirse a su interioridad. Es un yo sin historia, impermeabilizado, cerrado, sin poros; es un yo que no teje lazos con los demás.[29] Ese yo puede tomar distancia respecto a todo lo que está fuera, por eso es amo y señor de las significaciones que las cosas y el mundo tienen para él.[30] A partir de ahora, la modernidad beberá de esa concepción de lo humano que presenta al sujeto independiente de su marco de interacción físico o simbólico con los demás. El yo moderno es invulnerable, por eso se va a definir sin referencia alguna a lo que lo envuelve; será un yo soberano para el que nada habrá de indisponible. Será un sujeto sin mundo.

Por otra parte, en la vida cotidiana no se desarrollará una educación en la individualidad hasta finales del siglo XVIII. Hasta ese momento, la escuela era un reflejo de la vida doméstica y de su ordenación, y la pedagogía no se basaba en un ser autónomo, sino en la creación de alguien que teme a Dios y que obedece sus mandamientos.[31] Hasta la Ilustración, el aprendizaje escolar se fundamentaba en la lectura, en la escritura y en la matemática, por un lado, y en la memorización del catecismo, por otro. Se trataba de mantener el orden establecido y garantizar la tradición.[32] Pero, a partir de ese momento, la educación dio un giro importante: los pedagogos empezaron a ocuparse de la individualidad, y la autenticidad se convirtió en esa fuente de la que se bebe todavía hoy.[33] La autenticidad articulará una tesis que presentará la moralidad como si no se tratara de nada más que de seguir esa voz de la naturaleza que resuena en el interior del sujeto. Como vamos a ver, la autenticidad se convertirá en una palabra fetiche, en un valor de culto, que dará origen a una moral.[34] Según ella, nadie puede encontrar el modo de vida, el ideal o modelo conforme al cual se debe vivir en la exterioridad. Solo se puede hallar dentro de uno mismo.[35]

No es extraño, pues, que la autobiografía se convirtiera en un género literario muy relevante. Los filósofos y escritores se dieron cuenta de la importancia del yo, de su singularidad. La vida de cada individuo solo se comprenderá en relación con su entorno o, lo que es lo mismo, en su escenario. Ahora el pensador está en su habitación, solo, liberado de la presencia de la familia, de la ciudad o de la Iglesia.[36] En el siglo XVIII, Jean-Jacques Rousseau será una figura decisiva. Nadie como él se centrará tanto en el yo: «Emprendo una tarea de la que nunca hubo ejemplo y cuya ejecución no tendrá imitadores. Quiero mostrar a mis semejantes un hombre en toda la verdad de la naturaleza; y ese hombre seré yo. Yo, solo yo».[37] Para Rousseau, la moralidad posee una voz interior; por eso, para ser moral, hay que penetrar en lo más profundo de uno mismo y ser fiel al yo. Todo se juega en la interioridad. Nada será más digno ni más importante que ese ser uno mismo, y serlo de forma incondicional. El hombre auténtico será el creador de sí y del mundo.[38] Como se ha repetido innumerables veces, la influencia de Rousseau en la ética de Immanuel Kant es más que notable. El filósofo de Königsberg lo consideraba «el Newton del mundo moral». La primacía de la interioridad en la ética kantiana está fuera de duda. Recuérdese la frase con la que dan comienzo las conclusiones de la *Crítica de la razón práctica:* «Dos cosas llenan mi ánimo de admiración y respeto: el cielo estrellado sobre mí y la ley moral en mí».[39] El fundamento de la ética ya no está en Dios, sino en la razón, y la razón está en el interior del sujeto. El privilegio de la interioridad se mantiene firme y sienta las bases de las éticas posteriores.

A partir de ahora, los relatos de aprendizaje irán adquiriendo importancia. La primera «novela de formación» *(Bildungsroman)* es *Anton Reiser*, de Karl Philipp Moritz;[40] después Johann W. von Goethe escribe *Los años de formación de Wilhelm Meister;* Novalis, *Heinrich von Ofterdingen*, etcétera. También es la época de la redacción de diarios personales. Se trata de escribir sobre las sensaciones del yo, sobre sus vivencias, sobre sus experiencias. En ese sentido, en esa época otra de las formas de «tematización del yo» es la correspondencia. En comparación, hay muchos más escritores que se dedican a escribir cartas que los que se centran en los diarios o las autobiografías.[41] Hay diversos tipos de correspondencia. Encontramos, por ejemplo, la erudita o filosófica, la privada o familiar, la de índole espiritual o religiosa, así como la que tiene lugar entre los mismos escritores. «La carta se convirtió en expresión y medio de exposición de un nuevo estilo de vida individual y de una forma de vida que se manifestó principalmente en un nuevo sentimiento de vida.»[42]

Esa larga historia llega hasta el momento presente y concluye en una realidad que es necesario considerar: en los actuales escenarios de la contemporaneidad, el *principal referente* es uno mismo. Se ha impuesto *la era del individuo tirano*, una época que se caracteriza por el hecho de que «el "yo" representa la fuente primera —y en general definitiva— de la verdad».[43] Se trata de una forma de vida inédita. El escenario de la existencia se ha convertido en un lugar en el que los actores devienen personajes incapaces de establecer relaciones constructivas y duraderas, cara a cara, porque cada vez más esas relaciones se dan a través de las pantallas. La voz humana queda eclipsada por los mensajes breves, escritos de forma atomizada. La consecuencia de todo ello es la negación de la idea misma de lo político.

Ese cambio de forma de vida y de contemplación del mundo y de las relaciones entre los actores es el resultado del privilegio otorgado a la interioridad y de la mutación de la técnica (los instrumentos técnicos) en tecnología (el sistema tecnológico). Ello ha provocado que la imagen del sí mismo, que se ha ido forjando, como hemos visto, a lo largo de muchos años, adquiera un enorme poder. El entorno se ha adaptado al yo y el yo se ha transformado en soberano. La opinión de cada uno es casi un texto sagrado que hay que respetar, y los actores pueden ofrecerla al instante en la televisión, en las redes sociales y, por supuesto, en la educación. La primera pregunta de los estudiantes en cualquier clase es: «¿Puedo dar mi opinión?». La opinión ha sustituido al pensamiento porque poco a poco se ha ido imponiendo un hecho decisivo: la sensación de la centralidad del yo.[44] La industria digital ha dado en el clavo, se ha roto la prohibición o el límite que impuso Yahvé en el paraíso. Los actores comieron la fruta del árbol del conocimiento. Ya no hubo límite alguno, ya no se contempló la negación; se vivió en la era del goce máximo (y mortífero). La exterioridad quedó gravemente herida.

A partir de ahora, todo girará alrededor de un yo ávido de *likes* al que nunca se le puede oponer una negatividad que ha desaparecido de la escena. Si hay negación, se puede «bloquear» al otro y este deja de existir. De ese modo, el sueño al que ha aspirado la humanidad desde hace muchos años, la ilusión de ser el centro del universo, se ha cumplido. Se ha superado lo que el relato de la creación había prohibido: comer del árbol del conocimiento y convertirse en el centro del mundo. Ahora Dios ha muerto «de verdad». Se ha conseguido que el mundo sea una imagen del yo, algo fabricado por el yo. Éxtasis de la individualidad y del sí mismo. El *espejo de la reina mala* miente porque repite cada día lo mismo: el yo es lo más bello y el mundo es algo puesto a su disposición.[45] Pero si el mundo deja de ser indisponible, si todo está a disposición del sí mismo, entonces el actor se convierte en un ser mimado y caprichoso, parecido a ese niño que rompe a llorar si no se le da de inmediato lo que pide.

El sueño de la felicidad, o la ilusión del paraíso, es que todos los conflictos desaparezcan. En los escenarios de la contemporaneidad, la «moral del yo» o del «ser uno mismo» ha colonizado todos los ámbitos de la vida ordinaria: la familia, la escuela, los medios de comunicación, la publicidad, la moda, el *marketing*. Se puede observar por todas partes, en el creciente éxito de las sabidurías orientales, de la meditación, de la autoayuda: «*Yes, you can*», *tú puedes hacerlo, todo depende de ti, la solución a tus problemas está en tu interior*. El gran principio consiste en ser fiel a uno mismo: *Be yourself* (o, también, «llega a ser lo que eres».) Se ha consagrado el «fetichismo de la autenticidad»: los productos tienen que ser auténticos, las formas de vida tienen que ser auténticas, las marcas tienen que ser auténticas, etcétera. Se trata de un fetichismo que ha penetrado en el ámbito empresarial.[46] Se hacen seminarios de formación, tanto para empleados como para directivos, focalizados en fomentar la autenticidad: «Sed vosotros mismos». El modelo de la autenticidad se presenta como la clave del liderazgo. El sistema capitalista ha encontrado ahí un suministro de vida, por eso se ha incorporado la moral de la autenticidad en todos sus niveles. Marcas como Apple *(Think different)*, McDonald's, Calvin Klein, etcétera, han creado eslóganes que tienen en su trastienda esa lógica. La autenticidad ha dejado de ser contracultural, ha abandonado la lucha contra el sistema, para convertirse en un engranaje fundamental de la lógica económica. El ideal de ser uno mismo se ha instituido como un elemento de *marketing*.[47]

En ese escenario, el actor es un personaje que quiere ser

auténtico, pero el problema es que en la moral de la autenticidad todo el mundo es idéntico. Los personajes son clones.[48] Entre ellos hay diferencias, pero no hay otredad. La otredad es imposible de nombrar, de capturar, de poseer. La otredad no puede estar disponible para la lógica, para cualquier lógica; no puede estar a su disposición. La otredad es lo que rompe la lógica, lo que desestructura la existencia. En la vida moderna no hay otredad porque no hay radical exterioridad. Esa imagen del mundo, de la humanidad y de la moral ha impedido pensar el escenario de la existencia como un escenario frágil, hecho de sombras y de gestos a veces incómodos y malinterpretados, de disonancias que suenan desafinadas, de caminos que a veces conducen a abismos sin fondo, de conflictos imposibles de resolver, de malentendidos, de miedos, de pérdidas, de fantasmas, de amenazas de lo extraño, etcétera. Todo eso hace referencia a la exterioridad, y, según la imagen moderna del mundo, la vida auténtica será incompatible con el sinsentido del escenario de la existencia. De ahí que, para considerar qué significa estar en un escenario, sea necesario sobreponerse a esa herencia filosófica que ha dominado Occidente, un legado que, como se ve, se ha caracterizado por la primacía de la interioridad sobre la exterioridad, de la unidad sobre la pluralidad, del reposo frente al movimiento.

Desde la perspectiva del drama humano, la moral del «ser uno mismo» es sospechosa y es preciso desconfiar de ella, porque no hay viajes interiores, al contrario, todo viaje consiste en una pérdida de sí, en un movimiento en el que el sujeto deja de ser «sujeto». Ese movimiento hacia fuera es el que hace del sujeto un actor. En pocas palabras, el actor no es una forma de ser sujeto, sino todo lo contrario, es su negación. Como actor, pues, y no como sujeto, no hay posibilidad alguna de sobrevivir en una habitación cerrada, junto a una estufa y separado del mundo. El actor no sabe de «vidas auténticas», porque su existencia es una radical exterioridad y su condición existencial es estar vinculado. Lo grave —para algunos— es que, puesto que todo vínculo es ambivalente, existir supone riesgo y no se está dispuesto a correrlo.

No se conquista la exterioridad, al contrario, es el comienzo, el punto de partida. Todo nacimiento es un encuentro con la exterioridad, y en ocasiones ese encuentro puede llegar a constituirse en trauma. Al principio era la exterioridad: la herencia de una gramática, de una biblioteca, de un guion. Pero no es suficiente con la herencia gramatical. Como vimos en el capítulo anterior, para estar en un escenario y poder instalarse en él, para configurar su trama, su biografía, su argumento, el actor tendrá que crear *vínculos de identificación,* frágiles lazos que a veces se rompen y que —también frágilmente— tal vez puedan recomponerse. La forma de instalación elemental es la siguiente: al llegar al mundo, el actor hereda una gramática (ese es el primer vínculo); en ella habita un guion (segundo vínculo, inseparable del anterior). Ese guion que el actor hereda no está clausurado, aunque tampoco puede decirse que esté abierto por completo; lo decisivo es que el actor descubra en él posibilidades, tensiones dramáticas. Dicho de otro modo: en su «estar» en situación, el actor no se limita a ser lo que es, sino que *pone en juego* «eso» que es, «eso» que ha heredado, el guion. Y ahí da comienzo el tercer vínculo.

A partir de esas primeras formas de instalación se generan otras que pueden ser espaciales, físicas, biológicas, psicológicas, sociales, históricas... Digámoslo de otro modo: la instalación en el escenario tiene su base en el guion, pero también en los posteriores vínculos de identificación que el actor necesitará para habitar su escenario con un mínimo de cordialidad y de serenidad. Pero no hay que olvidar que esa cordialidad dependerá de los *prejuicios* gramaticales que también se han heredado a través del guion y que tendrán la forma de esquemas de interpretación y de acción; desde ellos, el actor habitará de manera tragicómica su escenario, *padecerá* su habitabilidad.

La relevancia de esa habitabilidad, su cordialidad, su placer o su dolor, su alegría o su llanto frente a lo que sale al encuentro en cada situación, estará en función tanto de la gramática y del guion (y de sus prejuicios) como de los vínculos que el actor configure en las diversas situaciones con las que se encuentre en el escenario. Muchos de esos vínculos serán tan intensos que acabarán sintiéndose como algo «normal» o «evidente», como algo «natural». A medida que el actor se hace adulto, la instalación puede hacerse más compleja o, cuando menos, más delicada y problemática. No siempre sucede, pero en muchos casos queda perturbado y confundido frente a situaciones que, cuando era más joven, le parecían incuestionables o indiscutibles. Y a veces ocurre todo lo contrario. Las lógicas simbólicas de lo mítico, de la política, de la economía o de la tecnología lo saben de sobra. Hay fanáticos por todas partes. En ocasiones, el paso de los años, en lugar de generar desconfianza, interrogantes y dudas, provoca la irrupción de lo incontestable, de lo dado por supuesto. ¿Y si uno de los objetivos de toda educación fuera precisamente despertar la perturbación y la duda y conseguir que las formas de instalación sean problemáticas?

Pensemos, por ejemplo, en una secta religiosa. Si una secta adoctrina es porque adormece la duda del actor ante la gramática que la misma secta transmite y esas situaciones que le salen al paso y que la gramática de la secta puede (supuestamente) resolver de forma irrevocable. A diferencia del adoctrinamiento, la educación tendría que mostrar la contingencia de todo «estar» en situación, su provisionalidad, sus prejuicios, su ideología, su genealogía; en una palabra, su ausencia de necesidad y sobre todo de normalidad. Después de la acogida y la hospitalidad, esta sería la segunda tarea educativa: mostrar que nada en la historia es «normal», es decir, que todo lo que es «ha llegado a ser». El sexo, la edad, la clase social y la lengua poseen una genealogía, son formas gramaticales que se integran en la trama del actor, en el argumento de su existencia, son formas que le van a permitir (mejor o peor) instalarse en el escenario. Pero nada de eso es «normal», sino histórico. Todo está sometido al juego de las interpretaciones. Por eso no es suficiente sostener que el actor *es* un ser en el mundo, sino que también es necesario explicar cómo y de qué manera *está* en su escenario y mostrar su condición adverbial, su situacionalidad, sus vínculos con las otredades (objetos, cosas, individuos, dioses).[49]

Las formas gramaticales de instalación serán el punto de partida para habitar el mundo. Ahora bien, no se trata de unas formas fijas, al contrario: su estructura es dinámica, pueden variar, pero será una variación con cierta coherencia, no una variación radical, como si fuera una especie de borrón y cuenta nueva. Ningún actor puede abandonar del todo el guion que ha heredado y crear un argumento completamente nuevo, una trama virgen —empezando desde cero—, una historia *pura*. Siempre hay prejuicios y presupuestos en el punto de partida, siempre hay esquemas de interpretación y de acción —en ocasiones imperceptibles— en el guion que se ha heredado. Si las formas gramaticales de instalación se mantienen —a veces con cierta constancia, a veces con satisfacción— es porque reducen la complejidad del mundo y controlan la contingencia de los acontecimientos, la aleatoriedad de las relaciones, la amenaza de los sucesos de la naturaleza y de la historia. En una palabra, porque dan una seguridad, al menos esa mínima seguridad necesaria para sobrevivir en el escenario y hacer frente a los avatares de la vida ordinaria. Esa seguridad depende, en gran medida, del modo de operar de los esquemas de interpretación y de acción.

Los esquemas de interpretación y de acción son, como ya se ha dicho antes, protocolos (o prejuicios) de experiencia epistemológicos y morales.[50] Las emociones y los gustos no quedan al margen de ellos; tampoco los chistes, los miedos, las angustias, etcétera. Son presupuestos que hacen sentir al actor lo que siente, comprender lo que comprende, ver lo que ve, llorar de lo que llora y reír de lo que ríe. En ocasiones le despertarán horror o asco ante una situación. Es verdad que a veces el actor se dará cuenta de que ese guion no es el apropiado y que lo correcto sería cambiarlo por otro; pero la cuestión no es tan sencilla y no siempre será posible. Los esquemas de interpretación y de acción son, en sentido estricto, prejuicios encarnados. En su mayor parte, acabarán por convertirse en algo obvio o de sentido común. En cualquier caso, hay que subrayar que no se trata de una cuestión que pueda atribuirse a la voluntad del actor. Nadie decide de forma totalmente libre cómo tiene que interpretar ni qué quiere representar. Una vez que los esquemas han sido incorporados, es imposible deshacerse por completo de ellos. Ese es el «secreto» de toda educación.

Un esquema de interpretación y de acción opera a través de tres formas expresivas básicas que tienen la función de conjurar el temor a la exterioridad: el *signo*, el *símbolo* y el *gesto*. El signo es la primera forma gramatical ineludible en toda formación. El actor aprende conceptos, imágenes, palabras que marcan su forma de interpretar y de actuar, de vincularse y de instalarse en su escenario. Los signos solo toleran un mínimo de incertidumbre; no pueden ser ambiguos. Poseen un significado concreto y práctico que sirve para regular la vida ordinaria de los actores. Por eso tienen que poder descifrarse de forma clara y distinta, de la manera menos equívoca posible. Imaginemos una señal de tráfico o un semáforo. La luz roja del semáforo significa «detenerse». No debe haber ambigüedad ahí, y, si la hay, entonces el aparato no ejerce correctamente su función, porque el signo (la luz roja) significa lo que significa y nada más que lo que significa. En ese caso, la interpretación pierde fuerza y se convierte en una forma de desciframiento o de descodificación. El actor, al ver la luz del semáforo en rojo, sabe que no debe cruzar la calle. Nada más. En ese sentido, el significado del signo es aproblemático.

El símbolo opera de otra manera. El pensador que más insistió en considerar la condición humana como simbólica fue Ernst Cassirer. En su libro *Antropología filosófica,* así como en los tres volúmenes de su *Filosofía de las formas simbólicas,* Cassirer sostiene que la razón es un término inadecuado para definir la vida cultural humana. De ahí, escribe, que sea necesario dejar de comprender al hombre como un animal racional y definirlo a partir de ahora como un animal simbólico.[51] Para bien o para mal, el símbolo es un elemento imprescindible no solo en toda cultura, sino también en la vida ordinaria.[52] Por eso se trata de uno de los formatos de instalación de primer nivel. El símbolo es portador de un sentido siempre frágil, equívoco y ambiguo, razón por la cual necesita de una constante actualización y contextualización. El actor será poseído por la *dimensión afectiva* de los símbolos y no le será nada fácil separarse de ella, porque lo que piensa, hace o siente, lo piensa, lo hace y lo siente a través del reino afectivo de lo simbólico.

A diferencia del signo, el símbolo no se caracteriza por su uniformidad, sino por su variabilidad. Es un artefacto cuyo sentido no se acaba de establecer del todo. No es rígido o inflexible, sino móvil y cambiante.[53] Mientras que el signo hace referencia al significado, el símbolo está ligado a la cuestión del sentido: es lo que dota (parcialmente) de sentido al argumento y, por eso mismo, es uno de los artefactos básicos que hace posible la instalación precaria del actor en un escenario. Al actor no le basta con una herencia sígnica, necesita también hacerse cargo del sentido. Sin este, que es siempre un sinsentido —es decir, un sentido inacabado y disonante—, no hay instalación alguna, de ahí que el artefacto simbólico sea uno de los formatos fundamentales para que se dé la posibilidad de habitar un escenario. Su efecto consiste en poder presentar lo impresentable, en hacer visible lo invisible, en volver sensible lo inteligible, en comunicar lo no comunicable.[54] De hecho, el símbolo no «explica» nada, no «comprende» nada. Su efecto consiste en «insinuar», en «aludir» más allá de sí mismo.[55] El símbolo es una presencia que remite a una ausencia, es un aquí que hace referencia a una alteridad, a una otredad. Por eso el símbolo expresa también la radical insuficiencia de toda trama. No hay argumentos completos, acabados y delimitados, porque no hay escenarios perfectos y definitivos.

Sin el símbolo, pues, el escenario resulta inhabitable, aunque eso no significa que con él el escenario sea habitable del todo. El sentido es equívoco y confuso, porque el símbolo tiene que ser interpretado o, dicho de otro modo, porque, a diferencia del signo, no se mueve en el ámbito del desciframiento. La relación con el símbolo es hermenéutica, y toda interpretación tiene el riesgo de ser una zona oscura. Hay símbolos que salvan, pero también los hay que matan; hay símbolos que pueden acabar legitimando escenarios infernales, relaciones de violencia y de crueldad. No puede olvidarse ese aspecto. El símbolo puede ser un peligroso artefacto en manos de la política, de la religión o de la pedagogía. En ocasiones el pasado que pervive en todo símbolo deja abierta la existencia a la repetición del odio, de la venganza. El símbolo puede hacer que el ciclo de la violencia persista en el tiempo.

Para ejercer su función, el símbolo se expresa a través del mito (el relato, el cuento), por un lado, y del rito (la ceremonia, la fiesta), por otro. Relatos simbólicos y acciones (o prácticas) simbólicas operan como mecanismos de instalación en cada escenario de la vida ordinaria; de ese modo, el actor podrá construir su argumento para que no quede suspendido en el vacío. El argumento de la existencia del actor necesita reactualizarse en el espacio y el tiempo. Esa es la tarea de mitos y ritos: repetición y reactualización. El mito está ligado al rito.[56] En la vida ordinaria, en repetidas ocasiones, los mitos pueden independizarse de los ritos y acabar convirtiéndose en relatos que pueden ser leídos y comentados con independencia de su origen: se transforman en relatos que se ocultan en formas culturales (cine, novela, teatro...), y los ritos hacen lo propio con el ámbito ceremonial. Nadie sería capaz de estar en un escenario sin participar de ceremonias. Sería imposible, inimaginable.

Una cuestión recurrente en la vida ordinaria que los actores se formulan una y otra vez es la referente a *la verdad del mito*. Los mitos no son relatos históricos y su verdad no es una verdad científica. No tiene sentido interpretar un mito con la lógica científica, pero eso no significa que sea falso. El lenguaje de los relatos míticos se encuentra más allá de lo verdadero y de lo falso. Ello no ha evitado que a menudo el vocablo «mito» («eso es un mito») sea sinónimo de falsedad, de mentira. El mito se ha apartado constantemente del mundo dominante (de corte científico y tecnológico) y parece, a ojos de muchos, que pertenece a un pasado ya del todo superado. Se confina el mito al ámbito de lo improbable, de lo indemostrable, y, por eso mismo, según la lógica dominante, de lo inútil, de lo perjudicial, de lo dañino. Comparado con la ciencia, con el exitoso método científico —un método basado en una racionalidad intersubjetiva, impecable en el proceso, experimentable—, el mito parece un resto de tiempos oscuros que habría que abandonar cuanto antes en favor de un nuevo mundo de luz que aporte felicidad a sus habitantes. Pero lo que esa razón olvidó es que junto al florecimiento de la lógica científica también tuvo lugar el desencanto del mundo, que provocó la irrupción del vacío, de un vértigo insoportable y de una caída al abismo. El desencanto del mundo dio origen a un nuevo reencantamiento. Al darse cuenta de la imposibilidad de habitar un mundo desencantado, se inventaron sucedáneos de los mitos (políticos, económicos y tecnológicos).[57]

Los mitos son patrones simbólicos portadores de sentido, aunque se trate de un sentido frágil. De hecho, todo sentido —si es un sentido humano— es un sentido minúsculo. La verdad del mito sitúa al actor frente a dos preguntas fundamentales: ¿cuánta verdad necesita el hombre? y ¿cuánta verdad puede soportar? La existencia solo puede vivirse si el actor se hace cargo de ella.[58] Ahora bien, eso no puede suceder si no se encara con las «preguntas fundacionales», esas que hacen referencia a la razón de todo, al misterio de la muerte, a las relaciones con los otros y con las cosas, a la persistencia en un mundo desolado. Son las cuestiones que aluden a la exterioridad. Pero en ese terreno hay algo que puede ser peligroso. ¿Qué pasa si las preguntas fundacionales dejan de ser preguntas que nunca podrán resolverse y se convierten en oasis de paz, de seguridad? El anhelo de unidad ha marcado el rumbo de la filosofía metafísica occidental a lo largo de más de dos mil años. Es esa plenitud lo que abraza la existencia y convierte el escenario en una especie de sustitutivo del vientre materno. Pero, en tal caso, el escenario pierde su condición básica: deja de ser contingente y, por lo tanto, deja de ser propiamente un escenario para convertirse en un desierto. Esa podría ser la paradoja de la existencia. En un escenario en el que todas las preguntas relativas a la exterioridad han obtenido respuesta, surge otra gran pregunta, la que sitúa al actor frente a un vértigo que puede lanzarlo al precipicio: si tenemos todas las respuestas, si hemos respondido correctamente al examen de la vida, si se han abierto todas las puertas del castillo de Barba Azul, si no existe nada inhóspito, ¿es posible seguir adelante? ¿Se puede continuar?

No hay plenitud ni unidad ni sentido —al menos un sentido con mayúsculas—, por eso, para el actor, lo más importante es darse cuenta de que, en la representación de su vida, los mitos (y en algunos casos las narraciones simbólicas) son un elemento fundamental para la configuración de su argumento, que es, al mismo tiempo, la condición de posibilidad de la representación. Los mitos y los relatos confieren un sentido personal y colectivo al responder —siempre de forma disonante— a la pregunta «¿quién soy?». Las narraciones míticas ofrecen *cierto* argumento al actor, argumento que será siempre una trama vinculada a una otredad, a una exterioridad. Además, en los relatos y en los personajes míticos se transmiten reglas de decencia y normas de vida; por último, sitúan a los actores frente al misterio de la existencia. El símbolo, a través del mito, abre las puertas de la exterioridad, pero de una exterioridad que, en este caso, es relativa a la trascendencia.

El mito opera en el argumento de forma explícita o implícita y está presente en la vida ordinaria, en los pequeños intersticios de lo cotidiano, y da un sentido frágil a un mundo que no lo tiene.[59] Las preguntas relativas a la exterioridad no pueden responderse mediante el lenguaje del logos. La gramática sígnica queda, ahí, muda. La razón ilustrada y sobre todo positivista, siempre arrogante, no tiene más remedio que abandonar la escena. La razón desvalida, en cambio, una razón poética y gestual, tiene muchas cosas que decir tanto en su dimensión narrativa como en la ceremonial. Es imposible la instalación en un escenario sin que el actor pueda encararse con esas preguntas. Pronto sabrá, por otro lado, que no obtendrá respuesta definitiva.

La gran herencia simbólica occidental se debe al libro de los libros, la Biblia. Es a partir de sus relatos como el actor comienza la configuración de su argumento y de su posterior instalación en el escenario. La educación occidental se ha nutrido de una *gramática bíblica,* en lo mejor y en lo peor. En ese sentido, una de las primeras narraciones que el actor escucha al venir al mundo es la de la *pérdida del paraíso:* se trata del «mito adámico».[60] El término hebreo «Adam» no es un nombre propio, sino un sustantivo que significa «humano». El ser que Dios ha creado no es un individuo masculino llamado Adán, sino el Hombre en general, o la humanidad.[61] No es varón ni mujer, no presenta diferencia sexual, pero tampoco es un ser neutro, porque ya posee desde el principio una dualidad originaria («macho y hembra los creó»). Son dos modalidades de lo humano. Lo que, sin duda, llama más la atención cuando se narra ese mito (y que se ha convertido en uno de los aspectos fundamentales de la trama del actor en su vida cotidiana) es la cuestión del pecado. No se trata de una caída (algo que pertenece más bien al universo platónico y gnóstico), sino del pecado o la «pecabilidad», entendida como una estructura fundamental de la herencia gramatical que ha marcado a fuego la forma de instalación del actor, y, al mismo tiempo, del extravío y de la desorientación, puesto que el «estar» no puede eludir la dimensión moral. No debe olvidarse que en todo símbolo hay reglas de decencia.

El mito adámico tiene tres rasgos (o características) fundamentales que son decisivos para entender la importancia del relato simbólico en la configuración de un argumento. El primero hace referencia al origen del mal relativo a un antepasado de la humanidad actual. El segundo es el paso de la inocencia al pecado; expresa la condición humana, el modo de existir de un ser que está destinado al bien pero que es propenso al mal. Por último, el tercer rasgo consiste en complementar la figura adámica con otras que tienden a «descentrar el relato» pero que son decisivas en él. Adán no puede existir ni sobrevivir solo, necesita la relación. La Serpiente, Eva y, por supuesto, Yahvé configuran una «escena (relacional) primordial». La antropología bíblica es relacional. Recordemos, por ejemplo, el momento de la creación de Eva. La singularidad no puede existir sin la dualidad, sin la relación con lo otro y con el otro. La existencia de Eva encarna la imposibilidad de la recomposición del «dos» en el «uno», la de la simetría sin la diferencia.[62] Al mismo tiempo, esa escena del

Génesis narra la ambigüedad estructural de toda relación. Sin vínculo no hay vida humana, pero la relación también es la causa del dolor y de la muerte. Ningún escenario volverá a ser paradisíaco, por eso el actor no podrá abandonar su condición vulnerable, falible y desorientada. El extravío forma parte de la condición humana.

El lenguaje mítico es simbólico, por eso el mito no tendrá que ver con el significado, sino con el sentido. De hecho, los mitos no «significan» nada. En cambio, el sentido del mito es inagotable, a veces confuso y contradictorio. Algo así quiere decir que *la exterioridad solo es soportable con la ayuda de las historias y las narraciones*. Al actor no le basta con la historia objetiva, esa que tanto interesa a los historiadores. En el argumento de un actor hay una necesidad mítica porque las posibilidades de existencia no están circunscritas a un guion dado previamente, sino que resultan amenazadoras, quedan fuera del alcance y del control del mismo actor. En pocas palabras, *la verdad del mito* (Kurt Hübner) muestra que la existencia no depende de cada uno, sino que está vinculada a la exterioridad, a la otredad. El argumento de la representación es indominable.

En el paraíso previo al pecado no había escasez de tiempo, porque en él el tiempo del mundo y el de la vida coincidían. No había disonancias; todo encajaba y el orden cósmico era perfecto. En el momento en el que se produjo la «expulsión» se abrió el *desajuste* entre el tiempo del mundo y el de la vida. Ese desajuste provocó una pérdida de control. El escenario de la existencia lleva consigo la experiencia de un andar sin una brújula que indique el camino recto. Fuera de los márgenes del paraíso, el actor anda confuso y temeroso, teme ser asaltado por cualquier depredador y que el manto de lo divino ya no lo proteja. Pero el mundo, indiferente a su dolor, sigue su curso. Algo sigue su curso, todo sigue su curso.

Por último, el actor también es formado en una tercera forma expresiva básica que compensará el temor a la exterioridad, a lo indominable y a lo disonante: el gesto. Es verdad que hay gestos simbólicos y físicos, pero al mismo tiempo existe una independencia del gesto respecto del lenguaje sígnico y simbólico, porque hay gestos éticos y compasivos que no son míticos ni lógicos. El abrazo, el beso, la mirada, el acompañamiento, la escucha, el silencio, etcétera, son gestos del eros que no pueden ser capturados por los signos ni por los símbolos.[63] Eros es impronunciable. Nada podrá *decirse* de él, aunque será posible *mostrarlo*. Ahora bien, es necesario advertir también que, como cualquier otro esquema de interpretación y de acción, el eros posee una naturaleza ambigua, porque los gestos pueden generar un efecto contrario al deseado. Por desgracia, sucede demasiadas veces que un gesto noble o compasivo acaba convirtiéndose para el que lo recibe en un acto de violencia y de agresión. Como ocurre con el símbolo, los efectos del gesto son imprevisibles: pueden dar lugar a lo mejor o a lo peor, pueden ser fuente de afecto o de odio.

Si el humano es un actor, si toda existencia es un existir en un escenario, entonces no hay que tener miedo de habérselas con la exterioridad, con lo indominable del mundo, con su indisponibilidad. En todo escenario hay una cara oculta, imposible de nombrar, de controlar, de clasificar, de ordenar. Es el «fondo insondable de lo real». El devenir de la historia es lo que más nos pertenece, «lo más nuestro», pero también es lo menos disponible.[64] La existencia es el «oleaje del tiempo», su ir y venir, su fluir, su adquisición y su pérdida; es lo imposible de clausurar; ahí surge el drama humano en toda su radicalidad, con todas sus máscaras, con sus comedias y sus tragedias. Lo indisponible del mundo se manifiesta en lo indominable del tiempo, en la ambigüedad de toda biografía.

Día tras día, el actor consulta su agenda, que no es más que un horizonte de expectativas y de obligaciones, y se da cuenta de que son esas mismas expectativas y obligaciones lo que se quiebra por múltiples sucesos cotidianos. A diario, en un escenario que es «uno» pero que nunca es «el mismo», el actor vive la experiencia de una trama de disonancias e indisponibilidades. Sin esa doble cara, el mundo se empobrece y el escenario deja de ser vibrante y de resonar; si todo encaja, si el mundo está por completo a disposición del actor, el vértigo —que es imprescindible para seguir viviendo— deja paso a las patologías de la vida ordinaria, a la sensación de vacío, de abandono y de melancolía.

Merece la pena recordar que el concepto de «indisponibilidad» tiene su origen en un contexto teológico. Con él, la teología expresa un elemento fundamental de las relaciones con el mundo.[65] Fue acuñado alrededor de 1930 por el teólogo alemán Rudolf Bultmann a raíz de una confrontación con la filosofía de Kierkegaard, como una crítica a la total disponibilidad del mundo, del ser humano y de la vida mediante la técnica. Lo indisponible tiene que ver con lo extraño y sus variantes (lo extranjero, lo monstruoso, lo salvaje, lo anormal...), pero también con lo contingente, con lo que Hans Blumenberg llamó en su libro *Trabajo sobre el mito* «absolutismo de la realidad». El control absoluto del escenario es el sueño de todo actor y, por supuesto, de toda cultura. De hecho, la característica fundamental de todas las sociedades humanas es precisamente esa: mantener a raya, o como mínimo a cierta distancia, la amenaza de lo indisponible, el temor a la exterioridad, el miedo que provoca esa especie de «desorden cósmico de los espacios infinitos» del que hablaba Blaise Pascal. ¿Acaso se podrá despertar alguna vez de ese sueño?

Además de indisponible, el mundo es indominable. Lo indominable es un concepto límite que surge en la experiencia de la exterioridad: el ser humano no tiene en sus manos las condiciones de su existencia, y, lo que es peor, aunque las tuviera seguiría creyendo que no las tiene. Pero esa experiencia tiene su historia, si bien es probable que nunca sucediera así. Alguna vez, *in illo tempore,* el ser prehumano dejó atrás las formas elementales de protección tanto físicas como simbólicas, abandonó la transición de la selva a la sabana, por un lado, y la perfecta adecuación entre el lenguaje y el mundo, por otro, y se abrió a lo indominable. Y no había vuelta atrás. Una vez que ha estallado la burbuja cósmica, nada ni nadie puede repararla.

Esa salida fue, sin duda, una ruptura traumática. Entonces fue necesario encontrar nuevas formas de protección ante el desamparo. Pero lo importante es destacar que ninguna de esas formas pudo convertirse en la definitiva y que, por lo tanto, tampoco fue posible devolver al actor a su estadio inicial. A partir de ese instante, las futuras protecciones no eliminarán el drama del tiempo; al contrario, lo mantendrán vivo. Si no fuese así, si lo eliminaran, sería prescindible y, en consecuencia, no se necesitarían formas de protección. Ahora bien, el humano anheló algo más, no tuvo suficiente con eso. Anheló convertir su existencia en pura vida y su mundo en un mundo sin escenarios, sin sombras ni claroscuros, en un escenario paradisíaco. Ignoraba entonces que una protección firme y definitiva era la negación del suelo que estaba pisando, del tiempo que estaba viviendo: era una negación del mismo escenario, con sus decorados y sus máscaras, y, por eso, también era el fin de la existencia. El humano es un actor que se adelanta a situaciones que sabe que no puede soportar y que pone barreras *antes* de que aparezca el peligro, un peligro que, aunque sea tarde, siempre acaba haciendo acto de presencia. El drama es que el actor habita un escenario *por adelantado*. Existe en una situación, pero anticipa otra, anticipa infinitas situaciones y relaciones. El actor vive el futuro en el presente.

Si un escenario es una perspectiva de mundo, entonces será necesario admitir la pluralidad y la multiplicidad de puntos de vista. Un escenario es plural porque en él no hay nunca una única situación. El mismo escenario admite (debe admitir) una pluralidad de situaciones. Un escenario sin múltiples situaciones se destruiría a sí mismo. Por otra parte, cada situación ofrece un punto de vista distinto del mismo escenario. Si solo hay *una* perspectiva, entonces no hay *ninguna*. Por lo mismo, toda situación es impura, está contaminada por otras. El solipsismo, un grave problema de la filosofía moderna, está aquí fuera de combate desde el principio. Un escenario se compone de una multiplicidad de situaciones porque no es coherente consigo mismo, porque cada situación, como el río de Heráclito o las olas de Virginia Woolf, cambia y se transforma. Una situación son muchas situaciones al mismo tiempo. Un escenario está vivo si hay exterioridad. Existe algo ahí fuera, algo innombrable, indominable, inexpresable, algo que no se puede empalabrar, que no puede comprenderse, pero que el actor siente que está ahí porque lo nota en su piel y en sus entrañas; el escenario está a merced de la exterioridad porque es asediado por alteridades que no puede controlar, porque en cualquier momento puede ser asaltado por *bandoleros* y dejar a los actores perplejos, mudos, huérfanos de sentido. Hay algo indisponible, siniestro a veces, que el actor no sabe qué es ni en qué consiste, pero sí que puede hacer acto de presencia en cualquier momento, bajo alguna de sus múltiples e infinitas máscaras.

En una obra de teatro de Friedrich Dürrenmatt titulada *Los físicos* (1962) se narran una serie de asesinatos en un hospital psiquiátrico. El comisario de policía quiere interrogar al interno sospechoso del crimen, Ernst Heinrich Ernesti, que en ese momento está tocando el violín —por eso no se le puede molestar hasta que termine—. La cuestión es que todo el mundo lo llama «Einstein» porque él cree que es Einstein, pero al rato aparece un nuevo interno, Herbert Georg Beutler, que se cree Newton. Cuando el inspector lo interroga, Beutler admite que también asesinó a una enfermera, pero que eso es algo del todo distinto a lo que acaba de suceder ahora porque él no está loco y, por supuesto, no es Newton, sino alguien que se hace pasar por él: si Beutler lo hace es para no confundir a Ernesti, que es el que está realmente loco, porque él, Beutler, es *el verdadero Einstein*.[66]

Lo que muestra la primera parte de *Los físicos* es que todo hecho *(Ernesti es Einstein* o *Beutler no es Newton)* es inseparable de su enunciación y que en el momento en que es enunciado por alguien es ya, en ese sentido, interpretado. Como Nietzsche expresó en un conocido fragmento póstumo: no hay hechos, solo interpretaciones. Un loco no es el que cree ser alguien que no es, sino el que cree ser alguien al margen de cualquier creencia, de cualquier representación, de cualquier aparición, alguien que está convencido de que sabe lo que es de forma absoluta y, lo que es peor, que cree que todos los demás están radicalmente equivocados y, por eso mismo, no considera la posibilidad de que el que esté equivocado sea él.

No hay origen ni identidad sustancial. Lo que uno cree que «es» no es, en el fondo, ni más ni menos que el principio de un relato que ya ha comenzado antes. Un actor es un ser de discontinuidades que se encuentra en un teatro que ya existía antes de su aparición. Pero, como ocurre siempre en todo teatro, el escenario es cambiante, plural y múltiple. Nunca se representa en él la misma obra. Incluso en ese caso, incluso en el caso de que la obra fuese la misma, de hecho, ya no lo sería, porque nunca se representa «la misma» obra. Cada ser en el mundo está en un escenario cambiante, móvil, que ha sido decorado antes de su llegada y en el que está obligado a dar forma a su vida. Decidimos lo que queremos ser a partir de ese escenario y de la gramática que en él hemos heredado; cada escenario está compuesto por infinitas escenas, por infinitos cuadros dotados de una gramática sin la cual sería imposible habitar el mundo. Somos monos gramáticos y teatrales.

El escenario siempre está agitado; si estuviera calmado, tranquilo y sosegado, sería un páramo de muerte. Es inestable porque en él se mantiene abierta la disonancia entre el mundo y la vida. *Mundo* y *vida* no son lo mismo, pero eso no significa que puedan separarse. Tomando como referencia una idea de Hannah Arendt,[67] podría añadirse que en la actualidad la vida ocupa la escena en detrimento del mundo, en detrimento de la existencia; o, en otras palabras, que el viaje interior es más importante que el viaje exterior, o incluso que el viaje exterior ha sido capturado por el viaje interior. Es verdad que no hay mundo sin vida, pero una vida sin mundo es una vida en la que la alteridad, la pluralidad y la exterioridad no desempeñan ningún papel, no tienen la más mínima importancia. Una vida sin mundo es una vida en la que la ética, la relación compasiva con el otro, ha desaparecido de la escena en favor de la estética o, mejor todavía, de la *estetización*. Por eso, un escenario en el que la vida devorara al mundo sería un escenario perverso.

La existencia está abierta, pero no del todo. En cualquier caso, su cierre es la condición de posibilidad de su apertura. Ese guion está *relativamente* abierto. Un guion cerrado convertiría la existencia en una expresión de lo burocrático, y al actor, en una especie de «oficinista». El burócrata se limita a repetir una serie de fórmulas prefijadas, y la reiteración es una losa que ha colonizado su cotidianidad. En ese caso, la vida puede llegar a ser insoportable, aunque en ocasiones puede ser que, al evitar el pensamiento, al dar respuestas prefijadas, algo así como consignas, el burócrata no tenga demasiados problemas para hacer frente a la indisponibilidad del mundo. ¿Hay burócratas felices? Me temo que sí, porque su escenario ha dejado de ser claroscuro. En sus vidas todo está recogido en un expediente y previsto en un protocolo. No cabe duda de que la claridad que ofrece la lógica protocolaria provoca muchas veces una extrema comodidad. Pero, en el caso de que eso deje de suceder, las patologías de la existencia pueden hacer su aparición. Angustia, nostalgia, melancolía, abandono, etcétera, dejan de repente huérfano al funcionario. No es que antes tuviese sentido, sino que la pregunta por el sentido era una pregunta ausente. Propiamente no había un sentido, lo que había era una ausencia de inquietud. Todo estaba resuelto porque su vida se había convertido en un protocolo y dejaba de ser un viaje al exterior, a lo indisponible. Si las patologías irrumpen, el escenario queda hecho pedazos. Es un escenario ruinoso.

El escenario *es,* sin más; es aquello con lo que el actor se encuentra, lo que hereda; es el espacio y el tiempo en los que el actor está y configura su argumento, pero todo lo que el escenario contiene podría ser de otra manera. Y la existencia es una existencia vestida con guiones que parecen trajes hechos a medida, si bien ningún traje lo es. Todo traje ha sido hecho por un sastre. De ahí que la tesis que sostiene que «vivimos en el mejor de los mundos posibles» sea, desde esa perspectiva, tan absurda y peligrosa como su contraria (la que diría que «vivimos en el peor de los mundos posibles»). Es un disparate pensar que el mundo sobre el que reposa el escenario es el mejor, ya que siempre puede ser de otro modo, de un modo que somos incapaces de imaginar. Todo guion, precisamente por ser guion, puede cambiarse, pese a que no sea fácil. Tal vez sea imposible. Tampoco puede decirse que el mundo es el peor, que la vida es una condena o una caída, dado que el humano es el ser que, en lo relativo a la maldad y la crueldad, parece que no ha tocado fondo, aunque, pensándolo bien, eso de nada le sirve al que padece el horror y el sufrimiento.

Visto con cierta perspectiva, el actor descubre que, en

el punto de partida, en el inicio, no hay más que arbitrariedad y artificiosidad.[68] Sin embargo, la tradición en la que ha sido educado ha desechado lo arbitrario y lo artificial como si se tratara de algo falso, de algo no natural, de algo anormal, como si fuese algo impropio de lo humano, cuando en realidad es todo lo contrario. Vivir en escenas, habitar situaciones en un escenario, es aceptar que no hay humanidad sin ficción —o, todavía mejor, sin ficciones, en plural—.[69] La primera dimensión ficcional de un actor es la gramática. Pero esta no es una ventana transparente al mundo, un medio preciso para comprender cada uno de los escenarios que se habitan, sino (a veces) todo lo contrario.

No es posible salvar de una vez por todas al actor de la arbitrariedad y de la crueldad de los escenarios del mundo que se suceden, del vértigo de esos escenarios que dan la sensación de ir cambiando sin orden ni concierto, uno tras otro, uno dentro de otro, aunque los distintos «sistemas simbólicos»[70] intenten encontrar una lógica que dé cuenta de esas mismas transformaciones (o que directamente las nieguen enviándolas al limbo de las apariencias).

En el fluir del tiempo, los actores tienen la sensación de que, a pesar de haber heredado un guion, en cada situación están poniendo en juego sus formas de existencia y sus estilos de vida, porque demasiadas veces ese mismo guion resulta inservible y es imposible establecer una coherencia. Sin embargo, ese es un valor de las instituciones y de las lógicas que colonizan el mundo. La coherencia procura tranquilidad de conciencia y hace posible dormir a pierna suelta; pero, por suerte o por desgracia, la vida no tiene manual de instrucciones y la necesidad de improvisación es inevitable, una improvisación que se genera a partir de esa misma arbitrariedad de la que están hechos los escenarios, de su pastosa e «insoportable» levedad. La existencia es leve porque los escenarios que está condenada a habitar no tienen otro fundamento que la arbitrariedad, que el desconocimiento del origen, que el no saber *de dónde venimos*. No hay un fundamento firme y seguro, no hay un punto de referencia al que agarrarse, no hay ninguna brújula que indique el camino que hay que seguir. El actor está en un escenario que se compone de innumerables e infinitas escenas, y cada una de ellas, de innumerables e infinitas situaciones que están en constante y perpetuo cambio. No hay origen, aunque pueda establecerse un punto de partida, y el actor sabe que habrá un final, pero desconoce cómo y cuándo será. La vida es un juego de perspectivas.

¿Cómo hablar de la existencia en un escenario? ¿Cómo nombrarla? Si nombrar algo, conceptualizar algo, es contenerlo, apresarlo, ¿cómo apresar la vida en el flujo del tiempo? Los actores saben que para habitar un escenario hay que «empalabrarlo» y, al hacerlo, dotarlo de un «sinsentido». En cualquier caso, algo se sabe a ciencia cierta, que la trama de la representación implica mantener viva su perplejidad y su vértigo. El vértigo es el resultado de una experiencia radical, la de la imposibilidad de expresar lo inexpresable. No obstante, como mostró Wittgenstein, lo inexpresable se halla presente, de algún modo, en lo expresable, porque toda gramática dice más de lo que (supuestamente) dice. Hay que ser capaz de hablar en esos espacios en blanco, desde ellos. Las palabras nunca son lo bastante buenas ni adecuadas. Quizá por eso, porque la vida no es *adecuada,* el actor, que acaba de entrar y comienza a interpretar su guion, descubre que su existencia es disonante. Si los seres humanos son actores en un escenario, la perfección es imposible, porque lo perfecto es un fin de trayecto, un final de partida. No hay perfección en un escenario, ni tampoco bien, justicia, belleza, verdad o felicidad. Los decorados cambian, mutan, dejan paso a otros escenarios, y así sucesivamente. El escenario perfecto y coherente no existe. No hay escenarios primeros ni últimos. Todo es intermedio, todo está de paso, todo es impuro.[71]

3
La vida ordinaria

Un periódico. Le gustaba leer en el retrete, con la esperanza de que no llegara un memo y llamase mientras él estuviera dentro.

James Joyce, *Ulises*

Será necesaria una alabanza de las rutinas, una defensa de la repetición, de las acciones cotidianas que ofrecen seguridad y consuelo, tal vez porque en un escenario nada es banal. Será necesaria una apología de las pequeñas aventuras que cada día tienen lugar, incluso a veces sin salir de casa. En el drama humano, lo insignificante debe tener derecho de ciudadanía.[1] Lo que a simple vista parece que no tiene importancia, resulta a la postre decisivo para comprender el sentido y el sinsentido de lo que día a día acontece en el escenario de la existencia.

Una vez más hay que recordar que un escenario se compone de un espacio, un tiempo y una historia. En él, un actor representa un guion que ha heredado y configura a salto de mata el argumento de su existencia. El argumento posee una coherencia narrativa que da consistencia a su «estar» en el mundo. Se trata de una trama que él se encarga de repetir y de renovar en relación con las situaciones que le salen al paso. Al llegar al mundo, nadie puede empezar de cero, de ahí que no haya más remedio que enlazar con otros argumentos, con otras historias anteriores. El guion heredado contiene parámetros de orden portadores de antiguos esquemas de interpretación y de acción que, por supuesto, no son ni serán nunca propiedad del actor. Son esos viejos marcos los que dotan de inteligibilidad al mundo, a los sucesos y a las relaciones que acontecen en la vida ordinaria. Para que algo sea «real» es necesario que pueda ser comprendido y ordenado por esos esquemas que ofrecen una estabilidad disonante en la vida del actor.

No se puede pensar un nacimiento puro, virgen o inmaculado, al margen de toda historia anterior. Siempre se llega demasiado tarde, siempre se nace en medio de una representación. La educación posibilita que la llegada al mundo sea lo menos traumática posible, y para conseguirlo favorece la transmisión y la incorporación de una gramática (de una tradición sígnica, simbólica y gestual) y, en ella, de un guion. En toda relación educativa se transfieren parámetros que clasifican la experiencia. El actor puede ver *lo que ve,* puede hacer *lo que hace,* porque para él es algo «real». Sin esos parámetros, sin esos esquemas, habría mundo, pero no habría realidad. Para habitar un escenario y hacer frente a una situación, para que un actor sepa qué es eso que tiene ahí delante, qué debe hacer, cómo tiene que tratar a ese cuerpo que se le encara, no basta con los elementos anatómicos y biológicos de los que dispone como miembro de una especie. Si vemos y comprendemos algo o a alguien es porque estamos también dotados de parámetros que organizan la experiencia. Comprender algo es distinguirlo y diferenciarlo. No hay comprensión sin diferencias. Por eso no hay marcos totalmente «inclusivos», porque todo esquema de interpretación incluye, pero también excluye.

No hay experiencia sin gramática, sin guiones y sin esquemas. Todo esquema opera en función de una negación, de un «no». Para poder saber qué es «A» es necesario distinguirlo de «B». El guion se hereda al llegar al mundo. De forma explícita o implícita, el actor es educado en y a través de él para que pueda incorporarlo. Al hacerlo, se olvida de que lo posee. Se parece a unas gafas con las que uno se encuentra tan cómodo que no es consciente de que las lleva puestas. De ahí que, la mayor parte de las veces, ningún actor sabe que está representando, porque encuentra su modo de «estar» en el escenario como lo más «natural» del mundo. El actor se siente cómodo debido a que los esquemas que ha incorporado le ofrecen una sensación de familiaridad. El guion le permite dotar de significado al mundo, y el significado resulta, en mayor o menor medida, tranquilizador. Es casi seguro que la dificultad que puede encontrar un extranjero para «moverse» en un escenario viene de la falta de esquemas que le faciliten organizar su experiencia y sus relaciones con los demás actores en el mundo.

Ulises, de James Joyce, muestra la vida ordinaria en todo su esplendor y en toda su bajeza. Podría decirse que ese es el tema de la novela. Muchos escritores habían intentado describirla, pero nadie sabía qué era en realidad lo trivial antes de la obra del escritor irlandés. Su gran descubrimiento fue darse cuenta de algo en lo que la tradición filosófica no había reparado.[2] Esta es la cuestión. Si queremos conocer qué sentido tiene el escenario de la existencia, es necesario considerar la vida ordinaria; ahora bien, la dificultad estriba en que esa misma vida es inexpresable e inefable con las grandes categorías, con las pomposas palabras que la tradición metafísica nos ha legado. Para ello, para no dejar de lado su núcleo esencial y abordarla en toda su dificultad, Joyce caracterizó a sus personajes a partir de detalles intrascendentes, y añadió una técnica que se ha denominado «monólogo interior», aunque sería más adecuado calificarla de «monólogo silencioso». No hay, de hecho, nada interior en los personajes odiseicos de *Ulises;* lo que el lector descubre es precisamente todo lo contrario, un monólogo silencioso abierto a la exterioridad.

El objetivo de la filosofía era el saber absoluto, la esencia, la sustancia, el espíritu universal. Lo singular, lo mundano, lo terrenal, las cosas, las situaciones no eran su objeto de reflexión. Pertenecían al reino de lo aparente, de la opinión.[3] Pero para comprender el drama humano será preciso volver la mirada a lo (supuestamente) insignificante. Para ello, habrá que contemplar la vida como «prosa».[4] La cuestión ahora es la siguiente: en esas situaciones prosaicas, el ruido de fondo del mundo (lo trivial, lo evidente, lo habitual) que, a su vez, es el latido del mundo, ¿dónde está exactamente?, ¿dónde se encuentra?[5]

El ruido de fondo no es individual; nunca se habita un escenario en completa soledad. Otra cosa es la sensación del actor, porque es verdad que a menudo tiene la impresión de que está solo, pero eso no significa que lo esté. Nadie, nunca, está solo. Los espectros del pasado siguen asediando y gobernando la vida. Siempre hay otro, siempre hay otros (actores, personajes, animales, plantas, lugares, cosas, dioses), siempre hay vínculos de identificación que protegen o que generan gramáticas del odio. La existencia es coexistencia, pero una coexistencia que no se reduce a los actores físicamente presentes. Eso es así incluso en los casos de quienes toman el camino del exilio y del encierro. Un actor no puede eludir la coexistencia con otros que siguen estando ahí, pero que tal vez en ese momento no están corpóreamente presentes. Hay otro en el sí mismo, hay alteridad en la mismidad, hay diferencia en la identidad, hay ausencia en la presencia. Lo ordinario es tanto un mundo de otros presentes como de ausentes. De una forma u otra, todo vínculo es necrofílico.

En los escenarios se pueden distinguir, como mínimo, tres formas de relación con los otros y con lo otro que tienen que pensarse por separado puesto que su funcionamiento es distinto; se trata de lo *extraordinario,* de lo *ordinario* y de lo *infraordinario*. Lo extraordinario acontece en una situación que es fuente de sorpresa, admiración y temor porque no puede ser organizado ni clasificado de forma gramatical. El actor no es competente porque carece de puntos de referencia, porque no tiene un protocolo para hacerle frente. En una relación con lo extraordinario no es posible el ensayo previo, por eso siempre pilla al actor desprevenido. En las representaciones de la cotidianidad los actores desean fervientemente habitar un escenario en el que la incertidumbre que provoca lo extraordinario sea exorcizada, y, si no es posible, al menos conseguir que se convierta en una incertidumbre mínima y soportable. Para ello, los distintos sistemas sociales han creado «cascarones» o «burbujas» en los que los actores encuentran seguridad.[6] Esos «cascarones» protegen a los actores, pero el problema es que, al mismo tiempo, tienen tendencia a empobrecer el escenario de la existencia porque acaban borrando sus sombras y sus disonancias.[7]

Las relaciones con lo extraordinario son las que en muchas ocasiones dan ímpetu a la vida y provocan que la existencia resuene y vibre. El nacimiento de un bebé, por ejemplo, por más experiencia que una madre tenga (porque tal vez no sea el primero de sus hijos), es una relación con lo extraordinario. De ahí que un filósofo como Emmanuel Levinas haya podido afirmar que *cada hijo es hijo único*.[8] Algo parecido sucede con la muerte. La muerte no puede dejar de ser extraordinaria. Si se convierte en algo común, entonces probablemente nos encontramos en una situación infernal. En cualquier caso, hay que insistir en la idea de que no existe un protocolo o un manual para dar cuenta de lo extraordinario, porque no existe la posibilidad de preparación ni de comparación. Esa relación será siempre incierta y problemática, porque ha sido, es y será irrepetible.[9] No hay analogía que valga. Ahora bien, al mismo tiempo, también hay que recordar que, en ocasiones, a lo largo de la historia se han construido «rituales coreográficos» para hacer frente a lo extraordinario. En el caso de un fallecimiento, los familiares y amigos del difunto se reunían en una habitación en la que sabían perfectamente dónde situarse, así como el momento preciso en el que debían llorar y guardar silencio.[10] Sin duda, eso constituía una práctica de dominio —relativo— de la contingencia de la muerte.

El actor se acuerda de sus relaciones con lo extraordinario, pero no con otros actores, personajes o acontecimientos históricos, sino con cosas. Rememora en concreto las lecturas de algunos libros *en sus respectivas ediciones,* porque para él no cualquier edición vale. Hay libros que no tienen el mismo sabor en una edición o en otra, porque su sabor y su saber dependen del tipo de papel, del olor y de la ilustración de la cubierta. Para el actor, hay libros de los que casi nunca habla, pero en cambio siempre están ahí, en su mesilla de noche. A veces no se trata de un libro entero. Lo que hace extraordinaria la lectura es una página, un pasaje, un par de líneas que el actor ha incorporado a su vida sin querer, que ha memorizado y que no puede olvidar. Tal vez, incluso, no acaba de comprender lo que su autor ha querido decir, pero no importa. Lo decisivo es que, de repente, ese par de frases regresan a su mente y las declama en voz alta, saboreándolas.

A diferencia de las extraordinarias, las formas de relación con lo ordinario son la mayor parte de las veces «aproblemáticas». Salvo en momentos críticos que, por supuesto, no deben ignorarse ni menospreciarse, esas relaciones no resultan (desde una perspectiva sígnica, simbólica y gestual) especialmente conflictivas, por eso la vida ordinaria puede fluir de manera incuestionada. Pero a pesar de ello, no puede olvidarse que los conflictos también forman parte frecuente del escenario y que, por lo tanto, esas relaciones pueden generar malestar.

Una típica relación ordinaria es el encuentro entre dos actores en un ascensor. Si son vecinos, su conversación no generará problemas (salvo que haya entre ellos algún tipo de conflicto previo) porque se conocen, aunque tal vez no sea más que un conocimiento superficial: «Es el del ático». «El del ático» no deja de ser un personaje para el actor que cree que el modo de ser del vecino del ático se ajusta por completo a un guion. Lo contempla como un personaje en un contexto: su identidad es espacial («el vecino del ático») y/o temporal («el nuevo vecino que se acaba de instalar en el edificio»). Entre ambos, la conversación típica y tópica girará tal vez alrededor del clima (si hace frío o calor, si llueve o hay sequía, etcétera); tampoco hay tiempo para mucho más, porque el viaje dura menos de medio minuto, pero la conversación se hace más tensa si el personaje no es «el del ático», sino un completo desconocido, alguien que aprovechando que el actor abría la puerta ha entrado en el edificio y se ha metido en el ascensor. Cuando el actor le ha preguntado: «¿A qué piso va?», si el extraño duda, es posible que el actor sienta un cierto temor y la situación comience a percibirse como amenazadora. En general, sin embargo, a nadie le parece rara una situación así, porque en la vida ordinaria es de lo más corriente. Resulta normal que, frente a un desconocido en un espacio cerrado, surja una cierta desconfianza.[11]

El escenario es una perspectiva del mundo y todas las perspectivas son compartidas, lo que evidentemente no significa que sean idénticas. Para que se dé la confianza en un encuentro casual e inesperado y el temor ante un desconocido quede reducido a la mínima expresión, es necesario presuponer que los personajes tienen perspectivas del mundo que coinciden en su gramática elemental y que comparten un guion, unos símbolos, unos signos y unos gestos.[12] Los esquemas de interpretación y de acción son presupuestos imprescindibles para habitar una situación en la que no se puede programar nada y en la que no se dispone del tiempo necesario para pensar cuál sería la manera correcta de actuar y de representar. El actor no tiene más remedio que presuponer del personaje con el que se encuentra algo que no sabe, algo que desconoce. Cree de forma tácita que ese individuo comparte sus formas sígnicas, simbólicas y gestuales, pero en esos casos, el personaje no deja de ser un desconocido para él, y todas las precauciones son pocas. Está claro que un desconocido no es un extraño. El recelo que provoca el desconocido es menor que el del extraño, cuya presencia en un pequeño espacio siempre es más intimidatoria.

En la vida ordinaria, los esquemas de interpretación y de acción operan al modo de ficciones. La ficción le imprime *realidad* a lo real.[13] Si ningún actor puede habitar el mundo solamente con aquellos que están presentes, tampoco es posible habitarlo con lo empíricamente real, porque lo empíricamente real no existe. La realidad posee un carácter ficcional fruto de la operatividad de los esquemas que cada actor hereda. La vida ordinaria es, por tanto, un encuentro entre conocidos y desconocidos, que se da a través de presupuestos. He aquí la dificultad. La gramática heredada impone diferencias donde tal vez no las haya, o donde no está claro que las haya, porque todo conocido también es desconocido, porque en todo presente sobreviven ausentes, y porque no se puede hablar de lo real sin lo ficcional. Los presupuestos son necesarios para que los actores vean lo que ven, actúen como actúan, piensen como piensan, y, sobre todo, hacen falta porque para existir se necesitan escudos de protección, o «prótesis». En el caso del encuentro de dos desconocidos en un ascensor al que antes se ha hecho referencia, está claro que los esquemas de interpretación y de acción sirven para poner una cierta distancia entre ellos. No puede haber una mirada fija y penetrante en los ojos del otro, la conversación no debe tratar de nada privado o íntimo, y entonces, puesto que el trayecto es muy breve, no suelen saltar las alarmas. Otra cosa muy distinta sucedería si el tiempo fuera más largo y el espacio permitiera un determinado giro del cuerpo. Las ficciones ayudan, no cabe duda; sin embargo, hay un peligro, el peligro de que esas mismas ficciones se conviertan en barreras que excluyen, que repudian o incluso matan. Es muy importante tener en cuenta que una ficción, como todo lo que sucede en el escenario de la existencia, es de naturaleza ambigua. Por un lado, permite al actor dar respuesta a situaciones de la vida ordinaria, pero también puede imponer un trato discriminatorio, humillante o vejatorio. Una relación degradante es el resultado de una ficción que se olvida que es un prejuicio, una herencia y una elaboración gramatical.

Las ficciones, sean positivas o negativas, se inscriben en el ámbito de lo sígnico (de las categorías científicas, sociales, políticas), de lo simbólico (de los mitos, de las narraciones, de las fábulas) y de lo gestual (de los abrazos, de las caricias, de los silencios). El actor tiene que poder creer que tiene controladas las condiciones de su existencia, que su forma de vida depende de sí mismo, que no está por completo a merced de los acontecimientos, que su existencia no cuelga de un hilo, aunque de hecho no sea así. El peso de lo heredado, de lo que se ha recibido, de lo que acontece, es mucho mayor que el peso de lo que se ha escogido. El actor es mucho menos libre de lo que se considera, y mucho más dependiente del pasado que lo que muchas veces le han hecho creer.

Las ficciones simbólicas resultan especialmente relevantes y hay que prestarles mucha atención, porque el actor necesita una explicación que le esclarezca «de qué va todo eso», que le explique no solo el sentido de su trama, sino también el argumento de la obra que se está representando. El actor no puede alcanzar por sí solo esta explicación; necesita relatos (religiosos, filosóficos, científicos) que le den alguna respuesta, porque es un «ser poco dotado» no únicamente desde el punto de vista físico o biológico, sino también gramatical. Fácilmente se le intenta convencer de que será posible configurar una gramática perfecta, que dé sentido a la totalidad, que no sea para nada excluyente, pero nada de eso será cierto, porque no hay gramáticas completas, ni adecuadas. En la «mejor» de las gramáticas está presente una simbólica del mal que legitima el poder, el dominio, la esclavitud y el horror. El grito del coronel Kurtz, del que se hizo eco Joseph Conrad, persiste, aunque en ocasiones su exceso lo vuelve inaudible. Por desgracia, la inhumanidad es ineludible.[14] Son las gramáticas de lo demoníaco que no desaparecen con ningún proyecto ilustrado.

En la vida ordinaria es indispensable establecer una diferencia entre «real» e «irreal».[15] De hecho, todo el mundo lo hace, porque sería imposible vivir sin esta diferencia. Pero la cuestión no es tan sencilla. Si se piensa con calma se verá que es innegable que se pueden fijar dos ámbitos de realidad, cada uno de ellos con sus propias reglas, con su lenguaje y su lógica característica. Ahora bien, esta distinción no debería tener un carácter metafísico, que sería el que tradicionalmente ha adoptado la cultura occidental. Si el actor sueña que su casa se está quemando, cuando despierte se dará cuenta de que era un sueño y no acabará llamando a los bomberos. También puede suceder lo contrario; recuérdese la escena inicial de *La transformación*, de Kafka, o la recreación de esta obra que es *El momento de la sensación verdadera*, de Peter Handke: soñar que uno se ha transformado en un insecto (Gregor Samsa) o soñar que uno se ha convertido en un asesino (Gregor Keuschnig). Ese tipo de «sueños» no ofrecen mayor problemática *si realmente son sueños*. Pero siempre queda la duda. ¿Es así? Quizá se debería enfocar la cuestión de otro modo.

Mundo y *realidad* no son lo mismo. El mundo posee dos caras: la gramatical y la indisponible; no pertenece al actor, no es su propiedad. La realidad, en cambio, es una construcción, pero no es una construcción individual, sino social.[16] En un escenario no solo hay que responder a la pregunta ¿qué es lo real?, sino también hay que dar cuenta de otra: ¿cuánta realidad es posible soportar?[17] ¿Cómo soportarla? El punto de partida de estas preguntas es la fragilidad, la frágil relación con el mundo. Esa experiencia es inevitable en el escenario de la existencia. Incluso podría decirse que la fragilidad es lo que no puede ponerse entre paréntesis, ni sucumbir a la duda metódica. De hecho, el propio Descartes la sitúa al inicio de su recorrido, de sus etapas de formación. Él estaba convencido de que la única vía posible hacia lo Absoluto tenía que pasar necesariamente a través de la experiencia de la fragilidad del mundo y de su propia fragilidad.[18] Pero el filósofo francés, claro está, cree posible escapar de esta experiencia, cree que puede dejarla atrás y abandonarla. El *cogito* cartesiano podría leerse como la victoria de una razón pura sobre una razón desvalida. Ese triunfo dominará la historia a partir de entonces. Incluso la demostración de la existencia de Dios se construye sobre el error y el engaño. «Conozco la existencia de Dios a partir de la indigencia de mi pensamiento, a partir del hecho de que tengo su idea en mí y que yo no podría haberla creado.» ¿Sería, pues, lo real esa experiencia de la fragilidad? ¿Sería esa experiencia el punto de inicio de toda vida ordinaria?

En el escenario de la existencia, lo «real» o la «realidad» son términos que aparecen constantemente en el guion que los actores utilizan. Pero ¿de qué se está hablando?, ¿qué es en definitiva «real»? Como en un combate de boxeo, lo real es lo que pone al actor contra las cuerdas. En la conocida carta de 1904 a su amigo Oskar Pollak, escribe Kafka que *un libro debe ser el hacha que rompa el mar helado que llevamos dentro*. «Algo» (una pregunta, una lectura, un gesto) es «real» si «choca» con lo ordinario, y si su respuesta (que, en el caso de que la haya, siempre será finita y provisional) provoca una caída en la lona y, por lo tanto, un cambio de punto de vista en la forma de vida del actor.

Grosso modo hay dos lenguajes y dos facultades que pueden hacer frente a este choque con lo real y reducir su poder amenazador. En primer lugar, el actor dispone del *lenguaje de lo religioso* y del *lenguaje de lo artístico*. Los lenguajes científicos («la» ciencia, en singular, en sentido estricto, no existe; siempre hay que lidiar con una pluralidad de ciencias)[19] no sirven para dar respuesta a lo real. El lenguaje matemático (sígnico o lógico) —que es el único tolerado por las ciencias porque es el que (supuestamente) dice lo que la naturaleza es— ofrece una enorme tranquilidad al actor, pero solo en algunos ámbitos, en esos que las mismas ciencias acotan como importantes, como decisivos. Pero los lenguajes científicos no pueden considerar la cuestión del deseo, de la vulnerabilidad, de la fragilidad, del sentido, de las transformaciones, del mal, de la contingencia. De estas cuestiones dan cuenta los lenguajes simbólico y gestual, que son aquellos que operan en la religión y en el arte. Sin las ficciones religiosas y artísticas que la propia gramática produce, el actor andaría desnudo y completamente desorientado en el escenario de la existencia.[20]

Junto a los lenguajes religiosos y artísticos, hay que mencionar dos facultades: *lo imaginario* (que tiene una forma diurna) y *lo onírico* (que tiene una forma nocturna). Lo imaginario es la facultad que el actor utiliza para conseguir que sus dudas y sus inquietudes no le alteren en demasía y pueda seguir viviendo con una cierta tranquilidad y afrontar así el choque con lo real creyendo que otro mundo es posible, o que todo puede ser con mayor o menor facilidad abandonado. No es mejor el mundo en el que no hay ningún interrogante, ningún problema, incluso ningún misterio, sino aquel que mantiene abierto el misterio de lo real y, por lo tanto, aquel que genera dudas en los actores. Lo imaginario es una forma *diurna* de interpretar esas dudas y de encontrarles algún sentido, es lo que permite creer que todo lo relativo al escenario de la existencia es provisional y que, aunque las transformaciones sigan inquietando, se abren horizontes que permiten respirar hondo. Lo imaginario hace posible pensar que no todo está terminado y, por lo tanto, que no todo sigue su curso. Es la facultad que abre la puerta a la esperanza de que tal vez eso que está ocurriendo se puede interrumpir, se puede parar y cambiar de ritmo y de trayecto. Pero al mismo tiempo, es evidente que lo imaginario no está en condiciones de bloquear todas las imágenes. Las hay que son terribles, que muestran el presente y el futuro bajo el paraguas de lógicas de la crueldad. El actor sabe, o debería saber, que nunca se está del todo protegido de la presencia «demoníaca» de lo real, de sus imágenes de totalidad y de universalidad.[21] Este tipo de imágenes son muy peligrosas porque se presentan como definitivas. Son «fantasías de resolución». Su peligrosidad radica en presentarse como algo infinito y absoluto. Son rostros que adquiere lo demoníaco para colonizar la vida ordinaria y presentar un final de trayecto.

A diferencia de lo imaginario, la facultad de lo onírico es *nocturna*. Freud define el sueño como la realización disfrazada de un deseo insatisfecho. Lo onírico revela que el deseo prohibido o reprimido anda suelto. El sueño muestra una doble cara. Por un lado, es expresión del límite, de la imposibilidad de realizarlo todo, de quererlo todo, de poseerlo todo. Por otro, es el anhelo de transgresión del límite, la negativa a aceptar el «no». El sueño es ambivalente, puede ser reparador, pero a veces es una pesadilla. Al despertar, el actor descubre que todo lo que acaba de soñar —si es que es capaz de recordarlo— no es real. Eso le provoca tranquilidad: «No era más que un sueño», se dice a sí mismo. Pero en ocasiones, como le sucede a Descartes, se pregunta si el mundo que está viviendo en esos momentos, el de lo ordinario, no es también un sueño, y si puede establecer una nítida diferencia entre ambos. Cualquier actor, en algún momento de su vida, ha tenido que lidiar con esta duda, con este interrogante: «¿cómo sé que la vida no es un sueño?», pero también con una certeza que se impone al modo de una espada de Damocles que pende sobre el escenario: quizá ningún sueño sea realmente un sueño.[22]

El actor se mueve entre lo imaginario y lo onírico, entre lo diurno y lo nocturno y en ambos casos las resoluciones a los interrogantes que provoca lo real se añaden a sus ficciones de continuidad formando su argumento, su trama, su biografía; a veces le salvan; a veces, a su pesar, sucede todo lo contrario, sucede lo peor: le matan, y lo más inquietante es que la resolución no puede saberse a priori. El vértigo aparece de nuevo aquí en toda su expresión. Da la sensación de que el actor puede imaginar a voluntad, aunque muchas veces no sucede así, como le ocurre a Don Quijote, que ve gigantes donde solo hay molinos de viento y eso le otorga la grandeza de creerse caballero andante al servicio de su dama Dulcinea del Toboso. En el mundo onírico, el actor no es capaz de decidir sobre qué quiere soñar, ni cuándo interrumpir el sueño, ni qué personajes aparecerán en él. Gregor Samsa, al principio de *La transformación,* quiere seguir durmiendo y «olvidarse de todas esas tonterías», pero no puede. Samsa acostumbra a dormir de lado, pero su actual estado se lo impide. Eso es lo que le lleva a pensar que lo que está sucediendo no es un sueño. El mundo onírico escapa al poder de decisión. Otra diferencia entre lo imaginario y lo onírico es la soledad. «Puedo imaginar algo contigo», piensa el actor, «podemos tener fantasías juntos, pero no puedo soñar junto a ti. No podemos soñar juntos». En lo imaginario, el otro puede gesticular y compartir con el actor su forma de ver el mundo; en lo onírico, en cambio, el otro puede ser el objeto de los sueños del actor, pero no puede compartirlos. No hay ninguna posibilidad de comunicación con el otro.

Lo imaginario y lo onírico son facultades que producen herramientas simbólicas y gestuales que, en manos del actor, hacen la función de dominar lo ordinario. El actor piensa en la muerte. Todo el mundo muere, todos los días, a todas horas. Pero no se trata solamente de su muerte, de la propia muerte, sino de la del otro, de su ausencia. Las herramientas simbólicas y gestuales operan al modo de prótesis para combatir la muerte, la pérdida, el vacío. Tumbas, oraciones, creencias, mitos, rituales, todo se pone en marcha para soportar eso tan ordinario que es la muerte, para soportar la visión del otro ausente allí donde ya es imposible que esté, de sentirlo donde no hay nada, ni nadie. El último relato de *Trilogía,* de Jon Fosse, muestra la experiencia relativa a la pérdida. La protagonista se niega a aceptar la desaparición de su marido que al parecer ha sido condenado a muerte y ejecutado. A lo largo de todo el relato, Fosse muestra esa fantasía de Alida: «y Alida piensa que ella y Asle siguen siendo novios, que están juntos, él con ella, ella con él, ella en él, él en ella, piensa Alida, y mira el mar y en el cielo ve a Asle, ve que el cielo es Asle, y siente el viento, y el viento es Asle, Asle está ahí, Asle es el viento, si no existe, de todos modos, está ahí y entonces oye a Asle decir que está ahí...».[23]

Las formas ordinarias de relación tienen lugar en un escenario en el que el actor habita cada día y en el que se encuentra tanto con gente que conoce como con desconocidos. El mundo no es percibido como algo extraño. Para el actor, vivir en lo ordinario significa habitar en situaciones que no suelen llamar su atención en exceso: calles, plazas, cafés, supermercados, estaciones de autobús o de ferrocarril, etcétera. En ellas, el actor se encuentra con sus contemporáneos, y tanto los que conoce (que la mayor parte de las veces son pocos), como los desconocidos (que son la mayoría), no suponen una amenaza.

Es evidente que la mayor parte de lo que suceda en un escenario estará dentro de esas formas ordinarias de relación; será algo que el actor no va a problematizar o a cuestionar, algo que considerará obvio, natural, evidente o trivial; será algo de lo que va a pasar de largo sin darse cuenta, aunque eso no significa que no sea importante, sino todo lo contrario; le va a ofrecer tranquilidad. Lo ordinario calma, mientras que lo extraordinario inquieta y deberá ser colocado a distancia. Lo ordinario pasa desapercibido, aunque está más presente y es más decisivo en la existencia de lo que parece a simple vista. Nadie puede habitar un escenario si no es admitiendo implícitamente esa prosa de lo evidente, de lo indudable, de lo inequívoco, de lo no cuestionable. Pero tampoco es posible habitarlo sin sombras. La forma de lo ordinario no puede eludir la duda, la sospecha, el recelo o la amenaza En este sentido, no es raro que el primer gesto de la filosofía moderna, el «gesto de Descartes», fuese la *duda,* una duda *metódica,* una duda que le sirve al filósofo francés para salir de ella. Como es sabido, con el fin de alcanzar principios verdaderos, Descartes se propuso poner en cuestión lo que habitualmente se da por supuesto. Su duda fue un gesto de «suspensión» de lo ordinario. Ocurre, no obstante, que lo ordinario —que evidentemente no es natural *per se—,* parece, en cambio, natural. Se está tan acostumbrado a su presencia, a una presencia que se ha incorporado de una forma tan intensa, que no se le da importancia y se asume sin demasiados problemas.

Ahora bien, el gesto cartesiano, si se toma en serio, si se impone en su radicalidad, provoca inquietud. Uno no puede poner en duda lo ordinario —aunque sea solo como método— y seguir adelante como si nada. Descartes fue consciente de esa dificultad. De hecho, en un par de ocasiones, concretamente en el primer y en el segundo capítulo del *Discurso del método,* aconseja no ser imitado. No es conveniente —escribe— que mucha gente haga lo mismo que yo, que ponga en cuestión lo heredado. Además, mientras dura ese proceso de demolición, Descartes advierte que la vida sigue y que por eso será necesaria una moral provisional. La primera regla de esa moral es explícita. Se trata de admitir las normas, las costumbres y la religión en la que se ha sido educado. Y no puede olvidarse algo que añade a continuación, a saber, que entre esas normas hay que escoger las que sean más moderadas. Nada tiene que ver la primera regla con una especie de opción conservadora. Al contrario, el vínculo con la herencia es la base antropológica necesaria para habitar los escenarios de la existencia.

Lo ordinario posee una dimensión moral de primera magnitud que a ningún actor le resulta fácil ni cómodo cuestionar. Poner en duda esa dimensión, con sus respectivos hábitos y reglas de decencia, no es sencillo, y no lo es porque ha sido incorporada de tal forma en la cotidianidad que al actor le parece algo evidente. Hay que andarse con cuidado aquí; la evidencia resulta peligrosa porque también puede ocultar formas de violencia que pasan desapercibidas.[24] En otras palabras, es necesario advertir que la moral es una lógica que, de forma solapada, está capacitada para reproducir relaciones de dominación y de crueldad. En la vida ordinaria, la moral puede contener elementos perversos que, debido sobre todo a su amabilidad y a su dimensión cortés, no resultan fáciles de detectar.

El fundamento de la moral de la vida ordinaria radica en la autoridad de la tradición. Resulta evidente que si hay algo que en la posmodernidad se haya puesto en tela de juicio es precisamente la tradición. Sin embargo, sin ella no es posible una habitabilidad del mundo mínimamente consistente. Los actores son, para bien o para mal, seres que, sin duda, pueden poner en jaque su tradición, pero siempre hasta cierto punto y con cierta angustia. Ahora bien, uno de los graves peligros radica en la conversión de la moral ordinaria (o tradicional) en una moral metafísica. Se trata de una transformación peligrosa porque, si se da, entonces acontece un *mundo inmundo,* sencillamente porque surge una moral incuestionable. En tal caso, la autoridad se convierte en poder, y este es siempre totalizador. No hay, en ese sentido, algo así como un «abuso de poder» porque el poder es, por definición, colonizador, omniabarcante. El poder, sea del tipo que sea (mítico, político, económico o tecnológico), es un río que crece y se desborda, que no admite algo que se sitúe fuera o al margen de él. El poder desea colonizar.

Es propio de la moral metafísica la negación de la duda; o, dicho de otro modo, la metafísica opera con la lógica de la Verdad. Pero no es posible habitar un escenario si la posibilidad de la duda, no solamente metódica sino también existencial, desaparece de la vida ordinaria. La relación que la existencia establece con el mundo es una relación de fragilidad, y esta depende del modo de habitarlo, pero para eso es necesario que no todo encaje, que no todo sea posible, que las disonancias estén presentes.[25] Toda consonancia perfecta es peligrosa. A diferencia del adoctrinamiento, una de las funciones fundamentales de la educación sería mantener abierta la disonancia, es decir, enseñar a habitar una pregunta que no podrá ser cancelada, una duda que no podrá ser resuelta y que hará posible que el conflicto existencial siga abierto. Si la moral permanece en el ámbito de lo ordinario, aunque pertenezca al mundo dado por supuesto, es necesario que esté abierta a la «provisionalidad» de la que hablaba Descartes. En la vida ordinaria no hay moral que no sea provisional. O, dicho de otro modo, la provisionalidad no es la característica de la moral en determinados momentos, en algunas situaciones. Al contrario, es la condición de *toda* moral.[26]

En la vida ordinaria no hay nada idéntico a sí mismo. Aquí cada situación es distinta, y, aunque existen situaciones parecidas, a menudo uno tiene la sensación de que eso sirve de bien poco. Dicho con otras palabras, nunca nadie tropieza dos veces con «la misma piedra» puesto que no hay dos piedras iguales. La identificación de dos situaciones solo podría llevarse a cabo en un ámbito teórico-abstracto que de inmediato supondría un alejamiento de lo prosaico, de la cotidianidad. En medio de estas discontinuidades habitan, junto a lo ordinario, tanto lo extraordinario como lo infraordinario. Lo extraordinario se revela en la forma de un *escándalo,*[27] de algo que establece una cesura en el escenario de lo trivial porque es lo que está fuera del orden habitual. Cuando acontece, el actor no tiene más remedio que detenerse y repensarlo todo. Lo infraordinario es lo contrario de lo extraordinario y, a la vez, es anterior a lo ordinario. Se revela en la forma de lo *insignificante*. En lo infraordinario nadie se detiene porque a nadie le llama la atención lo obvio. Nadie se interroga por lo que es (o parece ser) irrelevante. Es lo que pasa inadvertido porque, para el actor, es una realidad imperceptible.

El guion que el actor ha incorporado, de manera implícita o explícita por medio de su formación, facilita el clima de familiaridad y de ausencia de un desasosiego insoportable. Está tan acostumbrado a ver lo que ve que lo que sucede en el escenario no llama su atención. Se limita a vivirlo, a vivir en él y con él, pero no reflexiona sobre su modo de ser, ni sobre su relación con su existencia. Eso es lo que tienen en común tanto lo ordinario como lo infraordinario. Pero para comprender en qué consisten las formas de relación con lo infraordinario habrá que prestar una especial atención a la materialidad de las cosas. La materialidad no es un elemento pasivo en un escenario, sino todo lo contrario, es formadora del actor, es determinante en los vínculos. Si no se le presta atención no será posible comprender el escenario de la existencia y las formas de vida de los actores.[28]

La formación del actor ha naturalizado lo que no es obvio. Él habita un escenario en una «actitud natural»,[29] sin darse cuenta de que está viviendo en situaciones contingentes, que podrían ser radicalmente distintas. Da por hecho, por evidente, lo que nada tiene de evidente por sí mismo. Se trata de pensar si es posible otra formación que sirva para que el actor pueda pararse a reflexionar sobre lo común, sobre lo que siempre está ahí, eso con lo que día a día se encuentra y pasa de largo sin darle la más mínima importancia. Hay algo trivial que para el actor se ha vuelto invisible. Si la filosofía nace con el asombro, parece que nadie posee espíritu filosófico, porque nadie se asombra de nada. «De lo que se trata es de interrogar al ladrillo, al cemento, al vidrio, a nuestros modales en la mesa, a nuestros utensilios, a nuestras herramientas, a nuestras agendas, a nuestros ritmos.»[30]

¿Puede volver a sorprender al actor lo que alguna vez llamó su atención e hizo que se detuviera? ¿Puede detener sus pasos algo que no es lógico que estuviera ahí, quizá porque nunca hay nada que sea realmente lógico, porque nada está ahí *porque sí,* porque es necesario? La película *Perfect days* (2023), de Wim Wenders, es un canto y una reflexión sobre la materialidad de lo infraordinario. Su protagonista, Hirayama, es un limpiador de retretes de Tokio, que cada día repite la misma escena: se levanta, sale de su casa, mira el cielo, toma un café, se sube al coche, pone una vieja cinta de Lou Reed o Van Morrison y llega a su lugar de trabajo. Empieza a limpiar los lavabos con calma, lentamente, y así día tras día. Por la noche, después de tomar un baño, vuelve a su casa y lee *Las palmeras salvajes,* de William Faulkner. Wenders muestra la belleza de las relaciones con lo infraordinario, del instante que no va a volver, de la repetición que nunca es reiterativa porque jamás un día es igual a otro. Lo insignificante es más importante de lo que parece, porque es lo que constituye la base del argumento del actor. Las pequeñas preguntas son las decisivas; en los detalles, en los intersticios y claroscuros está el sinsentido, el único al alcance de los seres finitos. El actor tiene que estar atento a todo eso y olvidarse de sí mismo, olvidarse de lo que cree, de lo que piensa, de lo que le gusta, de lo que opina. Olvidarse de todo eso y mirar la situación y el escenario. Ver lo otro, la alteridad. Limitarse a verlo y a describirlo, nada más. Eso es lo más difícil.

La vida infraordinaria tiene la forma de un rompecabezas, de un «puzle».[31] Pero se trata de un puzle disonante, en el que hay piezas que no encajan y en el que, una vez construido, no hay armonía. El conocimiento del todo no se puede deducir del conocimiento separado de las partes que lo componen, y cada parte solo tiene sentido (si es que lo tiene) en relación con las otras. Dicho de otro modo, como todo lo que está en el escenario de la existencia, el sentido de cada parte está en función de la relación. Una parte en sí misma no significa nada; de hecho, podría decirse que una parte en sí misma no existe.[32]

El actor se detiene y observa algo que normalmente no le llama la atención. Hay una pluma estilográfica en el baño, junto al cepillo de dientes. Le resulta extraño porque evidentemente ese no es su lugar. No recuerda haberla dejado allí, él siempre tan cuidadoso con sus cosas, tan ordenado. La pluma no está en su sitio. En la vida infraordinaria, los objetos mantienen relaciones entre ellos. Una pluma en el cuarto de baño no encaja. Además, el actor piensa que esa pluma es suya y que, por lo tanto, las otras personas con las que comparte su apartamento no tienen ningún derecho a coger sus cosas, y todavía menos la pluma, que es un objeto muy personal. ¿Y en el cuarto de baño? Lo que desencadena todo su malestar es un cambio radical de espacio. Una pluma en un cuarto de baño carece de sentido. Cambiar de espacio es una forma de desorden. La pluma podría estar en otro emplazamiento, es verdad. Por ejemplo, en la caja donde el actor guarda su colección, todas esas plumas que no tiene cargadas en ese momento y que no utiliza. No hay una única ubicación para la pluma, pero sí que hay sitios en los que no puede estar, y todavía es más grave que esté junto al cepillo de dientes. El actor piensa que una pluma al lado de un cepillo de dientes forma un bodegón insoportable. Por si fuera poco, esa pluma no es simplemente un objeto, sino una cosa. Las cosas tienen «alma», tienen una historia personal que está incorporada al argumento del actor. En ese caso, esa pluma es una herencia familiar. Pone en contacto al actor con un ausente, con alguien que se la legó. Las relaciones infraordinarias, pues, tienen lugar entre cuerpos materiales (objetos y cosas) y actores, pero también con otros que están ausentes. La pluma no es solo un instrumento de escritura, es una cosa que mantiene el recuerdo de alguien que ya no está. Tal vez por eso el actor no la utiliza demasiado. La mayor parte de las veces la tiene en su estuche y de vez en cuando la mira, piensa y guarda silencio.

Como ya se ha dicho, el argumento del actor es relacional y sus formas de relación están en constante cambio y transformación, poseen una gran dosis de singularidad y, por ello, no pueden clasificarse sin perder, de algún modo, su «realidad». Toda clasificación es una pérdida de mundo, pero lo grave del asunto es que resulta inevitable asumir esa «pérdida» para poder comprender mínimamente en qué consiste la existencia. Así pues, será necesario establecer alguna organización categorial para comprender y clasificar las relaciones (extraordinarias, ordinarias e infraordinarias) que tienen lugar en el escenario.

La primera organización del mundo que suele presentarse como evidente es la relativa a la diferencia entre *naturaleza* y *cultura*. Contraponer lo natural a lo cultural es una distinción gramatical clásica que, al parecer, no puede ponerse en duda y que además ha servido para construir sistemas morales, políticos y pedagógicos. El antropólogo francés Philippe Descola se ha ocupado de esta cuestión en su trabajo de campo con los nativos achuar en la Amazonia. Su tesis es que esa diferencia supuestamente incuestionable no es universal. No es que los achuares consideren como natural lo que en Occidente es cultural, o viceversa, sino que, para ellos, la distinción entre lo natural y lo cultural no existe.[33] Los achuares se comunican de manera constante con interlocutores no humanos a los que tratan como a personas[34] porque consideran que comparten con ellas su misma naturaleza.[35] Mientras que en Europa se cree que los seres humanos son una especie independiente porque poseen «vida interior» (conciencia, lenguaje, moral), en esa comunidad sucede lo contrario. Aunque no ocurre en todos los casos, los nativos creen que la mayor parte de los no humanos tienen un alma similar a ellos. La conclusión no es que la diferencia entre lo natural y lo cultural no sea importante, sino que no es ni universal ni necesaria. O, en cualquier caso, es una diferencia entre otras posibles, un artificio como cualquier otro. En consecuencia, bajo esta perspectiva, puede sostenerse que ninguna diferencia es natural ni evidente; toda diferencia se elabora a partir de clasificaciones que son más o menos útiles y sin las cuales no se podría organizar el escenario de la existencia.

Además de esta indistinción entre lo natural y lo cultural, el trabajo etnográfico y antropológico que realiza Philippe Descola permite reflexionar sobre lo que él denomina «ecología de las relaciones».[36] Descola propone algunas clasificaciones ordinarias de relación, de las que aquí vamos a considerar solamente tres: el *intercambio*, la *transmisión* y la *protección*. Sin ellas, el actor no podría organizar el argumento de su existencia. En primer lugar, el intercambio. Para pensarlo de modo adecuado es necesario acudir al clásico libro de Marcel Mauss. Se observa que tanto en su título *(Ensayo sobre el don)* como en su subtítulo *(Forma y función del intercambio en las sociedades ar-*

caicas) aparecen dos conceptos supuestamente sinónimos: don e intercambio. Sin duda, habrá que considerar si realmente lo son, pero antes veamos cómo Mauss los define. Según él, podría entenderse por «don» un intercambio que se realiza en forma de regalo, pero que tiene que ser devuelto por obligación.[37] En las culturas que Mauss estudia, lo que se intercambia no son solo bienes y riquezas, muebles e inmuebles, cosas económicamente útiles. Se intercambian, ante todo, cortesías, festines, ritos, colaboración militar, mujeres, niños, danzas, fiestas, ferias en las que el mercado no es más que uno de los términos de un contrato mucho más general y mucho más permanente.[38] Este sistema de intercambio, o de prestación total, recibe el nombre de *potlatch.* Hay, pues, tres obligaciones: dar, recibir y devolver. Lo que resulta muy significativo del intercambio es que sigue de una manera u otra vigente en el escenario de la existencia en la forma de una lógica económica.[39] Pero lo más grave es que, de hecho, el don y el intercambio funcionan según operaciones distintas. Por eso es decisivo no identificarlos. Nada tiene que ver el don con el intercambio. Mientras que este requiere una devolución o una contraprestación, en el caso del don es todo lo contrario. El don es gratuito; lo que se exige en este caso es que no se devuelva. La contraprestación es la negación del don. El don es un «gesto de sentido único que consiste en dejar algo a alguien sin prever otra compensación que el eventual reconocimiento del destinatario».[40] No se puede reclamar una contrapartida en el don, de ahí que el *potlatch* descrito por Marcel Mauss en su libro no pueda considerarse un don.

El intercambio se construye sobre la lógica del *do ut des:* «te entrego algo para que me des otra cosa en su lugar». Tiene, pues, un objetivo claramente definido: la obtención de algo beneficioso para el donante. El don, por el contrario, no admite tal contraprestación.[41] Tanto el intercambio como el don son relaciones ordinarias, aunque en el caso de la lógica del mercado, una lógica en la que impera la noción de *mercancía*, el tipo de relación habitual que ha colonizado el resto es la primera. Evidentemente, el problema no es el intercambio como tal, sino esa reducción del don a intercambio, o, si se prefiere, la imposibilidad de pensar la naturaleza del don, su antilógica, porque de hecho el don es algo que no tiene sentido, sencillamente porque no posee utilidad, no sirve para nada porque no tiene ningún beneficio para el donante.

El segundo modo ordinario de relación es la transmisión. Esta hace referencia fundamentalmente a las relaciones educativas. Formar es transmitir. Al respecto, recuérdese la clásica definición de Durkheim: la educación es la acción ejercida por las generaciones adultas sobre las que no han adquirido el grado de madurez necesario para la vida social; tiene por objeto la transmisión de un conjunto de estados físicos, intelectuales y morales que exigen a las nuevas generaciones tanto el medio ambiente como la sociedad política en su conjunto.[42] Uno de los aspectos más relevantes de la transmisión es lo «admirable». La pregunta que todo educador tendría que ser capaz de responder o, al menos, de mantener abierta sería *¿qué resulta admirable y, por esa razón, es algo digno de mantenerse vivo?* La lengua materna lo es. Y es importante porque, en primer lugar, está atada al mundo desde mucho antes que el actor llegara al escenario, y, en segundo lugar, porque una vez que se ha producido la transmisión forma parte de la materialidad del cuerpo del actor. El actor puede cambiar de lengua, pero no de lengua materna, y esa lengua no es un mero instrumento de comunicación, sino una gramática, es decir, una concepción del mundo. En la lengua materna están inscritos sentimientos, emociones, símbolos y gestos que escapan a la libertad del actor y que, por lo mismo, no son fácilmente prescindibles porque forman parte de su educación sentimental, así como de su memoria cultural.[43] Ahora bien, transmitir no es preservar de forma intacta la herencia de una generación. Toda verdadera transmisión involucra una reconfiguración, una alteración y una diferencia. Una transmisión idolátrica resulta muy peligrosa.[44]

Aquí hay que andarse con cuidado, porque una admiración obsesiva puede terminar en idolatría. Por eso, un educador debería al mismo tiempo responder a otra pregunta: ¿qué es lo abominable?, ¿qué es lo despreciable? ¿De qué debería defenderse la transmisión? Es verdad que no resulta una cuestión sencilla de responder, quizá por eso se ignora por completo en la vida ordinaria, pero es una pregunta imprescindible. Si existe lo admirable también existe lo despreciable, y la educación debería ser capaz de rechazarlo. En ambos casos, toda transmisión tiene que ver con la memoria, con la forma de tratar los contenidos de la memoria, con su ambigüedad y, por supuesto, con su vértigo.[45]

Es sabido que el acto de aprender de memoria ha fundamentado la pedagogía occidental,[46] como mínimo hasta la modernidad, y aquí la escritura y la lectura ocupan un lugar decisivo. Cultura, memoria, escritura, lectura han sido elementos básicos de la transmisión durante siglos. Sin memoria no hay ni presente ni futuro; sin ella, el actor es incapaz de habitar mínimamente el escenario, porque es la memoria la que organiza el espacio, el tiempo y la historia, las experiencias y las situaciones de la vida ordinaria. Lo que la memoria transmite al actor no es el pasado literal (en el caso de que algo así pudiera existir), sino una imagen determinada del pasado, esto es, una narración. En consecuencia, lo realmente decisivo en toda transmisión no es la literalidad u objetividad de lo que se transmite, sino la interpretación y la valoración de lo que supuestamente sucedió. Para la memoria, pues, solamente cuenta la historia narrada, inscrita en un relato, no la fáctica.[47]

Finalmente, el tercer modo es la protección. Esta es una forma ordinaria de relación de primer nivel porque sin ella el mundo en algunas situaciones sería inhabitable. El actor se siente desamparado, de ahí que no necesite solo una protección física (Freud en *El malestar en la cultura* habla del fuego, de la casa, de las herramientas...),[48] sino también sígnica (por ejemplo, la ciencia y la tecnología), simbólica (por ejemplo, el universo mítico y ritual) y gestual (por ejemplo, el abrazo, el beso, la caricia, la palabra). Aunque jamás es totalmente recíproca, la protección puede invertirse con el tiempo. En el caso de la gestual, piénsese en los cuidados de los padres a los hijos, que pueden invertirse al alcanzar los progenitores un estadio de vejez avanzada. Aun cuando puede darse el caso de un interés recíproco, sigue siendo desigual, «porque siempre se funda en que el ofrecimiento de asistencia y seguridad a través del cual se manifiesta es fruto de la iniciativa de quien está en condiciones de brindarlas».[49] Asimismo, es necesario no olvidar que, aunque las relaciones de protección suelen darse entre humanos, también pueden tener lugar entre humanos y no humanos (animales, objetos, cosas y divinidades). Este último aspecto es especialmente relevante, puesto que en muchos casos el sentido de la creencia en un ser divino es precisamente este, la protección.[50]

Junto a las tres relaciones mencionadas, existen otras formas de organizar y pensar los vínculos ordinarios que tienen que ver con la posición corporal del actor.[51] Hay tres posiciones de vínculo: la *vertical*, la *horizontal* y la *diagonal*. Recordemos una vez más que adquirimos esquemas de interpretación y de acción a través del guion heredado (la lengua materna, los símbolos, las reglas de decencia y de cortesía, las normas sociales, la moral y los valores, la manera de vestir, la vergüenza y la culpa, etcétera). En los gestos heredados y aprendidos se inscriben formas de vínculo que es necesario considerar. Hay que señalar que en la relación ordinaria con los otros no se adopta una posición del todo horizontal porque nadie está al mismo nivel que su interlocutor. No puede darse una simetría exacta. La horizontalidad no puede ser pura. Lo que sí tiene lugar la mayor parte de las veces es una posición asimétrica en forma de diagonal más o menos inclinada.[52] El vínculo en diagonal es un gesto de inclinación. Las relaciones ordinarias tienen mayoritariamente esa posición, lo que no es equivalente a sostener algo así como que sean vínculos de subordinación; al contrario, muestran algo decisivo: que nadie es autónomo, sino dependiente del otro, para bien o para mal. El enamoramiento, el llanto, la pérdida, la nostalgia, pero también la sonrisa o la carcajada son ejemplos de vínculos de inclinación. Como señaló Freud, en su breve texto *Una dificultad del psicoanálisis,* «el yo no es el dueño de su propia casa».[53]

En segundo lugar, es necesario reflexionar sobre la importancia de los vínculos verticales. Se pueden pensar dos posiciones verticales que se dan en la vida ordinaria: la *ascendente* (se trata de gestos de admiración, de reverencia y de autoridad) y la *descendente* (o de poder, de domesticación y de sometimiento). La primera hace referencia a lo trascendente, la segunda a lo objetual. Esas relaciones verticales desposeen, cuestionan e interpelan al actor. Pensemos, por ejemplo, en lo divino. En su versión monoteísta, lo divino se revela como extraordinario porque irrumpe y provoca una transformación en la historia y en la vida ordinaria. En la tradición occidental, el ejemplo más conocido es con toda probabilidad el de Saulo, convertido —después de su caída camino de Damasco— en Pablo. Lo divino es indominable, no se puede someter a una categorización que permita tenerlo controlado y en la que todo esté previsto. El monoteísmo, la expresión de lo divino que ha prevalecido en Occidente,[54] no muestra solamente la distinción entre el dios único y una pluralidad de dioses. De hecho, esa distinción no es la más relevante. La decisiva es otra: la contraposición entre lo verdadero y lo falso, entre los dioses verdaderos y los dioses falsos, entre sabiduría e ignorancia, entre fe e incredulidad. La verdad del monoteísmo es exclusiva y ha sido fijada en una serie de textos, de escritos sagrados, formando un canon. Todas las demás religiones, cualquier otra manifestación de lo divino, deben ser combatidas. La sacralidad del monoteísmo —como toda sacralidad— es intolerante, y esta intolerancia es la que lo dota de un enorme poder. Por eso, sin un enemigo al que enfrentarse, no puede persistir; anda necesitado de herejes, de supersticiones, de idolatría, de magia, etcétera. Se observa, en ese sentido, cómo las relaciones de verticalidad poseen un alto grado de ambigüedad. Por una parte, contienen un enorme peligro: reclaman una obediencia absoluta que comporta una violencia de gran magnitud. Lo sagrado se convierte en algo o alguien que habla desde lo alto, que reclama adoración, que no permite discrepancia y que legitima las relaciones y las acciones de la vida ordinaria cometidas en su nombre. Es una violencia ejercida *en nombre de* Dios contra los enemigos de Dios. El monoteísmo ha generado una relación de obediencia que ha dado lugar a una forma inédita de violencia: la *violencia religiosa,* una violencia que distingue entre amigo y enemigo y que se funda en última instancia en la diferencia entre lo verdadero y lo falso. Aunque, por otro lado, no debería olvidarse que el monoteísmo también es una religión que ha situado el amor *(agape)* en la base de su concepción del mundo (Pablo de Tarso, 1Cor 13, 13).

Además de la relación con lo sagrado hay, en la vida ordinaria, otros vínculos verticales ascendentes. Son el vínculo con un maestro y con una obra clásica. Ambos merecen respeto y admiración, porque son relaciones de *autoridad.* Evidentemente eso no significa que el actor deba renunciar a pensar y someterse de forma sumisa a su palabra y a su voluntad, sino que, precisamente porque son admirables, tienen que ser tomadas en serio. Son relaciones que exigen escucha y silencio. También resultan, por supuesto, relaciones ambiguas, porque su autoridad puede acabar convirtiéndose en poder, dominio y sometimiento. La autoridad es un vínculo entre individuos, o entre un individuo y una cosa (una obra de arte, un libro, una pieza musical). La necesidad de autoridad es básica para poder habitar el escenario. Los niños, por ejemplo, precisan relaciones verticales que les proporcionen seguridad y disciplina.[55] Sin autoridad, la vida ordinaria no es soportable. Homero lo muestra en la *Odisea:* Telémaco echa de menos a Ulises, anhela el retorno de su padre. La relación de autoridad no opera con coacciones o amenazas, sino todo lo contrario. Orienta y guía, pero mediante la admiración y el respeto, no a través del poder o de la violencia. Una autoridad violenta sería una contradicción en sus propios términos. Algo o alguien posee autoridad porque se reverencia. La autoridad es un referente sólido en medio del vaivén de la vida ordinaria. Es muy posible que la relación de autoridad se base en la gramática que se ha heredado, en la tradición. El ejemplo más evidente es el del canon.

En *Por qué leer los clásicos,* Italo Calvino sostiene que un clásico no es un libro que se lee, sino que *se vuelve* a leer. La característica de un clásico es la relectura. El motivo de la importancia de la relectura lo señala Calvino al sostener que el clásico es un libro que nunca acaba de decir lo que tiene que decir. En los escenarios de la modernidad la autoridad de los clásicos se ha debilitado, pero una formación sin relaciones verticales es imposible. Una crisis de lectura, así como de admiración y de respeto por los clásicos, supone una grave crisis educativa. La defensa de la autoridad de un canon (abierto y revisable, por supuesto) tiene que ser una de las primeras condiciones para que se dé una relación educativa. Sin autoridad hay una evidente derrota del pensamiento. Así pues, una de las primeras tareas de la educación, tanto en la familia como en la escuela, debe ser enseñar que *no todo vale lo mismo*. La relación vertical, pues, es imprescindible en toda formación. Otra cuestión es si es posible establecer un listado de obras que deban formar un canon más o menos definitivo y aceptado por todo el mundo, y, en consecuencia, ser estudiadas. Porque, ¿qué o quién establece la autoridad y la canonicidad de una obra? Esta es la cuestión más difícil de responder. Digamos, en primer lugar, lo que no puede fijar la autoridad. No se trata de gustos personales. Un clásico no tiene que ver con una obra que a alguien le guste. Los clásicos de una biblioteca no son obras que se refieran a un gusto personal o privado. La autoridad se fundamenta en el tiempo, es el fruto del tiempo, de la duración. Si un clásico es un texto venerable (María Zambrano), lo es porque su autoridad persiste a lo largo de la historia y porque nunca está definitivamente pasado.

Hay que considerar, por otro lado, algunos ejemplos típicos de vínculos verticales en su forma descendente. No cabe duda de que el poder o el dominio serían relaciones paradigmáticas en las que alguien o algo somete a otro. Pero aquí vamos a ocuparnos del *uso*. En la lengua griega, «cosa» es *pragmata*, es decir, algo con lo que el actor «tiene que habérselas en el trato de la ocupación (en la *praxis*)».[56] Un útil, o un instrumento, es algo que se usa en un trabajo: la pluma cuando el actor escribe en su cuaderno, el vaso en el que bebe, el calzador que necesita para ponerse los zapatos, o un programa del ordenador. Un útil es un instrumento de uso, algo que *sirve para* realizar una tarea determinada, pero al mismo tiempo puede dejar de servir al quedar obsoleto, por ejemplo. Eso sucede muy a menudo en el ámbito de las llamadas nuevas tecnologías. Hay programas que ya no sirven; en tal caso dejan de ser útiles. Casi cada año el actor tiene que aprender a usar de nuevo programas informáticos porque los viejos ya han desaparecido de la escena. Todo útil participa de una especie de «lógica del residuo». La mayor parte de las veces no se establecen relaciones afectivas con los objetos de uso. Eso significa que, una vez que dejan de servir, son sustituidos rápidamente por otros que mejoran su utilidad, o al menos eso es lo que sugiere el fabricante. Otras veces simplemente se sustituyen porque al actor le da vergüenza que le vean con un objeto tan obsoleto.

Heidegger muestra en *Ser y tiempo* que, de acuerdo con su «pragmaticidad», un útil solo es en relación con otros útiles. Un objeto no aparece nunca por separado, sino en relación con otros objetos: la pluma en relación con la tinta y el cuaderno, y el cuaderno en relación con la mesa, y la mesa en relación con la habitación, y así sucesivamente. Podría decirse que ese campo de «pragmaticidad» constituye un elemento fundamental de toda situación y que es anterior al objeto determinado. Sin ese campo, el útil no sirve para nada. No sirve una pluma sin el tintero y sin el cuaderno, salvo que el actor sea un coleccionista, pero incluso en ese caso la pluma estaría en relación con otras plumas. Un objeto en solitario no puede ser una colección. Esta implica una pluralidad de objetos.

Para comprender en qué consiste un «campo de pragmaticidad» y, de este modo, poder fijar una de las diferencias fundamentales existentes entre un objeto y una cosa, es necesario reflexionar sobre la función del *manual de instrucciones*. A diferencia de la cosa, un objeto siempre va acompañado de una guía que define su trato con él o su correcta forma de uso. Eso significa que ofrece al usuario sus reglas de utilización. El manual establece para qué sirve el objeto que se acaba de adquirir y cómo se supone que funciona. También, y esto es muy importante, ofrece un apartado de «problemas» (o dudas) frecuentes, una especie de tipología de dificultades, y les da una respuesta fácil, para que de ese modo el usuario no tenga que solicitar la ayuda de un técnico. Puede decirse que alguien es competente en el uso de un objeto cuando ya no necesita acudir al manual para saber lo que tiene que hacer. A menos que alguien sea un experto en su uso, al principio será necesario tener el manual «a mano», pero seguramente al poco tiempo prescindirá de él.[57]

Es decisivo no confundir un objeto con una cosa. Su identificación conlleva un gran malentendido.[58] «Cosa», del latín *causa*, significa algo que concierne al actor, algo que le reclama en la vida ordinaria. Un «objeto», del latín *objectum*, en cambio, es algo que se le opone, es algo que está en su contra, o delante suyo, es un desafío al actor. Este acaba por someter el objeto a sus deseos, acaba por poseerlo. Nadie puede tener por completo el dominio o el control de las cosas, por eso, a diferencia del de los objetos, el «uso de las cosas» no hay que entenderlo solamente desde el punto de vista técnico, sino también simbólico. Dicho de otro modo, el uso de una cosa no hace referencia solo al «saber hacer»; va más allá de su «uso práctico», porque hace referencia también al sentido, a un horizonte simbólico de sentido.

Las cosas no son algo banal. El actor, en su vida ordinaria, establece relaciones de afecto con las cosas, porque *una* cosa no es *cualquier* cosa, no es algo, una mera mercancía, que se puede cambiar por otra; una cosa no se puede reemplazar, porque, a diferencia del objeto, ninguna cosa es equivalente a otra, aunque pudiera parecer que son iguales. Hay objetos iguales, pero no hay dos cosas iguales. Una cosa es insustituible, por eso, como veremos, es importante que sea cuidada y, en su caso, reparada, porque la cosa lleva una huella humana. En el argumento del actor las cosas ocupan un lugar importante. No puede entenderse la vida ordinaria de nadie si no se tienen en cuenta. En las cosas perviven seres ausentes, porque en ellas hay recuerdos (para bien o para mal) que parecían haber desaparecido, pero que vuelven de repente a estar ahí. De ahí que cuando se olvida una cosa se olvida también un mundo, y cuando se pierde una cosa y no se recupera puede irrumpir el vacío, y el actor siente que algo de vital importancia ha desaparecido de su existencia.

Para estudiar qué es una cosa y cómo su modo de ser condiciona la vida del actor puede pensarse en lo que sucede cuando alguien muere y hay que plantearse *qué hacer con sus cosas*. Sin duda, este es uno de los momentos críticos de la existencia. Si algo así acontece es porque las cosas mantienen de algún modo la presencia del ausente, su «alma». La tajante distinción kantiana entre *dignidad* y *precio,* distinción que le permitirá formular la segunda versión del imperativo categórico, no se sostiene. La moral de Kant no puede pensar las cosas, porque estas no tienen dignidad, es verdad, pero tampoco tienen precio. Las cosas tienen «alma» y por eso rompen la dualidad entre dignidad y precio.

La educación del actor pasa por una formación de la verticalidad, tanto ascendente como descendente, y, en consecuencia, por una formación del uso adecuado de las cosas, y, en ese sentido, es importante subrayar que una verdadera educación no puede hacer referencia solo a un uso *efectivo* de los objetos, sino que también debe fijarse en el vínculo *afectivo* con las cosas. De ahí que, en toda formación, aunque se califique de «técnica» o «competencial», la dimensión gestual adquiera un lugar preponderante, y cualquier fracaso formativo se concrete, al mismo tiempo, en un fracaso semántico. Contrariamente, pues, de lo que la actual pedagogía de las competencias cree, el uso de las cosas no hace únicamente referencia a lo efectivo; al contrario, es inseparable de su afectividad. Eso quiere decir que tal vez un objeto pueda ser usado con independencia de su historia, pero, en cambio, una cosa no puede darse con independencia de un argumento. La existencia del actor no está vacía de cosas. Estas hacen resonar el escenario.

Ya se ha dicho hace un momento y es importante recordarlo, que, en el ámbito de las cosas, los vínculos no son únicamente relaciones «de manual». Un manual recoge la forma de uso de un objeto al margen de su campo afectivo. No puede contemplarlo porque posee una vibración que depende del escenario, por un lado, y de las situaciones y relaciones que tienen lugar en él, por otro. De ahí también que nunca nadie pueda ser competente del todo, y sería muy peligroso que lo fuera, salvo en situaciones de la vida cotidiana en las que solamente se dé un interés técnico. Esas situaciones resultan importantes, no cabe duda, pero la mayor parte de las veces no son decisivas en la formación del actor porque no comportan aspectos existenciales. Además, esas situaciones pueden resolverse con la ayuda de un técnico y con un conocimiento de experto.[59] Pero para comprender la relación con las cosas hay que acudir a la cuestión de la resonancia.

En la vida ordinaria, los vínculos hacen referencia al espacio, al tiempo y a la historia. La casa es el espacio en el que se construyen algunos vínculos elementales que son necesarios para habitar el escenario de la existencia. Toda salida hacia la exterioridad, todo viaje, todo afuera, infunde un cierto temor. El actor necesita una casa, *su* casa, un espacio que lo separe del resto y lo proteja de la incertidumbre del mundo. La casa es el arquetipo de la frontera.[60] Es el espacio de lo cercano, de lo propio, frente al resto, frente a lo otro. El actor no puede liberarse de la idea de que tiene que haber algún ámbito libre de peligro en el que la protección sea máxima. No se puede habitar el escenario sin el refugio de la casa. Ahora bien, se trata de un espacio ambiguo, a veces es amable y cordial, aunque en ocasiones puede convertirse en un infierno. De ahí que sea necesario distinguirla del hogar. La arquitectura se ocupa del diseño y de la construcción de casas, pero a ningún actor le sirve una casa sin más, aunque esté perfectamente diseñada desde una perspectiva arquitectónica. A diferencia de la casa, el hogar no se reduce a un lugar, sino que se constituye desde la historia. El hogar es un conjunto de relaciones afectivas. Morar es tejer una intensa relación con las cosas del hogar.[61] No solo construimos ni habitamos una casa para protegernos de la intemperie. Se trata, más bien, de una cuestión gestual. El hogar posee un orden «matérico» que pone en relación objetos, cosas y actores en un vínculo afectivo. No es un artefacto arquitectónico, sino *un espacio de resonancia*.

Algo que debe hacer un actor para poder existir es transformar *una* casa en *su* hogar, pero para ello es imprescindible llenar la casa con *sus* cosas, por pocas que sean, porque sus cosas no son para él cualquier cosa (o unos meros objetos). Habitamos el hogar con cosas y son estas las que ofrecen al actor una ficción de continuidad, de ahí que en un cambio de casa tenga lugar un decisivo (o traumático) cambio de escenario, de perspectiva de mundo. Mudarse de casa es cambiar de hogar y de vida. Por ejemplo, en una mudanza se rehabita la casa con cosas que ya estaban en la antigua, pero no se colocan ni se distribuyen del mismo modo. Habitar es rehabitar, es habitar de otro modo, y es en ese sentido que el escenario se transforma en un campo de resonancia, en un vaivén rítmico que nunca resuena del mismo modo. En una mudanza hay un espacio y un tiempo perdidos, un cambio de historia y una reconfiguración del argumento de la existencia. Así pues, a diferencia de la casa, que es una geometría, el hogar es una atmósfera; es una especie de círculo mágico del que el actor no se puede separar. Su separación supondría una gravísima pérdida argumental porque el vértigo haría acto de presencia.

Un espacio de resonancia es un campo semántico y afectivo. Las cosas no significan nada «en sí», al contrario, adquieren significado en relación con otras cosas, en el espacio del hogar y en el trato con los actores. La resonancia es una vibración de sentido, una vibración *corpórea* de sentido. Para un actor, una cosa es importante, o incluso vital, si la relación con ella es *conmovedora*. Aunque no puede establecerse a priori de qué forma ni qué cosas conmueven la existencia, sí que puede decirse que es la vibración la que configura su campo afectivo, y que nada (o muy poco) tiene que ver con el campo efectivo, que es el que suele ser importante desde el punto de vista competencial. Podría pensarse que la vibración es una relación extraordinaria con las cosas; a veces es así, pero no siempre. A menudo, la vibración es ordinaria, incluso infraordinaria; es una forma de vínculo en diagonal con el mundo que se observa en muchos aspectos del quehacer diario.[62] Es importante darse cuenta de que cuando eso no sucede, cuando la resonancia queda completamente diluida, el escenario se convierte en un páramo vacío.

Hay algunas obras que merece la pena tener presentes para comprender las relaciones con las cosas y sus espacios de resonancia. En su conocida carta destinada a Lord Chandos, Hugo von Hofmannsthal muestra cómo los vínculos con las cosas se han roto y, por lo mismo, los escenarios de la existencia dejan de tener sentido.[63] Por su parte, el filósofo Jean-Paul Sartre ofrece en su novela *La náusea* una visión melancólica de la relación con el mundo.[64] Roquentin no soporta el vínculo con las cosas; le producen náuseas. Pero al quedar roto el vínculo resonante y conmovedor con las cosas también queda deteriorado el vínculo con él mismo y con los otros.[65] De este modo, podría decirse que, si las relaciones con las cosas se rompen y la resonancia desaparece, esa misma ruptura conlleva una disolución nefasta de los vínculos afectivos en la vida ordinaria.

Las cosas, a diferencia de los objetos, tienen algunas características propias que es necesario pensar. Por ejemplo, su singularidad y, por lo mismo, la necesidad de ser cuidadas y reparadas. La reparación es un ejemplo elemental de resonancia. Si algo de verdad conmueve no puede ser sustituido. De ahí que si hay cosas que adquieren significado en un campo semántico y no solamente pragmático es porque en ese campo tienen nombre propio y por eso no se cambiarían por nada. Si dejan de funcionar, se hace lo imposible para arreglarlas.[66] Se comprende, pues, que las relaciones con ellas no son una mera posibilidad entre otras muchas, sino algo estructural a la existencia.

En un mundo en el que las cosas van quedando paulatinamente reducidas a objetos, surge una pérdida de campo semántico que hace cada vez más difícil, por no decir imposible, la habitabilidad. Las relaciones efectivas han sustituido a las relaciones afectivas. En ese sentido, no es difícil observar que la irrupción del sistema tecnológico y su creciente pérdida de la «matericidad»[67] ha provocado una crisis de primer orden en el habitar. Algo así sucede porque un ser dramático —que nace, vive y muere en escenarios— no puede sino establecer relaciones verticales, horizontales y diagonales para configurar el argumento de su representación.[68] Se puede comprobar con facilidad cómo una educación basada en lo pragmático y lo efectivo, una educación competencial que olvida las relaciones matéricas y afectivas con las cosas resulta nefasta. Para que un proceso formativo tenga sentido, es necesario que el actor quede afectado en su relación con las cosas.

La resonancia, no obstante, nunca es del todo completa. Siempre hay algo en ella que no encaja y que no acaba de ser coherente, porque lleva consigo (en mayor o menor grado) una disonancia. Este término musical muestra la imposible estabilidad firme de un vínculo. El actor tiene la sensación de que se abre, en las relaciones con las cosas, una melodía disonante, como si la discrepancia o la falta de coherencia no fuese algo que pudiera suceder en un momento determinado, casi por casualidad, sino todo lo contrario. El escenario es disonante, los paraísos terrenales no son más que formas más o menos duraderas de infiernos. Por eso también la necesidad de sospechar de los «mundos felices» y de las utopías. Estas resultan inquietantes, incluso si operan al modo de ideas reguladoras, por la sencilla razón de que acaban configurándose como mecanismos legitimadores de formas políticas, morales o pedagógicas de corte totalitario.

El argumento del actor está entretejido de cosas, y lo está de tal forma que no se distingue nítidamente dónde empieza y dónde termina. No es posible saber con exactitud el inicio de esas relaciones, puesto que ellas están en el argumento, y el argumento está en ellas.[69] La importancia de los vínculos, tanto en diagonal como en vertical, se observa ahí, en el hecho de su literal incorporación. El argumento no está *frente* o *junto a* las cosas, sino *en* y *con* ellas, porque forma parte de su campo semántico. De ahí que una diferencia básica entre objetos y cosas sea el *trato*. La fabricación, la creación, la técnica y la artesanía son «formas de trato» que es importante distinguir, no porque una sea mejor que otra, sino porque su distinción permite comprender la representación de los actores en sus escenarios.[70]

El trato técnico es frío (lo que no significa que sea malo); es frío en el sentido de que es una relación en la que el actor no se implica emocionalmente, no es afectiva. Porque están producidos en serie, los objetos están sujetos al imperio de lo efímero, a la moda.[71] No significan nada especial, ni para el técnico ni para el actor, puesto que no poseen singularidad alguna. Algo distinto sucede en el caso de la artesanía. El artesano se ocupa cuidadosamente de cada cosa. La relación artesanal es cálida. Lo que el artesano ha creado (no fabricado) no puede ser cambiado. No es que la pieza sea única (en tal caso hablaríamos de una obra de arte), sino distinta porque posee resonancias en un campo semántico que va más allá de su manual de instrucciones. De ahí también que los objetos, a diferencia de las cosas, no se reparen, simplemente se sustituyan por otros nuevos. Esta es otra distinción fundamental, porque cuando una cosa ya no puede repararse el actor tiene la sensación de que ha perdido algo, y el grado de pérdida no tiene nada (o poco) que ver con su funcionalidad. En resumen, podría decirse que las cosas poseen un aroma que persiste en el tiempo, incluso después de su desaparición.[72]

Lo que ha sucedido desde la irrupción del nuevo sistema simbólico, la tecnología, es que el mundo ha dejado de ser un escenario y se ha convertido en un mercado. Aliada con otros sistemas simbólicos (como, por ejemplo, la economía), la tecnología ofrece una visión del escenario de la existencia en el que no hay cosas, solo objetos. Nada se repara, nada se cuida. Todo se ha convertido en mercancía e instrumento. Usar y tirar. Hoy el escenario es un *mercado* en el que se expone, se vende y se consume todo, incluso la intimidad. La *representación* ha sido colonizada por la *exposición*. En la contemporaneidad, el escenario es más el lugar de la exposición que el de la representación.[73]

Por su forma dramática, el escenario de la existencia resulta imposible de comprender, de ordenar en una estricta trama categorial o en un discurso. Sin embargo, la mayor parte de las veces de forma inconsciente, la vida ordinaria impone órdenes sígnicos, simbólicos y gestuales que reducen el poder amenazante del drama humano. Uno de esos órdenes gestuales es la *rutina*. En la cotidianidad, los actores habitan un escenario en el que se suceden una serie de escenas que siguen (al menos aparentemente) un *cierto* orden rutinario.[74] Se trata de formas que adoptan las ficciones de continuidad y que son imprescindibles para conseguir que el ritmo de la vida ordinaria no sea excesivamente vertiginoso. Sin rutinas no es posible habitar el escenario, de ahí que sean gestos cotidianos a los que se recurre para mantener a raya algunos peligros existenciales con los que se encuentran los actores. La rutina se expresa de distintas formas, pero hay una especialmente importante: el hábito.[75] Sin hábitos, la angustia haría acto de presencia, hasta el punto de que sería imposible existir con un mínimo de sosiego. Pero ¿qué es un hábito?, ¿cómo definirlo? Podría decirse que es una norma sin una legitimación «transfáctica», es decir, que tiene validez sin necesidad de demostración racional o científica. Un hábito vale porque hace tiempo que se ha considerado valioso, porque ha funcionado a lo largo de generaciones y se ha incorporado a la gramática que los actores han heredado como algo «natural».

La metafísica ha sostenido que el valor de algo puede probarse al margen del espacio, del tiempo y de la historia, y que, por lo tanto, es independiente de un escenario que le dé valor. Pero eso es todo lo contrario de la forma de operar de un hábito. Los actores no pueden preguntarse constantemente por el fundamento de sus representaciones, por la razón de ser de lo que hacen, dicen o piensan. Tienen que representar su guion, a veces de manera precipitada. Las situaciones en los escenarios se suceden, y nadie tiene el tiempo suficiente para analizarlas, para buscar «algo» (en el supuesto de que este «algo» exista, cosa poco probable) que legitime la acción. El hábito es el mecanismo normativo que convierte el escenario en algo «familiar», en una especie de «zona de confort», como la que tienen a su disposición los viajeros de primera clase en un aeropuerto, una zona en la que se pueda descansar y estar relajado.

No hay que confundir el hábito con el ritual. Este también es un elemento fundamental en la vida ordinaria, pero lo es en un sentido distinto al del hábito. El ritual es una representación colectiva. Un actor no tiene rituales propios, aunque sí posee hábitos personales. Por ser de naturaleza colectiva, en un ritual la secuencia está perfectamente delimitada, los actores conocen su papel y saben lo que tienen que hacer y decir. El ritual es una estructura que, con un mínimo de variación, se repite (en el caso de los ritos periódicos) año tras año. Es una organización del tiempo. No es necesario que el ritual tenga un contenido religioso. En una fiesta de cumpleaños, en una boda, en un funeral, etcétera, hay rituales que ayudan a situar al actor y a dar sentido a su tiempo y a su espacio, o mejor, que ubican su tiempo y su espacio en una historia, en un argumento. El hábito, en cambio, se repite diariamente y no ofrece *stricto sensu* un sentido, sino solo una cierta tranquilidad, lo que no es poca cosa. Los hábitos pueden parecer, a la mirada de un extraño o un forastero, perfectamente absurdos. Sentarse en el mismo lugar en la mesa o vestirse con un cierto orden son gestos que muestran los hábitos de la vida ordinaria del actor, unos hábitos que no poseen una razón objetiva o explícita ni dependen de una lógica.

La fragilidad de la existencia es una experiencia fundamental que el actor vive en su vida ordinaria con el paso del tiempo. Y precisamente por eso, por la fragilidad, no puede cuestionarlo todo, no puede poner en duda en todo momento su legitimidad. El actor tiene que «dar por supuesto» y acudir a lo que alguna vez, o muchas veces, ha hecho y le ha funcionado. Un ser finito no puede fundamentar su «estar» en el escenario a cada instante; necesita la repetición. Esta le proporciona tranquilidad y sosiego. Puede suceder, y de hecho sucede, que en ocasiones algo se desvíe de lo esperado. Las olas del tiempo son imprevisibles. En tal caso, no tendrá más remedio que poner en cuestión el hábito y tal vez pedir consejo. Ahí es donde la confianza desempeña una tarea decisiva. Pero la repetición contiene un grave peligro: puede convertirse en reiteración y en ese momento el aburrimiento aparece. Volveremos sobre esta cuestión más adelante.

Sin un mínimo de previsibilidad sería imposible habitar los escenarios de la existencia. Ahora bien, es evidente que esa previsibilidad no es nunca una garantía de control absoluto. Alguien o algo puede romper el orden previsto, puede desmembrar las categorías en las que ha sido ubicado. Lo que parecía imposible puede volverse posible. Toda existencia es dramática, posee una herencia y un guion que hay que representar, pero se trata de un guion abierto. Ahí se ubica la diferencia entre un personaje y un actor. Mientras que el primero —el personaje— posee una ficción de continuidad *densa* que se mueve siguiendo las pautas estrictas del guion que ha heredado, al modo de un títere, en el caso del segundo —el actor— hay una ficción de continuidad *débil*, con un ritmo disonante y un cierto descontrol. Lo normal es que el actor desempeñe su guion sin pararse a pensarlo, dando respuestas inmediatas, casi de forma automática. Pero en ocasiones puede situarse fuera del guion, en una especie de éxtasis, no en un sentido místico, sino literal: estar fuera de los hábitos y las rutinas que el mundo da por supuesto.[76] El actor puede distanciarse del mundo y del argumento que ha ido tejiendo a través de sus vínculos de identificación y no limitarse a ser un personaje en un contexto; representa su guion, pero al mismo tiempo lo transforma, lo pone en cuestión, lo cambia. El actor improvisa en el drama del tiempo.

4
El drama del tiempo

> Quien con monstruos lucha, cuide de no convertirse a su vez en monstruo.
> Cuando miras largo tiempo a un abismo, también este mira dentro de ti.
>
> FRIEDRICH NIETZSCHE,
> *Más allá del bien y del mal*

Desde la Antigüedad es costumbre considerar que lo idéntico, lo homogéneo o lo igual deben dominar la escena. Se ha pasado a cuchillo a lo otro, a todo lo que es diferente, a lo extraño y a lo heterogéneo, a lo singular. Ha sido una lucha a vida o muerte que todavía hoy persiste. La tradición heredada creyó que lo permanente y lo universal, lo objetivo y lo inmóvil tenían que defenderse a capa y espada porque todo lo que olía a «tiempo» y, por lo tanto, a transformación o caducidad resultaba insoportable. ¿Por qué? ¿Qué razón hay para que el aroma del tiempo no pueda tolerarse? La respuesta está clara: todo lo que tiene sabor a transformación, a ambigüedad y a pluralidad inquieta y desencadena el vértigo.

La filosofía ha dicho que «todo es uno» y parece que nadie en su sano juicio se atreve a poner en cuestión ese principio fundamental. «Lo otro», eso que hace temblar los cimientos de la tradición, hay que ponerlo entre paréntesis o encerrarlo en una mazmorra. Lo recomendable es centrarse en lo idéntico, en lo coherente, en lo fijo, y aunque eso provoca una existencia monótona al menos es soportable. La lección de la metafísica ha sido esta: miramos el mundo y vemos una multiplicidad y un desorden; todo se transforma y todo acaba pereciendo. Pero en verdad, sostiene la filosofía, el cambio no existe, la muerte no existe. El camino de la metafísica es un ir hacia el bien supremo, hacia el sentido; el camino de ascenso es un movimiento hacia lo que organiza y explica la multiplicidad del mundo. Todo persiste, nada se pierde. El premio para el que haya llegado a la cima es la comprensión y la inteligibilidad de la vida: «Todo es uno».[1]

La pluralidad es peligrosa porque agrieta la vida ordinaria e impone puntos de vista diferentes, perspectivas contradictorias y recelos. Su sola presencia es vertiginosa. No resulta fácil pensar —y aceptar— que no todo puede estar disponible y bajo control; no es fácil admitir que nunca un cosmos es plenamente cósmico y que el sentido tal vez no exista. Pero ver el mundo desde la unidad, al margen de las interpretaciones, como algo que no se inmuta, es contemplarlo desde *los ojos de Dios*. Los actores, los mortales, los corpóreos, los hijos del tiempo no pueden verlo así. A menudo, el actor cree que ya va siendo hora de dejarse de esas elucubraciones y asumir de una vez la solución de la metafísica, que no es otra que la huida del mundo y del tiempo, del cuerpo y de la piel; dejarse de preguntas sin respuesta, tirar el vértigo al cubo de la basura y deshacerse del devenir. «Pero no es así», piensa, «la metafísica —y su consuelo— no es la solución, porque no se puede escapar del tiempo, no se debe escapar del mundo, es necesario amar la existencia en la radicalidad del drama del tiempo.» Y el actor, día tras día, noche tras noche, continúa haciéndose las mismas preguntas que se formula Gregor Samsa en *La transformación:* ¿Soy el que era ayer antes de acostarme? ¿Qué sucedería si una mañana me despertara de un sueño intranquilo y descubriera con pavor que me he convertido en un monstruoso insecto? Nadie reconoce la voz de un bicho raro.

«Hay metafísica porque la física conlleva sufrimiento, miedo y muerte, y es necesario encontrar consuelo y superar el absurdo de la existencia», se dice.[2] Ese es el presupuesto de una larga tradición consoladora. Desde sus inicios en la filosofía presocrática, la metafísica hizo una jugada digna del mejor maestro: no había que andarse con rodeos, la superficie era lo falso, lo verdadero estaba dentro (o fuera, como en el caso de la caverna), pero, en cualquier caso, se podía alcanzar la Verdad, un punto arquimédico, inmóvil, que diera orientación y sentido. Y había algo más, porque a la jugada maestra le faltaba un movimiento extraordinario: lo falso, además de falso, era malo, perverso y diabólico, y debía ponerse a buen recaudo. Faltó tiempo para que todo el mundo quedase deslumbrado y se sumara a la fiesta. A partir de ese momento, el peligro estaba a buen recaudo, no había más amenazas, ya se podía dormir a pierna suelta. El Lobo Feroz no podrá nunca más amenazar a Caperucita.

Ahora el mundo ha perdido su fragilidad; ya no es algo extraño porque el escenario de la existencia parece no tener sombras ni claroscuros. Día tras día, el actor se está convirtiendo en un personaje, en una especie de títere que le permite respirar tranquilo y encontrarse seguro bajo la protección de un guion convertido en un protocolo que le proporciona una ficción de continuidad firme y le indica el camino correcto. Los caminos del bosque dejan de ser travesías que no conducen a ninguna parte y se convierten en autopistas bien señalizadas. Además, siempre podrá echar mano de algún GPS para no perderse. En el peor de los casos, si en algún momento el mal tiempo amenaza demasiado, enseguida aparece alguna cabaña para pasar la noche y evitar la tormenta, o cuando menos alguna choza que proteja del frío y de las tinieblas. En su interior se evita que seres monstruosos hagan acto de presencia, al menos momentáneamente, porque nunca se puede estar seguro de estar protegido del todo.

¿Cómo mirar al abismo sin quedar seducido por su poder de atracción, sin convertirse a la vez en un monstruo? Alguien advierte al actor que el abismo que lo posee y lo inquieta, que le provoca vértigo, es ambivalente: le atrae y le repele al mismo tiempo. Es la seducción que ofrece la mirada de lo monstruoso. Los monstruos más terribles son los que pasarían cualquier control psicológico, las personas «normales», esas que están bien educadas, que son amables y se levantan para ceder el asiento. La vida ordinaria nos ofrece ejemplos habituales de esos seres, porque «el aire está lleno de nuestros gritos, pero la costumbre ensordece».[3] Quizá incluso el odio, el rechazo a ese abismo insondable, no sea más que el resultado de una atracción por cantos de sirenas. En ese abismo da la sensación de que la náusea, de pronto, se ve a sí misma como el producto de la belleza. Algo absurdo, sin duda, pero común y corriente.

El actor ha paseado por los distintos escenarios: los públicos, los privados y los íntimos. Ha observado las diferentes representaciones que tienen lugar en los escenarios públicos de las calles y plazas de la ciudad, ha visitado escenarios privados (escuelas, templos, cursos, seminarios, ceremonias deportivas, conciertos y obras de teatro), pero ahora es momento de concentrarse en los escenarios de la intimidad. Esos escenarios son un espacio y un tiempo que todo actor necesita para escribir su historia, el argumento de su existencia. Se trata de escenarios que han entrado en una crisis notable en la modernidad, por cuanto esta ha dividido las perspectivas del mundo en públicas y privadas, erradicando el ámbito de lo íntimo.

En su cuarto, el actor lee, escribe y duerme. Muchos creen que un ámbito íntimo está libre de relacionalidad, o, dicho de otro modo, que es un escenario en el que el actor solo se relaciona consigo mismo. Pero no es así, de hecho, es todo lo contrario, es aquel en el que la relacionalidad puede ser percibida en su máxima expresión y, además, en el que los ausentes están presentes. Al caer la tarde, el actor siente la amenaza de espectros que siguen habitando los alrededores de esa habitación que tiene las ventanas semicerradas para protegerla de la intensa luz y del terrible calor; es entonces cuando nota en su piel el vértigo que le provoca esa cama vacía. ¿Será capaz de atreverse a sentirlo y, a pesar de todo, evitar la caída? El actor cree, desde hace años, que el humano es un ser necesitado de consuelo. Pero ¿dónde encontrarlo?, ¿quién es capaz de consolar de verdad? ¿Quizá un libro, un concierto de música clásica, un viaje a pie por la montaña o por la orilla del mar a la hora de la puesta de sol? Sin embargo, esas soluciones no son más que parches y falsos consuelos. Lo único capaz de consolar es el gesto (un beso, un abrazo, estar en silencio), aunque tal vez incluso eso sea un consuelo a medias. El actor piensa que todo consuelo es incompleto, que no hay consuelo para soportar el drama del tiempo.

¿La cuestión del sentido del mundo —de ese mundo percibido la mayor parte de las veces de forma edulcorada a través de un sentido falso y mentiroso, de un sentido embustero que alguien se ha encargado de diseñar— está en manos del actor? «Estamos solos y sin excusas», dirá Sartre en *El existencialismo es un humanismo,* pero quizá el problema es que se necesitan excusas para soportar la tragicomedia humana, se necesitan buenas o malas razones para poder seguir habitando un escenario que a menudo se convierte en un desierto en el que la terrible pregunta de Albert Camus no encuentra respuesta.[4] En el escenario, el actor tiene que hacer frente a sus enigmas, y la cuestión del sentido es una de las más importantes.

Un día, el actor descubre que ha perdido la magia, el encanto, su poder de seducción. Nunca le había sucedido. Tal vez en alguna ocasión, al principio, cuando empezaba a andar por el escenario de la existencia, sintió algo parecido. Pero ahora, a su edad, ¿cómo explicar ese vértigo, ese temblor, ese sudor helado que le eriza la piel? Cuando era joven había tenido esa sensación de fracaso antes de empezar, antes de hacer su aparición, pero era una sensación olvidada, enviada al baúl de los recuerdos. Ahora es otra cosa; se siente observado y no puede actuar. La experiencia que ha adquirido con el paso de los años, lejos de tranquilizarlo, le provocza vértigo. Salir a escena se convierte en un tormento, sabe que no va a funcionar, que nada va a salir como es debido, que no va a interesar a nadie, que no va a llegar al público, que se le ha acabado el talento.[5] Cuando era joven, para protegerse, se decía a sí mismo que nadie era capaz de representar su papel como él. Pero ahora sabe que eso no es más que una trampa, que todo es mentira, que todo es una gran mentira. Sin embargo, sabe que hay mentiras útiles, mentiras necesarias. ¿Cuánta verdad es capaz de soportar? Un exceso de clarividencia mata. Las mentiras que el actor se ha contado a sí mismo le han servido para instalarse en el escenario, para mantenerse en pie, para levantarse cada día de la cama y salir a la calle, pero lo más difícil es creerse sus propias mentiras.

El actor rememora. Recuerda esas frases tantas veces leídas, esas canciones que lo han acompañado en los momentos de penumbra, esos lugares de paz y sosiego. Y en su paseo diario por las calles semivacías se lo cuenta a sí mismo. En alguna ocasión le consuela oír su propia voz, aunque sería mejor oírla con palabras de otros, con música de otros, con el tono y el timbre de esos ausentes que se hacen presentes en un instante pero que casi inmediatamente desaparecen. «Todos tenemos amigos que han muerto en la guerra», piensa. El tiempo humano es un tiempo de duelo.

Llega el atardecer, el que considera el mejor momento del día y al mismo tiempo el más cruel, porque es la antesala de la noche, de esa noche abierta en la que ya no hay disfraces ni decorados, en la que lo real se impone con toda su fuerza y su crueldad. Quizá, piensa, tendría que hacer lo que hace la mayoría, tomar pastillas para poder dormir y así bloquear el vértigo y combatir el insomnio. El insomnio no es más que el resultado de ese vértigo que aparece entre tinieblas, cuando nadie lo ve, cuando nadie lo escucha, aunque siga envuelto en sus espectros. Hay un dolor, una herida nostálgica que quedó escrita en su piel y que siempre vuelve a sangrar. El actor piensa que ello no es tan grave, al contrario, porque cree que hay que pedirle al dolor que persevere, eso impedirá el olvido, ya que el día que ese sufrimiento desaparezca también se irá con él el recuerdo de lo que lo provocó.[6] Muchos le dicen que el olvido es el mejor antídoto, pero él no está tan seguro de ello. ¿Por qué las instituciones y los marcos sociales de la contemporaneidad siempre quieren curarlo todo? ¿Cuál fue la causa de esa herida que vuelve a abrirse en el instante menos previsible? ¿Cuál fue el motivo de ese trauma que despierta y pone en movimiento el drama? El actor cree que siempre hay un trauma que ningún psicoanalista podrá desvelar; se trata de una herida que viene de lejos, de una herida innombrable que no se va a comprender. Tal vez sea una falsa herida, pero el problema sigue siendo el mismo. A veces hay falsas heridas que duelen más que las auténticas.

El actor nota la zozobra de una pregunta que lo inquieta día y noche, que lo acosa: «¿Por qué yo, aquí, en este escenario, en esta historia, en esta familia, en esta gramática?». Solo encuentra una respuesta: el azar. El azar es una situación límite. «El aprendizaje del idioma del azar es el más decisivo de los aprendizajes. Y el más duro.»[7] ¿Por qué? ¿Por qué? No hay respuesta. El miedo acompaña al azar. Si algo terrible sucede, al menos que sepa la razón. Pero la mayor parte de las veces el mutismo de los espacios infinitos está presente en el escenario. No hay porqué, y eso es lo terrible. El ser humano no soporta ese silencio. Toda razón es insuficiente. La existencia, como la rosa, acontece sin porqué.

Para soportar el azar, la contingencia, el mutismo de la realidad..., se fabrican *decorados*. Los escenarios se transforman en escaparates disfrazados con ropas amables y vivos colores. Suena una música suave y pegadiza, y las novedades que el actor contempla en esos escaparates no le permiten detenerse y pensar. No se lo permiten ni a él ni a nadie, pero nadie parece darse cuenta de que el rey anda desnudo, y los pocos que lo ven no se atreven a decirlo. El actor cambia de escena una y otra vez, a veces incluso de papel. En todos los casos repite un guion que cree suyo, pero que en verdad le ha tocado en suerte, y si en algún momento empieza a sentirse mal no pasa nada: busca otro que se ajuste más y mejor a sus deseos, pero que le dé la sensación de que es el suyo, de que es «su» deseo o «su» voluntad, como si hubiera papeles propios. En cualquier caso, lo importante es no pensar, o pensar rápido, que es lo mismo que no hacerlo, pensar que es el dueño de su vida, que decide lo que hace o lo que dice, que la autonomía es la base del ser social, que la autenticidad —el «ser uno mismo», el «ser auténtico»— es la base de lo humano.[8]

El actor tiene la sensación de que vive en un tiempo pobre en ceremonias. En los últimos años, cerca ya de la vejez, piensa que la condición ceremonial es uno de los aspectos estructurales de lo humano. Él, como actor, lo ha comprobado repetidamente. Antes, las ceremonias campaban a sus anchas por todas partes, día tras día, y el escenario que habitaba estaba lleno de su atmósfera. ¿Pero ahora? Vuelve pronto a casa, a su habitación, y allí encuentra un mínimo de sosiego para poder leer y escribir, aunque está convencido de que esa escritura, que nunca mandará a la imprenta y que nadie leerá, no le sirve para equilibrar sus sensaciones. Nunca tuvo padre, y, si lo tuvo, ahora está seguro de que ha desaparecido para siempre. Vive en un tiempo de orfandad.

En el primer capítulo de *El malestar en la cultura,* Freud señala con suma claridad que no hay otra necesidad en la infancia más intensa que la del amparo paterno. Así, el «padre» no es solo la instancia que encarna la «ley», sino también la que protege y cuida la vida. Y ahí Freud sitúa el papel de la religión. Como las dos manos del padre en el cuadro de Rembrandt *El regreso del hijo pródigo,* no hay paternidad sin ley, pero tampoco sin compasión. Desde esa perspectiva, y en contra de esa visión que contempla lo religioso como fusión con el Todo (una especie de «sentimiento oceánico»), Freud propone la vulnerabilidad y la finitud como estructuras constitutivas de los seres humanos en sus respectivos mundos. Precisamente porque todo humano es un actor, un argumento —o múltiples— en un escenario, la vulnerabilidad es inevitable, por eso también la necesidad de ser protegido resulta ineludible. «La artificialidad es la naturaleza del hombre y su esencia es la inconsistencia.»[9] No hay escenario que sea consistente, compacto, firme o seguro. Todo escenario está construido sobre un precipicio y el actor es el habitante del borde, del límite.

Los actores heredan historias que hacen posible la creación de un universo imaginario que legitime y domine —siempre parcial y provisionalmente— la contingencia y el azar. La pensadora italiana Adriana Cavarero escribió que existir era exponerse en un escenario plural en el que cada uno, al aparecerse a los demás, se muestra único. Toda exposición es narrativa. Por eso, existir consiste en contar y contarse a uno mismo viejas historias que hagan posible habitar escenarios incómodos. El actor no acaba de saber adónde se dirige. No le queda más remedio que soportar la incertidumbre, pero no resulta nada fácil, sobre todo en un tiempo precario en el que todo el mundo echa mano de pastillas o recurre a algún tipo de terapia. La condición humana es dramática porque es un argumento —o una serie de argumentos— que se va construyendo día tras día, noche tras noche, un argumento en el que de repente irrumpen acontecimientos que obligan al actor a empezar de nuevo, aunque en realidad nunca se pueda empezar *totalmente* «de nuevo». Ese es el drama humano —el drama del tiempo—, en eso consiste, en la imposibilidad de volver atrás y hacer borrón y cuenta nueva. En el instante en el que uno se ha creído la historia de que ha cruzado las puertas del paraíso, algo irrumpe en ese relato y lo rompe, lo destroza, lo hace añicos. Una presencia extraña o un acontecimiento (que, como tal, siempre resulta extraordinario) agrietan la gramática que le daba cobijo, y el actor se queda desnudo, como les sucedió a los habitantes del Edén. Entonces el desempalabramiento del mundo es radical. No hay palabras, no hay nada que hacer, fin de partida. ¿No es una situación triste? No, no tiene por qué serlo, porque la perplejidad del drama humano puede ser trágica o cómica, o tal vez es cómica por ser trágica, y viceversa.[10]

No se nace ni se vive ni se muere siendo un yo. Desde la perspectiva del drama humano, el yo es un relato, una trama, una ficción de continuidad que es el resultado, por una parte, de la herencia de un guion y de unos vínculos de identificación —porque un actor no puede poseer una identidad fija y permanente al alcance de la mano— y, por otra, de las situaciones que día a día acontecen en el escenario de la existencia. En una ficción de continuidad no hay esencia, todo es superficie, con certeza nadie sabe en el fondo quién es. En una ficción de continuidad todo es epidérmico.

¿Por qué esa preocupación por la esencia, por la identidad, por «lo que se es»? ¿Por qué esa obsesión por la necesidad de ser reconocido? El actor recela de esos contemporáneos que viven pendientes de convertir una frágil ficción de continuidad en una necesidad ontológica y social. Él ni siquiera es capaz de leer con calma el guion que ha heredado. Lo hereda, lo incorpora, y se acabó. Más adelante comenzarán las dudas. Sabe que, le guste o no, es un heredero, pero está equivocado si se considera poseedor de sus claves, si cree que las tiene todas bien presentes, que puede verlas con claridad y fabricar con ese guion la trama que desee. El actor intuye que eso no se ajusta al drama del tiempo. Sabe poco de sí mismo, apenas es un débil resplandor en la oscuridad de una calle mal iluminada, una sombra al atardecer o una gota de agua en medio de la tormenta. Tiene la sensación de ser una especie de rompecabezas, un puzle en el que faltan piezas, y aquellas de las que dispone no acaban de encajar. *¿Por qué escogí ese camino y no el otro?* Le entran mareos al pensar en lo que habría podido ser su vida si hubiera cambiado de escenario aquel día, si hubiera girado a la izquierda en aquella encrucijada, si no hubiese subido al autobús aquella tarde, si no se hubiera detenido a comprar un periódico aquella mañana, si no hubiera contestado a aquella llamada telefónica.[11] El drama continúa y no hay vuelta a atrás. En ocasiones, en medio de un escenario cálido y apacible, una especie de peso, o de lastre, aparece y el actor se formula unas preguntas: *¿Ese soy yo? ¿Ese «yo» es el mío?, porque el yo* —piensa— *no es algo que me trascienda, sino todo lo contrario, es «algo» que he heredado, algo que, viniendo de fuera, se quedó pegado a mí, algo que está obsesivamente presente, algo sólido mezclado con mis entrañas, y sé que, aunque quisiera, no podría liberarme de él del todo. Pero también es algo que cambia, que nunca es lo mismo, porque nosotros, los de entonces, nunca somos los mismos, y el yo, en ese sentido, es algo parecido a aquellos «peces sorprendidos» del romance de Lorca...* Hay que olvidarse del yo, imaginarlo como lo que es, como una ficción que navega entre las olas, entre un amanecer en el que apenas se vislumbra la luz y una noche abierta que nunca será serena y amable.

Kant decía que todas las preguntas filosóficas podían resumirse en una: ¿Qué es el ser humano? Para Nietzsche, la cuestión era otra: ¿Cómo se llega a ser lo que se es?

Ahora, sin embargo, el actor siente que quiere dejar de ser «eso» que es, eso que han hecho que sea. Pero ¿es posible?, *¿cómo puede dejar de ser lo que es?, ¿acaso toda identidad no acaba siendo mortífera?* Un actor capturado en un guion, en una identidad, en una ficción de continuidad firme, no decide nada aquí y ahora, no está situándose. No es más que un personaje «liberado» de adverbios, colonizado por un sustantivo. Un personaje se siente seguro porque queda libre del azar, de las contingencias de la vida y de las relaciones con los demás, de esas relaciones que atemorizan por la imposibilidad de previsión. En un personaje, la identidad se afirma fálica y orgullosa. *Por fin soy «yo mismo»*. Y, en ese caso, no falta nada más que el clásico selfi delante de una gran pirámide o un cuadro importante. *Entre el yo y el mundo, lo importante soy yo*. Sería gracioso si no fuera terrible.

Al actor, en cambio, nada —o casi nada— de «lo-que-es» le pertenece. «Lo-que-es» está inscrito en un pasado que cree olvidado o, cuando menos, dormido, o en un pasado que ya ha desaparecido, que se ha volatilizado, pero cuyas raíces, en realidad, viven todavía en esa tierra fértil. Precisamente porque, para bien o para mal, la tierra del pasado nunca deja de ser fértil, es necesario remover lo que uno ha sido. El problema —si es que puede llamarse así— es que ese pasado, esa herencia recibida, nunca es literal. No hay un pasado literal u objetivo; el pasado, como todo, es siempre interpretado y recordado, porque es evidente que el recuerdo ya es una interpretación. Por eso la pregunta del actor no es ¿cuál «es» mi pasado?, sino ¿cómo lo «recuerdo»?

El guion está pegado a la piel y por eso mismo también lo está el pasado. Un pasado habitado por espectros que impiden al actor liberarse por completo del personaje que le ha tocado en suerte, dejar de lado el guion que ha heredado y que a veces —demasiadas veces— aborrece. El actor se resiste a aceptarlo, pero no hay liberación que valga. Su personaje lo asalta no solo durante el día, sino también de noche. Eso es algo aún más terrible. Surge en las noches de insomnio, en esas noches en las que parecía haber podido por fin conciliar el sueño. Entonces se da cuenta de que los espectros no desaparecen, de que nunca acaban de abandonar la escena. Debería saberlo desde hace ya mucho tiempo, pero no es así: lo ignoraba y se culpa por ello, lo ignoraba porque todo está construido alrededor de unos decorados mentirosos en los que puede leerse algo muy tópico y extremadamente falso: «todo está por hacer y todo es posible».

Los espectros pululan por todas partes, por todos los escenarios de la existencia. Existir es tener que lidiar con ellos, con su inquietante presencia. En ocasiones parecen estar ocultos, escondidos en las cosas más insignificantes de la prosa de la vida, en los momentos irrelevantes de lo cotidiano, y el actor se dedica a construir quimeras y a contarse historias. Sin embargo, vuelven a hacer acto de presencia. Lo sabía Proust cuando escribió *En busca del tiempo perdido,* lo sabía Joyce cuando escribió *Los muertos*, lo sabía Virginia Woolf cuando escribió *La señora Dalloway*... De vez en cuando, en esas noches abiertas en las que esos espectros aparecen envueltos en las brumas de los sueños, su presencia provoca lágrimas. El actor desconoce la razón del llanto. ¿Acaso tiene que haber alguna? Es verdad que tal vez algunos de esos espectros le producen temor, pero otros, la mayoría, le despiertan nostalgia.

Hay narraciones que se repiten una y otra vez, relatos que regresan por la noche, historias que no se cierran con fármacos ni terapias. ¿Por qué precisamente hoy? ¿Por qué esta noche? La moda, la prisa, los espectáculos deportivos son paliativos diurnos para no pensar, para no detenerse. Los relatos, los grandes relatos, también lo son, o lo eran. Los mitos, por ejemplo. En su libro *Trabajo sobre el mito,* Hans Blumenberg mostró la forma de operar de los relatos en relación con lo real, con *eso* que, sin pensarlo demasiado, entendemos por «realidad». Los mitos ofrecían protección frente al «absolutismo de la realidad», esto es, la experiencia de desamparo cósmico, el hecho de pensar que nadie tiene en sus manos las condiciones que le permiten controlar su vida. Pero ahora todo ha cambiado, y el silencio eterno de los espacios infinitos aterroriza. Y el actor se levanta apresuradamente, como si esa cama que hasta hace un instante era un oasis de paz ahora fuera un camino al cráter del infierno. No hay escenarios que estén protegidos de esos espectros, no hay narraciones que conviertan la existencia en un bálsamo. Toda noche puede ser tormentosa, y lo terrible es que no hay previsiones que valgan.

¿Cuánta incertidumbre podemos soportar? ¿Acaso no tiene límites esa incertidumbre? Esas no son preguntas acerca de la precariedad (que siempre es social o política o económica...), sino sobre la vulnerabilidad y la fragilidad. ¿Y qué sucede en el momento en el que la incertidumbre se apodera del escenario? Sucede que no se soporta, que genera angustia y desconcierto. No sabemos adónde vamos ni de dónde venimos. Por eso muchos piensan en «cerrar el guion» y dejar que fluya un personaje en el que se sientan representados, en el que se «reconozcan». No se soporta el abismo, la apertura a lo exterior, la radical exterioridad, el encuentro con ese extraño que interpela. Es necesario saber de antemano cómo piensa, cómo es, qué características tiene; en una palabra, el extraño tiene que ser clasificado, ordenado y, sobre todo, incluido. La inclusión es la negación del otro, del radicalmente otro. Es una negación sutil, una violencia perfecta.

El actor tiene que atreverse a romper con su personaje y aprender a no tener yo, a vivir sin yo, a reivindicar la duda, la falta, el no saber, la alteridad, las heridas incurables, las cicatrices que supuran y que vuelven a abrirse, quizá deba reivindicar la vulnerabilidad radical, con sus traumas y sus duelos infinitos.[12] ¿Aún hay silencio? ¿O tal vez el ruido no deja que se escuchen los gritos de los hundidos, de los humillados, de los infrahumanos? La avidez de novedades se ha impuesto como una nueva mitología. Seduce y ayuda a olvidar. Es un buen paliativo, una buena cura. Ahí la incertidumbre ha sido dejada de lado gracias a la credulidad. Ese es el signo de la actualidad, la credulidad. Puesto que nadie es capaz de hacer frente lo más mínimo a la incertidumbre existencial, los actores se refugian en una especie de credulidad, que no deja de ser una forma de inautenticidad.

«Hay que mirar fuera de nosotros»,[13] hay que salir de uno mismo. ¿Por qué no se puede vivir encerrado en uno mismo?[14] De hecho, siempre se ha estado fuera, aunque se pensaba lo contrario. En eso consiste existir, en ser *fuera,* en ser *cuerpo.* No hay yo sin mundo y sin escenarios. El yo no tiene nada que ver con lo interior, con algo que está dentro, con lo que se llama alma o espíritu. No es en el interior donde habita la verdad. Si existe el yo, de lo que no hay duda es de que es exterioridad. No hay viaje interior. Se es mucho menos libre de lo que se cree, se es más representación (lo que sucede y lo que se hereda) que acción (lo que se hace y lo que se decide), o quizá podría decirse que las acciones dependen de las representaciones, que lo que se hace depende de lo que sucede. ¿Por qué se obedece tan dócilmente? ¿Por qué se da por descontado lo que se da por descontado?[15]

Ya se ha dicho que eso llamado *yo* es una ficción de continuidad: cuerpo, espacio, tiempo, historias y narraciones que no conducen a ninguna parte. Es un enigma sin centro. El guion que el actor ha heredado al salir a escena posee intersticios, lugares en los que se filtran zonas oscuras y de los que nada ni nadie puede dar cuenta, grietas que constituyen la misma condición de actor, de cuerpo. No hay cuerpo sin grietas. Un cuerpo que no esté roto es un cuerpo convertido en un texto inamovible o de lectura única. Solo es posible habitar escenarios abiertos, plurales y ambiguos.[16] Eso que se llama *yo* está ahí afuera. De ahí su fragilidad y su vulnerabilidad. También su precariedad social, su vida precaria. No, no hay una identidad fija o esencial. Ni el Todo ni el Uno rigen en un escenario, porque al principio era el «dos», y el «dos» no viene después del «uno» ni es su doble; es su contrario. Al principio era el «dos».

Los escenarios están en constante cambio y la vida moderna tiene una nueva e inquietante lógica. Decía Descartes que la lectura es un diálogo con los hombres del pasado. Quizá tuviera razón. El actor habla con sus antepasados a través de los libros. El actor lee porque todavía cree que esa lectura le ayudará a organizar su vida. El momento presente ya fue anunciado por grandes mentes que él admira, pero quizá la cosa ha ido demasiado lejos... Todo ha cambiado y no hay vuelta atrás.

El primer peldaño lo puso Max Weber en una conferencia titulada «La ciencia como vocación». Weber se ocupó ahí de esa racionalización creciente que ha configurado el *decorado* de la modernidad. Según el sociólogo alemán, se ha excluido lo misterioso y lo mágico del mundo. El mundo se ha desencantado, se ha vuelto absolutamente predecible, calculable y disponible. Todo puede ser dominado mediante el cálculo y la previsión.[17] Esa racionalización ha provocado la aparición de una administración total. La modernidad comienza con el «desencantamiento», pero también con la «matematización». Como señaló Robert Musil en su novela *El hombre sin atributos,* el mundo se ha convertido en un sistema social sometido a procedimientos de cálculo, dirección y control que eliminan su ambigüedad, su negatividad y su incertidumbre. Es un mundo transparente, positivo, claro; excesivamente claro. En él no hay negatividad. La transparencia de los escenarios significa el fin de la existencia porque elimina la alteridad y la condicionalidad. Hannah Arendt lo escribió en *La condición humana*. La pensadora alemana advertía que los hombres son seres condicionados, ya que todas las cosas con las que entran en contacto se convierten de inmediato en la condición de su existencia. Cualquier cosa que *toca* al actor asume el carácter de condición existencial. Desde el momento en que se convierten en actores en escenarios, los hombres son seres condicionados.[18]

La matematización del mundo es un procedimiento básico que consiste en reducir la pluralidad a la unidad, o también en eliminar la otredad (y si no se elimina no hay problema, de hecho, bastará con hacérselo creer a los habitantes del escenario). Dicho de otro modo, lo que la matematización hace es uniformizar lo extraño —o lo misterioso— y convertirlo en una pieza más dentro de la unidad. Lo otro es algo *integrado,* incorporado a la lógica del sistema. El nombre propio desaparece. Todo tiene que ser expuesto como precio o mercancía. En el caso del mundo moderno, con la irrupción del sistema tecnológico, lo que tiene valor lo tiene por sus *likes;* pero el exceso de visibilidad, de positividad y de integración —la matematización total— conduce a la transparencia, y esta no solo es obscena, sino que también resulta nociva para la existencia. Si todo «salta a la vista», si el misterio desaparece, si hay una lógica que uniformiza el mundo, los escenarios pierden sus sombras y se convierten en páramos desiertos, en «zonas muertas».[19]

Otro elemento es la prisa. La aceleración del tiempo fue un componente fundamental para el desarrollo del capitalismo en la Edad Moderna. Parece que sin la prisa no hubiera podido florecer la alianza entre el poder político, económico y tecnológico. La mutación antropológica que produjo el capitalismo en la mente humana fue sobre todo una mutación respecto a la experiencia del tiempo.[20] La velocidad como tal no es un problema; al contrario, puede en muchos casos ser beneficiosa. El problema radica en su lógica, en la persistente aceleración y sus patologías. La prisa es la patología de la velocidad.[21] Esa patología se observa en las diferentes relaciones de la vida ordinaria. La educación, las relaciones de amistad, de pareja, de paternidad son buenos ejemplos. La prisa es lo contrario del ritmo, de hecho es la negación del ritmo. Para que haya una relación *afectiva* y no solo *efectiva* es necesario que los actores se ajusten a un determinado ritmo. Lo que hace la prisa es negar ese ritmo, someterlo a una necesidad incuestionable: el resultado y la utilidad.[22]

En el escenario matematizado hay una violencia que no es percibida como violencia. Es la violencia de lo positivo, de lo transparente, de lo ordenado; es una violencia que no presupone ninguna enemistad, que no es beligerante y que, por lo visto, no se dirige contra ningún enemigo.[23] Es una violencia que se despliega en un mundo (supuestamente) pacífico, en el que todo funciona y todo encaja. Es una violencia inmanente al mundo y convertida en sistema,[24] una violencia que opera pero no amenaza. En ese caso, el actor tiene la sensación de que todo está bien y de que vive en el mejor de los mundos posibles. Ese decorado está dominado por una nueva lógica que, aunque anunciada, no pudo ser prevista. El capitalismo es infinitamente plástico porque es capaz de absorber y metabolizar cualquier objeto con el que tome contacto.[25] Es «fagocitador»; no permite la alteridad, la exterioridad. Todo lo incorpora, todo lo integra, todo debe ser contemplado, analizado y medido desde su propia lógica, porque lo decisivo no es esta o aquella práctica, sino su lógica depredadora. Para el capitalismo no hay alternativa, no hay otra lógica posible, no existe la posibilidad de pensar y vivir *de otro modo*. Se ha tocado fondo. El decorado del capitalismo es la Realidad, con mayúsculas, y sus actores se han convertido en zombis. Ha surgido una forma de vida hedonista que busca el placer inmediato.[26] Cualquier cosa que necesite meditación se considera aburrida. La falta de meditación es una de las sobresalientes características de nuestro tiempo.[27]

La educación ha sido la víctima de ese realismo capitalista. En el escenario del aula, nadie estudia, nadie lee, nadie escribe. No hay «serenidad». La investigación, la búsqueda de información y la redacción han sustituido al estudio, a la lectura y a la escritura. Se tiene la sensación de que hace falta algo más, pero no se comprende que ese «algo más» solo puede hallarse más allá del principio de placer. El principio de placer es insuficiente si no hay nada que lo trascienda. La queja más frecuente es que lo que se hace en el escenario del aula es aburrido. Los profesores tienen que estar constantemente inventando formas de motivación para hacer la clase interesante y, si es posible, divertida. Aburrirse significa verse privado del placer que produce estar en la red, no poder responder los mensajes instantáneos, no ver las fotografías de los grupos sociales.[28]

El escenario del aula ha sido colonizado por una lógica tecnoeconómica, una lógica ahistórica y contraria a la memoria. Además, esa lógica rechaza la autoridad, rechaza lo «reverencial». Por eso el presente se transmuta en actualidad y pierde su vínculo con el pasado y con el futuro. Se vive en un presente continuo, pero un presente así ya no es «presente». Detengámonos un momento en lo reverencial. Sin esa estructura fundamental, que supone una posición que mira a lo alto, que tiende a la verticalidad, no hay autoridad que valga. Pero ¿qué es exactamente lo reverencial? ¿En qué consiste? Cualquier representación tiene lugar a partir de otras representaciones previas, representaciones anteriores que dan forma al presente. No se comienza de cero. Todo comienzo depende de algo anterior, porque el comienzo no es el origen. En la genealogía de los escenarios hay algo que, aunque se ponga en cuestión, es grande, más grande que el propio actor, y su grandeza merece un respeto. ¿Por qué? Porque sigue manteniéndose vivo incluso en esos casos en los que se pone en cuestión; quizá sea realmente grande porque resiste al tiempo, porque no desaparece con facilidad en el devenir de la historia: el mejor ejemplo de ello es un clásico. Una obra literaria, musical, filosófica, artística o científica no es cualquier cosa, es una obra venerable y también indisponible, porque uno no tiene derecho a hacer con ella lo que le venga en gana. Desde luego, no hay demostración alguna de ese «derecho», no se puede probar que exista, no se puede demostrar. Pero es necesario admitirlo para poder habitar un escenario. No puede haber transmisiones educativas sin el respeto a lo reverencial.

Lo que ha sucedido es que, en un mundo colonizado por la lógica tecnoeconómica, los clásicos son irrelevantes —o se procura que lo sean—; parece como si los actores fuesen los dueños de su escenario y pudiesen escoger sus papeles y sus guiones a voluntad. En ese escenario de hedonismo, la claridad y la distinción son las características del buen camino. Parece que todo es transparente, pero un ser escénico no puede vivir en la más completa oscuridad ni tampoco mirar de frente la luz del sol. La luz del escenario es la del fuego de la caverna, una luz trémula. La metáfora de la luz, que ha sido dominante en Occidente, muestra una referencia sólida. Para que se puedan habitar los escenarios del mundo —para poder *existir,* en el sentido fuerte del término— es necesario que lo indisponible —algo que, por ser indisponible, no deja de ser inhóspito y sombrío— siga latiendo, aunque sea *a cierta distancia;* es necesario que de algún modo fracase el proceso de racionalización y matematización del mundo.

Pero todavía hay más. Ni pasado ni futuro. Primero, negación del pasado en favor del futuro; después, negación del futuro en favor de la actualidad. Ni memoria ni esperanza. En un cuento recogido en su libro *Mi siglo,* Günter Grass muestra con rotundidad esa pérdida del pasado que ha colonizado el escenario de la existencia. La acción transcurre el 9 de noviembre de 1989, día de la caída del Muro de Berlín. En una escuela, el profesor de historia, el señor Hösle, en lugar de hablar del Muro explica a los estudiantes lo que sucedió ese mismo día en Alemania, pero en el año 1938; se trata, recordemos, de la Noche de los Cristales Rotos. Fue el primer gran ataque contra los judíos que vivían en el Reich. Los padres de los estudiantes se quejan. Hoy —dicen al profesor Hösle— no era precisamente el día adecuado para hablar de la *Kristallnacht*. Pero el profesor piensa todo lo contrario, que aquel era el día para hablar de la Noche de los Cristales Rotos, porque sin ella no podría entenderse el presente: la caída del Muro de Berlín. Sin la *Kristallnacht,* la caída del Muro deja de ser el presente y se convierte en la actualidad.

El actor decide salir al gran escenario del mundo. Pasea sin rumbo por la ciudad y sin buscar nada, sin encontrarse con nadie. Rodeado de otros actores, aunque normalmente situados a una distancia que le proporciona seguridad, no habla con ninguno de ellos; nadie lo para jamás, nadie lo saluda jamás. Cuando esa rutina se rompe y alguien le dirige la palabra, se sorprende. El otro se ha hecho «presente» en serio, de verdad. Se detiene y lo mira. El otro le pregunta algo, le habla. «Es raro», piensa; le dice que no tiene tiempo, que no le interesa, y sigue su camino. Le quería vender algo, pero no sabe qué. Siempre hay gente vendiendo algo. Pero el actor no quiere estar pendiente de nada. Lo que ahora mismo desea es olvidarse del miedo escénico y del paso del tiempo.

El mundo, para que sea *mundo,* tiene que desplegarse en escenarios múltiples y plurales; tiene que abrirse a perspectivas y a representaciones que fascinan pero que, al mismo tiempo, al ser desconocidas e impenetrables, también suscitan temor y espanto. Por eso nunca se domina el escenario, y lo indisponible, el azar, la contingencia son recordatorios de que la condición dramática es *tiempo* y de que el fluir del tiempo no puede ser eliminado, por lo que la existencia es como el vaivén de las olas. En ese ir y venir, en ese avanzar y retroceder de la existencia, *no* todo es posible. Sometido el actor a la rueda del tiempo, su voz tiembla y un sudor frío que le penetra los huesos hace acto de presencia. ¿Quién puede estar seguro de no quedarse «en blanco»? No se habita *el* escenario, sin más, lo que se habita es un tiempo, un espacio y, por último, unas historias; en todas ellas, diferentes escenas se suceden unas a otras, en ocasiones según una lógica que probablemente sea inventada o, al menos, impenetrable, incomprensible, absurda.

En una representación, sea del tipo que sea, el personaje no puede ser solo alguien que se limite a poner en escena un guion. En la vida ordinaria, el actor se ve obligado a improvisar, porque es alguien que se siente inseguro, que está de paso, en camino, a merced de lo mejor y de lo peor, sometido al azar de encuentros fortuitos, a la sorpresa de amores imprevisibles o del asalto de unos bandidos que quieren arrebatarle la vida. Pero no hace falta que todo eso sea explícito, porque la presencia de lo indisponible no es evidente, sino que a menudo queda disimulada en lo implícito, aunque se esté a plena luz. No es necesario que el invierno reine para que lo inhóspito irrumpa. El actor tiene la sensación de que algo extraño, impredecible y misterioso está ahí, de que siempre estuvo ahí, al acecho. Es algo que puede aparecer en situaciones amorosas, en medio de una cena romántica o de un encuentro familiar.

A pesar de romper con el guion, el actor repite el mismo ceremonial; hay veces en que cada día le parece el mismo día. Ayer es igual a hoy y hoy será igual a mañana. Si no es exactamente así, se debe a pequeñas diferencias que no alteran su quehacer ordinario. El actor repite los mismos gestos, los mismos movimientos, las mismas acciones. Lo mismo, siempre lo mismo. Tiene la sensación de que nada tiene el más mínimo interés. Sus pasos son mecánicos, no se para a pensar demasiado cuál será el siguiente, lo sabe de sobra. Su existencia se convierte en una vida sin sorpresas.[29] El actor no pasea, ni siquiera camina, se limita a deambular. Entra en un café, en una librería, en un cine, pero el café le parece el mismo que ya tomó ayer, los libros son los mismos y la película es la de siempre. Demasiada felicidad. Decide entonces volver a su viejo apartamento alquilado, sentarse en el sofá y abrir de nuevo ese libro que leía hace días pero que presiente que no es el que ahora le gustaría leer, aunque tampoco sabe qué libro sería el adecuado a su estado de ánimo, a su *temple*. El actor siente que está en un escenario que nunca es el mismo pero que él experimenta como idéntico, siente que está en un escenario que fluye pero que él experimenta como inmóvil. Cada día interpreta la misma función. Da igual, la repetición ha sido colonizada por la reiteración. En los escenarios de la modernidad, esos en los que el actor habita todos los días y en los que representa su trama, su existencia se le manifiesta como el contacto efímero con muchos estímulos que no le despiertan ningún interés, como esa luz que parpadea y que le llama la atención pero que, en su insistencia y reiteración, da la sensación de que ha dejado de parpadear.[30]

Sin embargo, el actor sabe que no se trata de una enfermedad. Lo que ocurre es que ese temple del ánimo es una llamada de atención, una señal de que los escenarios de su existencia se están convirtiendo en páramos de muerte, en desiertos de sentido.[31] Lo realmente dramático es el escenario. El actor tiene la sensación de estar instalado en un escenario en el que nada merece la pena.[32] A veces desearía que algo malo ocurriera, que algo le liberara de la reiteración y el desencanto. Lo mismo, a la misma hora, en los mismos lugares. El escenario ha dejado de ser un espacio en el que el tiempo late para convertirse en un simple lugar o en un no lugar. «Si por lo menos pasase algo», piensa, «aunque fuese malo», y siente vergüenza de sus propios pensamientos. No tiene derecho a pensar así. Esos espacios que antes eran mágicos, esa belleza que lo dejaba boquiabierto, esos encuentros y esas conversaciones, esa mirada de los espectadores que le erizaba la piel..., todo parece haberse fundido en una especie de lodo, el magma de un volcán que convierte la pluralidad escénica en un único lugar en el que todo desaparece en el anonimato de lo mismo.

¿Cuántas veces ha reiterado los mismos gestos, los mismos movimientos, los mismos paseos que no conducen a ninguna parte?[33] Todo lo que hace le parece inútil, todo lo que piensa le parece absurdo, algo ya sabido, algo elemental, algo que otros ya han pensado antes y de lo que ya se ha escrito mucho. Es como si en su caminar volviera siempre al punto de partida sin que haya sucedido nada relevante. Es una sensación que va unida al abandono y a la incomprensión. Se ve incapacitado para comentarlo con los demás. De nuevo le sobreviene esa vergüenza. Y, aunque se atreviera a decírselo a alguien, ¿qué le diría?, ¿cómo lo haría?, ¿cómo se lo diría? Un monstruo depredador ha conquistado el escenario.

Por la noche, de regreso a casa, el actor come algo, más bien poco (sabe que si cena demasiado no podrá conciliar el sueño), y se mete en la cama sin desear dormir, porque hace años leyó que el deseo de dormir impide el sueño. Antes, cuando era joven, le pasaba como al protagonista de *En busca del tiempo perdido*, se dormía con el libro en las manos, sin tiempo siquiera de apagar la luz. Ahora el problema es la ausencia de sueño. De nada sirve la lectura, solo en ocasiones alguna pastilla, algo suave que no le afecte demasiado al día siguiente en su vida ordinaria. Por fin, si esa noche tiene suerte, el sueño hará su aparición. Es posible que no sea un sueño continuo, que se interrumpa varias veces hasta que su cuerpo le diga basta y se levante otra vez, una vez más, como siempre, como cada día, y se someta a la rueda del tiempo, a ese eterno retorno que hace años no entendía pero que ahora le parece evidente. Todo empezará de nuevo, pero el drama del tiempo es que nada es nuevo de verdad, todo es una reiteración monótona de lo mismo, una eterna melancolía.

El escenario está envuelto en niebla. A veces es espesa, tan densa que no deja ver nada. Pero, por suerte, en la mayor parte de las ocasiones el actor puede entrever algo en el horizonte. No sabe bien de qué se trata, no sirve ni siquiera de orientación. El escenario de la existencia no posee puntos de referencia fijos o estables. El espacio y el tiempo se mueven al vaivén de una historia, de un relato (o de muchos). El actor sabe que el movimiento es lo único real, que el cambio y las transformaciones son lo único que pertenece inevitablemente a su modo de estar en el escenario. Siempre le habían dicho que era justo lo contrario, pero la experiencia, su experiencia (porque la experiencia es siempre singular), es otra. Todo fluye. «No hay verdad más importante que esa», piensa. Las grandes preguntas que el actor se formula son: ¿con quién estoy?, ¿quién me acompaña?, ¿quiénes son los espectros que no acaban de desaparecer? Nunca está solo, aunque a veces pueda parecerlo.

El actor sabe que no decide sobre su vida, sabe que heredó un guion y que tuvo que representarlo en un escenario junto a otros actores y frente a un público, un guion que quedaba alterado y cuestionado por las relaciones y los acontecimientos que le salían al paso. Alguna vez le parece que era lo suficientemente libre como para decidir qué hacer con su vida y que determinadas acciones, creencias o decisiones eran de verdad obra suya, pero en realidad nunca fue así; todo fue un sueño, el sueño de la libertad, y, como se sabe, del mismo modo que el de la razón, el sueño de la libertad produce monstruos.

Simone de Beauvoir escribe en *El segundo sexo* que el drama original de todo existente es la relación con el otro.[34] Sentir la separación; *sentirla*. Querer perderse en el todo, desear la fusión, escapar de la brecha, del abismo que lo lleva lejos del otro. Pero no se consigue, no se alcanza a cancelar la subjetividad separada, y quizá el resto de la vida no consista en otra cosa que en crear lazos (como en *El principito)*. Abandonar, abandonarse. El abandono es esa situación en la que el actor, sin escapar del escenario, está fuera de él. Es la sensación de vida desértica, de que su existencia no le importa a nadie, de que nadie lo echa de menos.

El actor está en su habitación, en el espacio en el que trabaja; es un espacio acogedor, con una atmósfera propia. Está solo. Para él, la soledad no es un castigo, no tiene nada de negativo, al menos por ahora; al contrario, la necesita porque es la condición de posibilidad de su existencia; tiene que estar solo para leer, para escribir, para pensar. Heidegger decía que la ciencia no piensa, pero el actor tiene la sensación de que no es la ciencia, sino el mundo, o eso que algunos llaman «mundo real», el que es incapaz de pensar. Ese mundo ya no está poblado por seres pensantes, sino por caminantes que miran a todas horas sus teléfonos inteligentes y que se parecen a la escultura *El hombre que camina,* de Giacometti.

Al comienzo del libro del Génesis, después de la creación del humano, Yahvé-Dios se dio cuenta de que no era bueno que el hombre estuviera solo, por eso le buscó a alguien que lo acompañara. La antropología bíblica es una antropología de la relacionalidad. Primero era la relación, una relación sin fusión. La Biblia está lejos del platonismo, en las antípodas de ese mito del andrógino narrado por Aristófanes en *El banquete*. La relación con el otro no termina en una disolución de la alteridad. Al principio es el dos, pero ese dos no se eleva al uno, no hay un regreso a la unidad.

La soledad es necesaria para la meditación, para la lectura, para la escritura. En Lc 9, 18, el maestro está solo. Ora. Después se le acercan sus discípulos y comienza el diálogo: «¿Quién dice la gente que soy yo?». La educación más reciente reivindica el trabajo en equipo. Los jóvenes tienen que aprender a trabajar en equipo, se dice. Pero se olvida que lo más difícil es trabajar solo, quedarse solo, como Sócrates cuando llega tarde al banquete en casa de Agatón. La soledad no es buena, pero no siempre es así. Sócrates llega tarde a la cena, pero llega y se sienta con sus compañeros para hablar del amor, del *eros*. Para escribir un *paper* no es necesaria la soledad, quizá no sea necesario ni siquiera saber «escribir», pero para pensar es esencial, aunque en el fondo sea una soledad extraña, quizá porque nadie está completamente solo. Pensar es repensar, es pensar acerca de algo, en torno a algo... Siempre se piensa sobre algo, siempre se vuelve una y otra vez sobre lo pensado, nunca se termina del todo. Pensar es repensar, y para eso se requiere la soledad, es necesaria una situación en la que el silencio no acabe siendo una amenaza, sino un silencio que deje pasar el ruido del mundo, su latido. Lo terrible del drama del tiempo surge en el momento en el que la soledad se convierte en abandono, porque el abandono no tiene nada que ver con la soledad, más bien es su contrario.

El actor se acuerda del *Perro semihundido*, de Goya, de esos tonos ocres, de la mirada del animal hacia lo alto, como si estuviera esperando a alguien que sabe que no llegará. En el cuadro de Goya el mundo ha dejado de latir. El que abandona deja a su suerte al abandonado. Este pierde todos los lazos, o al menos tiene la sensación de que los ha perdido y de que nunca podrá recuperarlos, porque el abandono acontece en el presente, pero se proyecta hacia el futuro. Es más, el abandonado sabe que se encuentra en un callejón sin salida. Nadie se preocupa ni se preocupará por él, nadie preguntará por él, nadie lo echará de menos. Lo terrible del abandono es esa proyección hacia el porvenir. Su drama no está fijado en el presente, sino en el futuro; es una situación en el presente en la que el porvenir está ausente. Mientras que la soledad es una experiencia del presente («estoy solo»), el abandono es una experiencia de lo que sucederá, es un anticipo de lo que va a acontecer. Para que exista abandono es necesario que alguien abandone. Sobrevivir es, en ese caso, enfrentarse a la posibilidad de un abandono abierto al vacío. En el abandono, el grito deja paso a un lamento que se prolonga en el tiempo.

Una de las experiencias de abandono más decisivas en el escenario de la existencia es, sin duda, la de la muerte de un ser querido, la de la experiencia de la pérdida. Alguien muere, pero también alguien te deja. Hay alguien que ejerce un gesto de violencia: abandonar es dejar desamparado a alguien. Se trata de una violencia radical que lo distingue de la soledad. No hace falta nadie para que el actor esté solo o decida estar solo. Muchas veces la soledad es una decisión o un gesto de cortesía: «No te molesto más, te dejo solo para que puedas estar tranquilo, para que puedas descansar...». A diferencia de dejar a alguien solo, abandonar es cortar todo gesto de hospitalidad y de vínculo. El abandonado se encuentra en un escenario desolado por la tristeza. No se puede habitar un escenario así. Contrariamente a la tierra, que puede estar deshabitada, el mundo y sus escenarios no existen sin actores. Pero, por esa misma razón, un mundo desolado y unos escenarios en los que hay actores abandonados se convierten en una especie de «paisajes de la nada».

La tragedia de Edipo comienza con un abandono. Es la escena que origina la obra de Sófocles, aunque al principio el espectador no posee esa información. No será hasta mucho después que se desvelará lo que realmente sucedió. El rey Layo, padre de Edipo, ordena a un criado que abandone a su hijo en un bosque para que sea pasto de las fieras y él pueda así evitar la profecía parricida del oráculo. A veces se pasa por alto ese aspecto de la tragedia. Abandonar a un bebé es un gesto de crueldad infinita. La maldad de Layo es enorme y el trauma de Edipo, insoslayable. Él es el niño abandonado que vivirá la mayor parte de su vida envuelto en una mentira, creyendo que sus padres adoptivos son sus verdaderos padres. Edipo ha matado, sin saberlo, al padre que lo abandonó, y esa muerte será imposible de integrar en su existencia porque ha supuesto una tragedia para él, para su madre, Yocasta, y para la ciudad de Tebas.

Pero todavía hay otro abandono más terrible que el de Edipo, un abandono que la cultura occidental se ha encargado de poner de manifiesto. Se puede leer en los Evangelios de Mateo y de Marcos, que recogen las palabras del Salmo 22,2: «Dios mío, clamo de día y no me respondes; y de noche, y no hay para mí reposo». Las últimas palabras de Jesús en la cruz expresan el drama humano en toda su radicalidad, porque hay un abandono más inconcebible que el de un padre; se trata del abandono de Dios.[35] Cualquier ser abandonado, al saberse así, no puede encomendarse a nadie más que a Dios. No hay otra posibilidad. A esos seres les queda una única esperanza: confían en que al menos Dios no los abandone. No hay posibilidad de seguir adelante si no es teniendo fe en el absurdo. Desde el punto de vista del actor, en el momento del lamento del Nazareno ya no hay más salida que creer en lo absurdo.

Esa es la gran diferencia entre la muerte de Sócrates y la de Jesús. Sócrates murió sereno, acompañado de sus discípulos y amigos. Para él, la muerte era un viaje a una vida mejor. No tenía ninguna duda: el alma era inmortal y el cuerpo era el principio del mal, por eso definió a los filósofos como los enemigos del cuerpo y expulsó a las mujeres para que no importunaran con sus llantos, puesto que se decía que había que morir entre palabras de buen augurio *(Fedón)*. La muerte de Jesús, por el contrario, muestra el drama en toda su radicalidad. El creyente ve en la pasión, en el abandono en la cruz, un umbral de esperanza en la resurrección. Pero eso lo ve el creyente, y es necesaria la fe. En cambio, desde la perspectiva de la finitud, de la radical finitud, el relato de la pasión es el de un abandono sin límites.

Tras haber bebido la cicuta, el relato de Platón llega a su fin. Sócrates ya no dice nada más, y es entonces cuando Critón le cierra la boca y los ojos. No hay relación con el cadáver de Sócrates, o al menos Platón no se detiene a contarla. El alma de su maestro ha abandonado su cuerpo. De nuevo, la diferencia con la pasión de Jesús es enorme. Después de su muerte, el cuerpo del Nazareno es envuelto cuidadosamente en una sábana. La imagen de María inclinándose sobre el cadáver de su hijo, que acaba de morir, da lugar a una importante iconografía. Seguramente será fácil recordar la *Piedad* de Miguel Ángel. El trato con el cuerpo inerte es reverencial en el cristianismo: se abraza a un muerto. El abandono desaparece, pero ha sido necesario el suplicio de la cruz.

Como al parecer confesó Kafka a un amigo, existe la esperanza, una esperanza infinita, sin duda, «solo que no para nosotros». Esa imposibilidad de esperanza expresa el supremo abandono, y ese es también el signo del drama. ¿Es posible habitar así el escenario de la existencia? El actor nunca ha podido responder a esa pregunta. Quizá lo mejor sea hacer como Wittgenstein y pensar que el enigma no existe y que, de hecho, una pregunta sin respuesta no es, en el fondo, una pregunta adecuada. Pero ¿quién decide cuál es la pregunta *adecuada?* Cada día aparecen ídolos de la tribu que dan lecciones de lo que es o no adecuado, de lo que debe o no hacerse o pensarse. El actor está cansado de tanta arrogancia. El escenario de la existencia está lleno de comediantes vanidosos que se dedican a ejercer de pedagogos, de guías y maestros de vida que muestran el camino correcto.

¿Cómo aliviar una situación de desesperanza radical? ¿Dónde encontrar consuelo? Descartadas tanto la opción mítica como la metafísica, el actor busca en la inmanencia del mundo la forma de hacer frente al drama del tiempo. Pero en el escenario todo está sometido a las transformaciones y a la contingencia; en el escenario todo está en constante devenir. Nada puede remediar su desesperanza. Solo algo infinito, eterno o fijo podría hacerlo; todo lo demás sería poner una especie de parche de goma que, sin duda, pronto volvería a abrirse y entonces el abandono haría otra vez acto de presencia. Así pues, como dice Estragón al comienzo de *Esperando a Godot,* «no hay nada que hacer».[36]

Aunque el actor encontrara algo que lo socorriera y le permitiese sobrellevar el abandono, no lo liberaría del dolor. En todo caso, tal vez podría incorporarlo. El drama del tiempo no puede dejar de ser doloroso, pero precisamente por eso afirma la existencia en toda su radicalidad. No se puede decir «sí» a la vida si al mismo tiempo no se dice «sí» a las sombras y a los claroscuros de la existencia. No hay reposo, de eso no cabe duda, de eso es de lo único de lo que no cabe duda: no hay reposo en un escenario. El flujo del tiempo reina en él a sus anchas. Nada en un escenario existe de modo necesario. Todo está sometido al azar. Lo real es el azar. Ese es el vértigo de la existencia, un vértigo que el actor siente como insuperable. En un escenario nada existe necesariamente, pero todo lo que alguna vez existió no deja de existir nunca. El actor sabe que todo lo que es dejará de ser, que el escenario dejará de ser, que esos otros con los que se vincula dejarán de ser, que las cosas que usa, que ama, que lo acompañan en su representación también dejarán de ser. Pero ese «dejar de ser» ha impreso sus huellas, para bien o para mal. El sufrimiento que provoca lo que se ha perdido sigue estando vivo en el presente. Nadie que viva en el drama del tiempo podrá borrar las huellas de la pérdida.[37]

Lo que queda: la desolación. La desolación va más allá del abandono, es más radical. Es un sentimiento que roza el temible vacío. Ya no es la tristeza, como en el caso del abandono, sino un estado de ánimo que impide cualquier forma de vida. La desolación no es el resultado del olvido, sino del recuerdo. La memoria del actor es una memoria desolada. La desolación supone verse privado de toda posibilidad de consuelo. Nada ni nadie puede remediar el dolor de lo que se ha perdido para siempre. Aquí no solo no hay esperanza, tampoco hay fe. Esta es la secuencia del drama: soledad, abandono, desolación.

El actor no tiene más remedio que hacer frente al drama del tiempo, que aprender, si ello es posible, a sobrellevarlo, en sus buenos y malos momentos. La *aventura* y el *aburrimiento* son dos estados (temporales) de ánimo que, en su radicalidad, pueden suponer una disonancia tan contundente que culminen en una caída al vacío, en la imposibilidad de habitar el espacio escénico. En ocasiones parecen dos estados por completo diferentes, pero en realidad poseen un importante parecido que una mirada atenta tiene que ser capaz de desvelar

Una aventura no es por fuerza un gran viaje. Es una relación con el mundo, pero no hace falta que sea un desplazamiento a gran distancia, a un lugar exótico situado al otro lado del planeta. En la aventura sale a la luz un modo de ser, un temple que parecía que no estaba ahí, que no era constitutivo de la existencia, pero que en ese momento se convierte en algo real. De hecho, desde el punto de vista del escenario de la existencia, el mero «estar» ya es una aventura. Su especificidad es una sensación inaudita, una experiencia atractiva y aterradora que sacude al actor. La aventura enseña que la vida es, en mayor o menor medida, una «excéntrica centralidad».[38] Porque la existencia en un escenario es una aventura, la vida ordinaria puede transformarse, para bien o para mal, en algo vertiginoso. El actor es incapaz de decidir cuándo, cómo y de qué manera quiere vivir una aventura, porque esta no depende de su voluntad. Nadie está capacitado para decir: «voy a vivir hoy una aventura». Lo que sucede es todo lo contrario, es la aventura la que irrumpe en el escenario. En ocasiones puede ser bienvenida, pero otras veces es vivida como una terrible amenaza.

La aventura desestabiliza, y esa desestabilización es un elemento fundamental de cualquier instalación escénica. De ahí que no se pueda existir en un paraíso. Ser actor es habitar un purgatorio. De lo contrario, si se habitara un paraíso, no habría desestabilización alguna. Una aventura es una especie de «brecha que abre el muro de las costumbres», de los hábitos.[39] Es una brecha que agrieta lo ordinario. Por ser una irrupción radical de lo imprevisto, de lo nuevo (no solo de la novedad, porque más bien en la novedad no habita lo nuevo, sino todo lo contrario, es una reiteración de lo antiguo), la aventura también es una aventura para la gramática en sus distintos niveles: signos, símbolos, gestos. En ella, algo excede a la comprensión. La aventura obliga a la existencia a ser «*ex*-sistencia», a salir de sí, a estar en un afuera, en un escenario que nunca está del todo al alcance de la mano.

Como señaló Georg Simmel, la aventura es una porción de vida que se distingue de las demás por el tipo de relación que tiene con la biografía de cada actor.[40] Es una prueba evidente de la vulnerabilidad de la existencia, de su «estar a merced» de las contingencias de las situaciones y de las relaciones; es una prueba más de la indisponibilidad del mundo. El hecho de que una situación o una relación sean una aventura no depende de la propia vida. Por ser inseparable de la contingencia, la aventura irrumpe en el escenario y el actor se queda sin saber qué hacer, se queda perplejo y desorientado. Quizá el actor no quería que su vida, en ese preciso momento, se transformara en una aventura, pero, a su pesar, así ha sucedido, y el vértigo hace de nuevo su aparición.[41]

La novela de Jon Fosse *Blancura* expresa el estado de ánimo del aburrimiento y la posterior transformación de este en vacío.[42] Un narrador anónimo confiesa que él, que no se aburre nunca, ha sufrido un ataque de aburrimiento. Entonces sale de paseo con su automóvil. Conduce al azar, sin una ruta prevista. Finalmente, el coche se encalla en medio del bosque. Baja del vehículo y se encuentra envuelto por un paisaje monótono. Todo le parece igual, lo idéntico domina la escena, no hay nada ni nadie que surja como diferente y rompa la monotonía del tiempo. Siente temor en ese tiempo muerto, en ese espacio lleno de árboles, uno junto al otro, pegados. Quizá el temor sea el resultado de no poder dar marcha atrás, de no poder dar la vuelta y regresar. Se descubre a sí mismo haciéndose preguntas absurdas, ocupándose de cuestiones que no tienen ningún sentido, al menos en ese momento. El monólogo sustituye al diálogo; un monólogo que se funde con un entorno en el que nada pasa, en el que ni siquiera se espera que pase algo. El aburrimiento es una situación en la que lo irrelevante domina la escena.

Acudiendo a su etimología en alemán, *Langeweile,* Martin Heidegger define el aburrimiento como un «tiempo largo».[43] El aburrimiento del actor es una relación con el drama del tiempo, pero no se trata solo de un tiempo excesivamente largo, sino pesado y monótono, que no le incumbe y que nada le aporta. Es una insoportable levedad, una insoportable lentitud. Nada tiene que ver con un tiempo de descanso o de desconexión. El aburrimiento es el fracaso de la experiencia viva del tiempo.[44] En la vida ordinaria, el actor se aburre si lo ordinario resulta reiterativo. Lo que resulta aburrido o provoca aburrimiento no son las propiedades de un objeto, sino la relación decepcionante del actor con su objeto, con los demás y con sus situaciones cotidianas. Por eso no es algo privado, sino un estado de malestar que resulta del hecho de estar en un escenario. Si irrumpe el aburrimiento es porque ese estar ahí está dañado, o, dicho en términos más clásicos, porque el mundo que envuelve al actor (por ejemplo, la lectura de un libro, una película, una tarde de domingo, un encuentro con un viejo amigo que hacía tiempo que no veía, una clase o una conferencia, etcétera) no está en sintonía con sus expectativas, unas expectativas que, ciertamente, nunca son del todo suyas, sino que pertenecen a la herencia y al guion, porque también se heredan formas de aburrimiento y formas de hacerle frente.[45]

El aburrimiento es estructural al escenario de la existencia. Es del todo inevitable, una amenaza que, más pronto o más tarde, aparece; nunca nadie, ningún actor, puede estar seguro de haberse liberado de ese estado de ánimo. Como sucede en el caso de la aventura, nadie escoge aburrirse; no es una opción de la existencia. En ocasiones, cuando se aburre, el actor sabe la causa y tal vez pueda creer que en otro momento podrá controlarlo y evitar que vuelva a hacer acto de presencia. Pero esa sensación de control es una ilusión. Lo terrible del aburrimiento es que no se puede tener bajo control. En cualquier caso, cada escenario crea sus propias armas (físicas, simbólicas, terapéuticas) contra esa «enfermedad», pero ningún procedimiento es capaz de sobrellevar ese «tiempo largo». Además, su educación le enseñó que hay situaciones que no deben producir aburrimiento, y si lo producen es porque algo no marcha bien en su vida. En esas situaciones, incluso confesarlo es vergonzoso. En algunos círculos culturales no está permitido de ninguna manera hablar de aburrimiento.[46] El actor sabe que a veces es necesario aparentar que está ahí de forma apasionada, cuando en realidad la situación es tan aburrida que hace rato que él ha dejado de estar presente. Tiene la mente en otra parte, pero nadie debe darse cuenta de ello.

¿Cómo escapar de ese estado de ánimo que resulta insoportable? No se sabe a ciencia cierta. No hay medicina o terapia que sirvan para que en cualquier instante se pueda sobrellevar el aburrimiento, pero en el escenario se explican diferentes estrategias: distraerse, salir a pasear, cambiar de libro, matar el tiempo con algo que al actor le interese. Tal vez sea necesaria una inquietud. Como señala Vladimir Jankélévitch, no solo nos aburrimos cuando estamos faltos de preocupaciones, sino también de angustia. Un presente que esté abierto a un futuro incierto, expuesto al azar, en el que no todo esté decidido, un presente en el que los acontecimientos sean una posibilidad que no esté clausurada, en el que no todo sea seguro ni esté planificado, es un presente en el que el aburrimiento no ha desaparecido, pero resulta menos probable.[47]

Paradójicamente, la aventura y el aburrimiento son signos del drama del tiempo. Un vegetal no vive una aventura ni se aburre, un coral tampoco. Aventura y aburrimiento son temples de ánimo debidos a situaciones y relaciones de la vida ordinaria. Implican una tensión nerviosa, pero muestran que tal vez no todo está perdido y que sigue habiendo exterioridad.[48] La aventura es un signo típico de los escenarios de la modernidad y también lo es su contrario, el aburrimiento. Si este se instala en el escenario puede aparecer una enfermedad mortal. En cualquier caso, ambos expresan lo noble y lo miserable de la existencia.[49]

En la vida ordinaria, el ideal de todo actor es encontrar un paso adecuado del tiempo, pero algo así no es compatible con la existencia, siempre vulnerable, siempre disonante, siempre danzando al borde de un abismo. Los escenarios de la modernidad sostienen que han hallado la solución porque han fabricado mecanismos que supuestamente eliminan el aburrimiento de una vez por todas. Son escenarios en los que no es posible aburrirse, en los que el tiempo de aburrimiento no es posible. A menudo hay actores que afirman: «No tengo tiempo para aburrirme». Uno de esos mecanismos elementales es la hiperactividad, la excitación constante o el estrés infinito. Vivir en constante movimiento, tener un espíritu aventurero o estar estresado tiene prestigio, pero con una condición: que haya un tiempo para la desconexión. Siempre se está jugando un partido e incluso los jugadores que están en el banquillo tienen que estar preparados para saltar al terreno de juego. La aventura ha sido capturada por el estrés.

El escenario de la modernidad convierte el deseo en apetencia. Si el deseo es algo que tiene como objeto un imposible, algo que nunca puede alcanzarse del todo, en el caso de la apetencia ocurre todo lo contrario. El aburrimiento parece surgir cuando el deseo no puede satisfacerse.[50] Ahora bien, un placer cómodo y fácil de obtener también aburre. Por un lado, el actor no soporta ningún estar ahí que no le produzca un placer inmediato y constante, pero al mismo tiempo ese placer deja de tener interés para él. Es demasiado fácil. En ambos casos, su vida ordinaria queda colapsada por la depresión. Antaño, la depresión se caracterizaba básicamente por la incapacidad de sentir placer; en los actuales escenarios de la modernidad sucede lo contrario: *hay depresión porque hay incapacidad de no sentir nada que no sea placer*. Entonces, el actor comienza a sospechar que tal vez la cuestión no sea la velocidad ni la lentitud en la obtención del placer, sino el tiempo adecuado. Ese es el sabor del tiempo. Sin ese sabor, el actor no puede habitar el escenario. La imposibilidad de ese sabor conlleva la imposibilidad de la existencia.

El drama humano es el tiempo. El pasado y el futuro mantienen una tensión en el presente. El pasado no está pasado del todo y el futuro es de algún modo antes de que acontezca. El actor habita un escenario que no puede eludir esa tensión nunca bien resuelta. La memoria mantiene vivo el pasado, para bien o para mal, pero ¿qué sucede con el futuro? La imaginación es anticipadora, en ocasiones de manera excesiva. El actor no puede escapar de la ansiedad que provoca una anticipación persistente. Sin embargo, hay una relación con el futuro que es decisiva en el escenario de la existencia: el compromiso.[51] Del latín *compromissum,* se trata de una obligación, de una promesa que se ha contraído con alguien. Pero no solo eso, porque un compromiso hace referencia también a una dificultad. Estar o encontrarse en un compromiso significa estar en un apuro, en un aprieto. Las relaciones con el futuro tienen ese doble sentido, el de promesa y el de atolladero.

El compromiso es un vínculo con alguien en un tiempo que todavía no es, que en sentido estricto no existe; no obstante, el actor puede aceptar que va a dar cuenta de él, a veces sin ser consciente en exceso del riesgo que todo compromiso conlleva, o en ocasiones puede suceder que lo asuma en contra de su voluntad. Aunque lo desconozca, aunque no quiera saberlo, en el escenario de la existencia el actor contrae un compromiso con otro a pesar del ir y venir del tiempo, o quizá a causa de ese vaivén. El compromiso genera una continuidad temporal que estabiliza de forma precaria las transformaciones de la vida ordinaria. Puede darse el caso de que esa estabilización inestable resulte, a ojos del actor, algo inquietante, algo que no desearía de ninguna de las maneras, y que el vértigo haga de nuevo acto de presencia; pero la cuestión es que no tiene más remedio que asumirla.

El compromiso de verdad, el intenso, el radical, no se firma en un papel al modo de un contrato. El actor da su palabra: *Me comprometo*. El compromiso es esa forma esencial de prometer algo y, por tanto, el que lo recibe no tiene más remedio que confiar en esa palabra dada. En los escenarios de la modernidad, en los que parece que todo es demasiado banal y nada tiene importancia, ningún compromiso resulta fiable.[52] El actor habita unos escenarios en los que por todas partes se exigen compromisos, aunque en realidad son falsos. Para que se dé, el compromiso tiene que resistir el paso del tiempo y los momentos críticos, y eso es lo que, en los escenarios de la modernidad, nunca acontece. El drama del tiempo provoca que la mayor parte de los actores sean incapaces de mantener vivo el compromiso y se desdigan de él.

El actor ha oído decir que lo más importante es el compromiso con uno mismo, pero en el fondo sabe a ciencia cierta que todo compromiso, para poder ser, necesita de la presencia del otro. Un compromiso es una promesa que el actor manifiesta ante un otro que le exigirá responsabilidad y coherencia. El actor siempre ha sido respetuoso con sus compromisos. Cuando se compromete, lo hace de verdad, pero no es lo que normalmente sucede en la vida ordinaria. El escenario de la modernidad es pobre en compromisos. El más habitual e infraordinario es la puntualidad. Se trata de un compromiso en apariencia débil, sin demasiada importancia y que no suele tratarse como tal, pero es un síntoma que tiene que ver con el respeto al tiempo y al otro. El actor también sabe que todo compromiso tiene un punto ciego. El respeto al otro es la aceptación implícita de sus máscaras, y las máscaras danzan peligrosamente.

5
La danza de las máscaras

¡Fuera la máscara! Queremos decirle a la cara, y no a su máscara, lo que le espera.

ARTHUR SCHNITZLER, *Relato soñado*

El actor está expuesto a peripecias desconocidas en sendas que nunca nadie ha recorrido aún. No hay un manual de instrucciones para hacer frente a los instantes de tormenta y desasosiego.[1] El argumento de la existencia no será ni fijo ni estable, al contrario, será frágil y disonante, entre otras cosas porque al actor nunca le han parecido suficientes el guion y la gramática que ha heredado. Interrogantes y dudas hicieron su aparición nada más llegar y no han desaparecido: *¿quién soy?, ¿qué hago aquí?* No puede llegar a ser él mismo, porque no posee un sí mismo, una esencia o un yo que determine su existencia. En su andar por el escenario, en su entrar y salir, el actor no está solo. Siempre hay otros que le proporcionan apoyo. A veces le guían, aunque puede suceder que sean guías perversos.

Todo empezó *antes*. El cuerpo está marcado por las huellas de otros, unas huellas que, para bien o para mal, nunca se podrán desechar. Nadie recuerda su propio nacimiento y, sin embargo, sigue estando presente a lo largo de toda la vida. La existencia no es algo autónomo, sino una herencia física y existencial que cada actor recibe y renueva. Poco (o nada) hay en cada actor de exclusivo y mucho de mezcla. Los otros que ya no están todavía habitan su cuerpo; son los que le han dado vida y no han desaparecido de ella. Persisten. El aliento de otra vida se prolonga en la suya propia. Cada actor es un ser de metamorfosis que no se dirige a ninguna parte, que no tiene un objetivo o un final.[2] Es un ser que va de prestado y su habitar el escenario es un habitar de alquiler. Es lo que no es suyo, porque nada es propiamente de nadie.

Entonces, ¿a quién pertenece esa voz? ¿Cuál es su verdadero rostro? La voz remite a una presencia, pero ¿se trata de la palabra de un sujeto o de una «palabra sujetada»? ¿Es de alguien de carne y hueso, alguien que está ahí, inmóvil, firme y seguro o más bien de un espectro? ¿La voz se puede fijar en un nombre propio, o bien siempre es una voz que reproduce voces antiguas, maestros antiguos, acontecimientos antiguos? ¿El nombre propio del que —supuestamente— habla es en verdad «propio»? Tal vez todo nombre no sea, en el fondo, otra cosa que la huella de otro, de alguien o algo anterior que lo precede. Quizá el nombre —como le sucedió a Edipo— sea la herencia de un relato contado por otros. ¿Y si el nombre fuese *solo* una máscara? En tal caso, sería una máscara que el actor no puede quitarse. Quizá en el nombre esté escrita desde el comienzo una relación y una negación, una continuidad y un cambio, una identidad y una diferencia; o mejor todavía, una ficción de continuidad, una identidad *en* la diferencia. Quizá haya algo que se muestra y que se oculta, algo que se muestra ocultándose, como en toda existencia al modo de una tensión confusa; porque ¿qué se muestra y qué no? Quizá en el nombre habite una alteridad y haya algo en él que esté fuera de sí mismo. Quizá todo nombre no sea más que una exterioridad que no pertenezca al individuo nombrado. Quizá el nombre desposea al individuo de un sí mismo arrastrándole a la alteridad, a la gramática que ha heredado, al guion con el que se ha encontrado al entrar en la escena. Quizá el rostro no sea otra cosa que una máscara, o muchas, y quizá en alguna de ellas habite el amor y la compasión, pero lo que es seguro es que siempre habrá máscaras infernales que arrastrarán al actor al corazón de las tinieblas.

No hay drama humano sin representación, sin interpretación y, por lo tanto, tampoco hay drama humano sin máscaras. Son «objetos poderosos».[3] En muchas sociedades es conocido que operan como instrumentos de metamorfosis.[4] Transforman a los mortales en dioses, a los hombres en mujeres, a los humanos en animales. Rito, fiesta y juego; entre los participantes se oyen gritos y cánticos. Después, al terminar, los actores regresarán a su vida ordinaria. No hay que olvidar que la distinción entre *máscara* y *rostro* está inscrita en los orígenes de la gramática occidental y, de algún modo, sigue estando presente en los escenarios de la contemporaneidad. En el teatro griego, por ejemplo, la máscara era lo que distinguía al actor del espectador. Los actores las utilizaban de dos tipos, una para representar la tragedia y otra para la comedia. Además, puesto que en Grecia solo estaba permitido que los varones salieran a escena, las máscaras también aportaban una distinción de género.

Hay máscaras que, no obstante, no pueden abandonarse. Es la victoria del simulacro para hacer frente periódicamente al vaivén de la vida ordinaria y a los temores que provoca el escenario de la existencia. Aquí pensar la máscara implica reflexionar sobre la relación entre el *ser* y el *aparecer*.[5] En la cotidianidad, la máscara suele concebirse como algo que oculta al verdadero ser, o, si se prefiere, como una prótesis que el actor utiliza para ser otro, para aparecer en el escenario, para representar un personaje y para esconder su auténtico rostro. La máscara, por lo tanto, acostumbra a ser sinónimo de disfraz. Sin embargo, es necesario ensayar otra visión, porque esa distinción no es más que un enésimo reducto metafísico —similar al del alma y el cuerpo o al de la sustancia y el accidente—. La máscara no es lo que oculta el ser, sino todo lo contrario, lo que lo expresa. El alma no necesita un escenario porque no representa nada, porque no interpreta; en cambio, el ser corpóreo del actor no podría existir sin máscara porque ella forma parte del argumento de su existencia, de la piel, del roce y del tacto. A diferencia del teatro metafísico, en el escenario de la existencia *no* hay una dualidad entre «lo que es» y «lo que aparece», entre la máscara que muestra y la que oculta, porque no existe un *ser* que no sea al mismo tiempo un *aparecer*. Un ámbito de representación es un aparecer que no remite a otra cosa que a su mismo aparecer.

Al principio era la máscara. A menudo se piensa que no hay máscara sin cuerpo, pero tal vez sea todo lo contrario: no hay cuerpo sin máscara. El cuerpo «natural» no existe, porque todo cuerpo está creado por máscaras.[6] Son ellas las que hacen los cuerpos, las que los forman, los transforman y los deforman. Desde el comienzo, el cuerpo está capturado por un orden simbólico que lo interviene, lo clasifica y lo sexualiza; está poseído por él y resulta inseparable de él.[7] La máscara es la ficción que interpreta el cuerpo, el sexo y el género, la vergüenza, el pudor y la timidez, el orgullo, la belleza y la fealdad, el nombre y número de identidad, la carne y el espíritu. No hay un cuerpo sin máscara porque el cuerpo no es un objeto que está ahí, sino un existente interpretado, vivido o sentido, amado o doliente, dulce o amargo. El cuerpo no es una extensión o una superficie, no es un lugar en el que habita un hálito de vida o un principio divino que, más pronto o más tarde, conseguirá liberarse de esa especie de cadáver.

La modernidad instaurada por Descartes pensó lo real a partir de una fractura con la tradición y con la genealogía. Según él, había, en primer lugar, que romper con el pasado y pasar de la «sabiduría de los libros» a la «verdad del método». Después, fabricó un esquema dual: pensamiento y extensión, o, si se prefiere, mentes pensantes y cosas extensas. Pero el problema era el cuerpo, porque no puede pensarse tomando ese esquema como punto de apoyo, porque «es ambas cosas a la vez».[8] El cuerpo no es algo únicamente visible o extenso, vive en sus juegos de representación. Su estar en un escenario abre múltiples posibilidades expresivas y pasionales que resultan indominables. Ningún actor es dueño y señor de su cuerpo. El cuerpo es «afectación», y un actor no puede controlar aquello que va a afectarle, porque lo desconoce, porque es imprevisible e imposible de clasificar. «Lo-que-afecta» a un cuerpo no lo decide el cuerpo. Unido y separado al mismo tiempo, expuesto al mundo, a las situaciones de la vida ordinaria, desgajado de sí, el cuerpo es lo no coincidente, es lo extremadamente disonante y frágil, es lo que contradice el principio de identidad. El corazón se acelera, la respiración se queda entrecortada, el sudor frío invade los poros de la piel, los párpados se cierran, las pupilas se dilatan, la saliva se vuelve densa y pesada, la presión de la sangre se dispara, etcétera, nada de todo eso lo decide el actor. Todo sucede con independencia de su voluntad.

La arrogante modernidad ha fabricado un discurso de prepotencia. Ese discurso sostiene que cada uno tiene derecho a hacer con su cuerpo lo que le venga en gana. Según eso, nada hay de indisponible. Este argumento es habitual en la mente moderna; ella sostiene que la libertad, la autonomía y la autenticidad están en la base de la vida personal y social. Pero, como ya se ha dicho, nadie puede ser propietario de su cuerpo. Al contrario, el cuerpo es expresión de lo indisponible. Decir, por ejemplo, «el actor es corpóreo» o «no hay instalación alguna en un escenario que no sea corpórea» es ya admitir que la existencia lleva consigo la indisponibilidad.

El cuerpo es el inicio del drama, pero no es un origen absoluto o independiente, sino una procedencia o una genealogía. El cuerpo procede de otros cuerpos y, por eso, en él hay huellas de ausentes y de ausencias. Dicho más claramente: «somos más viejos que nosotros mismos».[9] Eso significa que el cuerpo procede de *algo* anterior y que está lleno de *huellas,* de *marcas,* de *traumas* que remiten a un «antes», a una anterioridad. Somos los «hijos de...», y por eso también somos incapaces de recuperar la ventaja que nos sacamos a nosotros mismos.[10] El actor está «fuera de sí» no por una debilidad o una enfermedad, sino por el mismo hecho de ser actor y tener que habitar un escenario; por el hecho de «estar». Tanto biológica como simbólicamente, el cuerpo es un cuerpo enlazado, vinculado a un pasado que nunca está pasado del todo, y a formas de alteridad indisponibles. No hay cuerpo sin ficciones que lo preceden y lo forman.

El «mito del andrógino», narrado por Aristófanes en *El banquete* de Platón, muestra una posición contraria. Al principio era el Uno, la Unidad. En aquel momento, los seres humanos no eran como son ahora. Tenían cuatro piernas, cuatro brazos, y estaban unidos por la espalda. Debido a su arrogancia y fortaleza, Zeus se puso en guardia y los partió por la mitad. La unidad se perdió. A partir de entonces cada mitad busca desesperadamente su otra parte para volver a formar la unidad originaria. La falta será restaurada. Sin embargo, desde la perspectiva del drama humano, no hubo primero una unidad que más tarde se transformó en una dualidad. Todo dio comienzo con el *dos*. El *uno* no existió ni existirá. El cuerpo es un cuerpo enlazado. Ocurre que a veces los lazos son terribles, son unos lazos de los que el actor quisiera prescindir, pero no resulta nada fácil. No hay cuerpo sin marcas que expresen su genealogía y su procedencia.

Nadie contará su propia historia. La vida de cada uno empieza y acaba con otros. El ejemplo más evidente es el ombligo. Esa es la primera marca, la que tiene todo cuerpo y la que muestra que ese cuerpo posee una procedencia, la que expresa que antes del *uno* hubo un *dos*. No hay cuerpo sin esa cicatriz que manifiesta que allí hubo un vínculo que se cortó. El ombligo no es solamente una marca física, también es simbólica, es expresión de una díada. Cada uno de los seres enlazados por el cordón permanecen siempre vinculados, pero no unidos en una singularidad.[11] La marca del ombligo es el signo de una ausencia irreversible e irreparable, la ausencia de alguien que estuvo allí y que ya no está. Los cuerpos incorporan desde el inicio el trauma de una pérdida que nunca podrá ser sobrellevada, y esa marca señala también una ruptura, una herida que no puede cicatrizarse.[12] El ombligo revela, pues, un trauma inicial porque refleja una escisión en un antes y un después que no es posible resolver ni integrar en la existencia, que no es posible «normalizar». Ese trauma es un acontecimiento perturbador, hiriente, que altera la imagen habitual que el actor tiene del mundo y que le impide tener una relación del todo cordial con él.

Todo trauma es una transformación del punto de vista o de la situación que conmociona la representación del actor, sea —o no— consciente. Forma parte de la indisponibilidad del mundo. A partir del momento en el que el vínculo umbilical se corta, cada uno de los dos seres que antes estaban relacionados sufrirán necesariamente un acontecimiento que tendrán que aceptar como algo propio. Todo cuerpo contiene una «matericidad traumática» que no puede escapar de su vínculo inicial ni de la ausencia que le constituye. El trauma indica que el cuerpo proviene de una alteridad también matérica, esto es, de una «madre» que ya no está (al menos que no está como estuvo al principio). El nacimiento manifiesta la ruptura de un vínculo que solo a través del contacto con la piel, solo mediante un abrazo intenso y una mirada acogedora será soportable.

Desde la llegada al escenario hay una nostalgia, pero no de totalidad, sino de otredad. Si el cuerpo no tuviera esa huella de la pérdida no sería un cuerpo vinculado a una otredad ausente. El actor es «humano» porque siente que su existencia está huérfana, y lo está porque al nacer le cortaron un lazo y fue separado. Por eso, su existencia se contempla como un conjunto de fragmentos que no podrán ensamblarse de forma estable hasta formar un todo coherente.[13] Podría pensarse el trauma umbilical como el primer trauma, como el trauma paradigmático de todos los traumas posibles de la existencia. El trauma de un abandono posterior podrá reavivar ese más antiguo, el inicial, el primario, ese que resucita en el actor una antigua falta. No se puede cancelar su presencia.[14]

La realidad del actor es su «corporeidad vinculada» que tuvo su inicio siendo dual y que, en el instante de venir al mundo, adquiere formas plurales sin que por ello abandone la díada. No hay ninguna forma de estar en el escenario que no sea dual o plural; desde la perspectiva del cuerpo, el singular no existe, ni siquiera en aquella situación que normalmente se piensa como desvinculada de todo: la soledad. Nadie puede estar solo, nadie sobrevive solo, siempre están presentes espectros, siempre regresan viejos fantasmas. De ahí que la dualidad y la pluralidad del cuerpo sean un formato básico del escenario de la existencia; sin ellas no hay instalación ni entrada en escena, y precisamente a causa de ellas la instalación es disonante, está dotada de un cierto fracaso. Porque en un escenario habitan una pluralidad de cuerpos, en toda instalación existe la posibilidad de una *cierta* frustración, pues los vínculos entre los actores son móviles, inestables y ambiguos. Eso no significa que no pueda haber música en el escenario, que no pueda haber danza, que no haya, como veremos, resonancias. Todo lo contrario; no puede olvidarse que la música disonante también es música, pero a muchos actores «no les suena bien»; es un tipo de música que les resulta incómoda, demasiado inquietante. La música del escenario de la existencia es disonante, aunque no siempre sea por completo disonante.

El cuerpo es una superficie que no oculta una interioridad. En ese sentido, es piel. La piel es lo más profundo y lo más importante del cuerpo, es su sensibilidad, su «verdad». El escenario puede ser transitado por el actor merced a la verdad de su piel. La mayor parte de las veces se tiene la intuición de que la piel es una especie de membrana protectora, un cascarón que cubre el cuerpo y le protege. No cabe duda de que ahí hay algo de verdad. Pero la piel es mucho más que eso. No significa epidermis, no hace referencia solo a una capa de protección. La piel es porosidad, apertura, vínculo, es roce, contacto, placer y dolor; es lo que conecta el cuerpo con el mundo, lo que hace que el cuerpo «resuene».[15] La trama de la representación contiene las narraciones resonantes y disonantes de la piel.

La piel es un órgano de resonancia, un vínculo. Es la prueba del vínculo inevitable con el mundo. La piel resuena en el escenario de la existencia, pero es imposible calcular y dominar su respuesta. Ante el frío, la belleza, el amor, la caricia, la violencia, etcétera, la piel ofrece una respuesta imprevisible. La piel huele. Ante una situación de angustia, el sudor hace su aparición. El actor siente vergüenza. Le parece que está desprotegido. A veces, el olor resulta revelador de situaciones inquietantes. Múltiples perfumes intentan disimular ese olor que dice lo que el actor desearía ocultar. También el color de la piel es decisivo. Desvela una clase social, un estatus, un modo de pensar y de querer estar en el mundo. La piel se estremece. Al percibir una alteridad que la conmueve, nota la potencia de lo infinito. Ese «in» expresa la profundidad del estremecimiento. El escalofrío, la «piel de gallina», no es una reacción posterior, algo así como una elaboración serena, sino algo que pertenece a la misma percepción de una alteridad que desborda la capacidad de comprensión y de expresión del actor.[16]

Junto a la piel, la voz es otro de los elementos fundamentales del cuerpo que muestra la indisponibilidad del mundo. Son expresiones básicas de la voz tanto la risa como el llanto. Pero ambos no están en el mismo estrato que el lenguaje.[17] El lenguaje puede ser dominado, calculado, organizado. La risa y el llanto, en cambio, son —como en el caso de la piel— respuestas implanificables. La risa y el llanto son formas de manifestación indominables del cuerpo. Es cierto que pueden ser provocadas, y que cualquier actor posee mecanismos para provocarlos; si no es así, probablemente no sea un buen actor. El fracaso de la risa o del llanto en una función teatral o en una película puede suponer un desastre comercial. Pero en la vida ordinaria, la risa y el llanto surgen muchas veces a destiempo, se convierten en una especie de «interrupciones» de las relaciones que el actor teje con los otros en una situación. A veces, este «a destiempo» puede ser grave. Una carcajada, cuando la situación reclama un silencio ritual o un llanto, puede convertirse en una ofensa y tener importantes consecuencias. El actor sabe que hay situaciones en las que la risa se convierte en un puñal que atraviesa el cuerpo y provoca una profunda herida. La risa y el llanto son afectaciones del cuerpo que no pueden eludirse, pero parece que en los modernos escenarios de la existencia está prohibido llorar. La cuestión viene de lejos. Sócrates, en el *Fedón,* pide que se lleven a su mujer, Jantipa, porque no quiere escuchar sus quejas ni ver sus lágrimas. En la escena fundadora de la metafísica, el llanto está prohibido, y esta prohibición ha persistido en la tradición occidental: hay que mostrarse fuertes ante la muerte y el dolor de la pérdida, dice Sócrates.

La primera muestra de la voz en el escenario de la existencia no es un sonido articulado que conforma proposiciones, como sucederá más adelante, sino la expresión de algo, de una incomodidad, de un daño: el llanto y el grito. Ante ellos surge una pregunta: «¿Qué ocurre?». La escena es bien conocida. El recién nacido llora. Eso, en principio, no llama la atención, porque todo niño llega al mundo llorando, pero es un llanto que debe cesar, porque si es persistente, sus padres empezarán a preocuparse. Será necesario encontrar la causa del llanto: el hambre, el sueño, el calor, el frío, las deposiciones o simplemente la necesidad que tiene el bebé de sentir el calor y las caricias de otro cuerpo. El tono es un factor esencial. Se acaricia con el cuerpo, con todo el cuerpo, con el susurro, con el roce. En ocasiones basta con estar ahí. No hace falta nada más: estar ahí. Pero muy pronto comienzan a actuar algunas «formas pedagógicas» que, en el fondo, son formas de previsibilidad y de defensa. El recién nacido sabe que su llanto provocará atención y su mamá vendrá a darle el beso de buenas noches. La mamá subirá las escaleras, el bebé sabe que lo hará y que tarde o temprano sentirá su piel y el susurro de sus palabras. Entonces cesará el llanto y podrá conciliar el sueño. Nadie puede sobrevivir abandonado en un escenario inhóspito. Y, más tarde, el grito, ¿cómo hablar del grito? El actor descubre que cualquier cosa que diga está fuera de lugar. ¿Y si solo se puede hablar del grito a través del silencio? Esa sería la gran paradoja, la extrema, pero es necesario considerarla.

El grito, el lienzo que Edvard Munch pintó en 1893, siempre fascinó al actor. En eso, como en tantas otras cosas, no es nada original. Hace muchísimos años tuvo una sensación extraña que todavía no le ha abandonado: el grito que exhala esa boca desmesuradamente abierta es un grito silencioso. No puede quitarse de la cabeza esa imagen. Pero ahora la cuestión es más grave: ¿cómo explicar el horror?, ¿cómo empalabrarlo?, ¿cómo decir el mal?, ¿quién encontrará el lenguaje adecuado? Le invade una sensación de banalidad, de superficialidad. En el lienzo de Munch las manos de la figura que se retuerce sobre sí misma están tapándose los oídos, al modo de una especie de mecanismo de protección. Da la sensación de que sin esas manos la cara se descompondría. El pintor reclama que el espectador se fije en esa boca abierta de la que emana un grito silencioso. El cielo, de un rojo y amarillo intensos, acompaña el movimiento deformado del cuerpo. El grito contagia la escena. Solo dos figuras, en segundo plano, andan en dirección al personaje central manteniendo una cierta verticalidad. En otros cuadros de Munch, las personas están solas, con su cabeza apoyada sobre la mano, mirando al infinito, pero siempre en silencio, están en un estado de melancolía, en un «sol negro».

El cuerpo es sensible y contagioso. No se puede vivir sin estar expuesto al contagio, pero al mismo tiempo el contagio es un riesgo de muerte. Todo lo que es exógeno forma parte de cualquier organismo vivo. Ningún cuerpo puede sobrevivir al margen de la exterioridad, pero esa misma exterioridad es lo que amenaza su supervivencia. El actor no puede existir sin lo externo, su vida radica en la interacción con el escenario. Pero no se trata únicamente del contacto, también de la contaminación. Un organismo no sobrevive sin ingerir o incorporar elementos foráneos. De ahí que no se trate de fabricar fortalezas que protejan de la amenaza de la exterioridad, de sus peligros, sino de asumir que el escenario es un espacio, un tiempo y una historia en riesgo, en peligro de muerte. El mundo no solamente es lo que está ahí afuera, sino también lo que se incorpora. Cada día pequeños pedazos de mundo pasan a formar parte del cuerpo del actor.[18]

Los sentidos son los mecanismos corpóreos que posee el actor para situarse en el escenario. Sin ellos, no habría posibilidad alguna de instalación. Pero no todos están al mismo nivel, ni tampoco son puramente biológicos. Hay una antropología y una genealogía de los sentidos. En la tradición de herencia griega el sentido prioritario es la vista.[19] En Occidente se ha dotado a la vista de una cierta autonomía respecto al resto de los sentidos, de modo que la visión no solamente ha servido como modelo para la percepción, sino que además se ha convertido en criterio de evaluación del resto.[20] El filósofo Hans Jonas estudió las relaciones entre la vista y la filosofía occidental.[21] La palabra griega *teatro,* que tiene la misma raíz que *teoría* y que *teorema,* significa «contemplar», «mirar con atención». La defensa del Ser frente al Devenir podría deberse a la excelencia de la vista. Esta es menos temporal, menos efímera que el oído o el tacto. El objeto de la visión puede mantenerse fijo y permanente en el tiempo; es esencialista, o al menos resulta fácil entender qué es o en qué consiste una esencia desde la perspectiva de lo visual. Otro aspecto es la abstracción. La primacía de la vista favorece la aparición del logos. Algo así está muy claro en los diálogos de Platón y en general en toda la tradición occidental. Para el filósofo de Atenas, la verdad es *eidos* (idea), una forma pura, visible, aunque se trate del ojo del alma. Por ello, Jonas sostiene que el sentido de la vista ha servido como paradigma de la percepción en general y como criterio para evaluar los otros sentidos corporales. Aunque la importancia del modelo visual debería ser matizada, no cabe duda de que el pensamiento griego lo situó en lo más alto, porque incluso en las manifestaciones negativas se manifiesta su poder (Narciso, Orfeo, Medusa, etcétera).[22]

La creencia en la nobleza de la visión tiene consecuencias, algunas bastante contradictorias: el distanciamiento entre el sujeto y el objeto, la pureza de la forma geométrica y matemática o la búsqueda de la iluminación divina.[23] Una de las consecuencias de esta creencia fue la denigración del lenguaje y, en consecuencia, la crítica a la sofística, que fue apartada de la filosofía. Esa es otra herencia que nos ha legado la metafísica griega. Así, a pesar de que la vista continuó imponiéndose en Occidente en la Edad Media y en los siglos posteriores, es evidente que el monoteísmo introdujo el valor de la palabra, de la escritura y de la escucha, y la consiguiente prohibición de las imágenes. Recuérdese, a modo de ejemplo, el conflicto entre Moisés y Aaron a causa de la fabricación del becerro de oro o la posición «antiocular» de la Reforma protestante.

La relevancia de la vista vuelve a aparecer en el mundo moderno. Aunque se pueden encontrar muestras en Spinoza y Leibniz, Descartes es seguramente el ejemplo más conspicuo.[24] El universo cartesiano es esencialmente visual. El filósofo francés legitima un modo de investigación científica basada en «evidencias» *(videre)*.[25] Su influjo en la orientación filosófica centrada en la mirada (especialmente en el pensamiento francés) ha sido profundo. Pero en el siglo XX aparecieron una serie de autores que se caracterizaron por mostrarse muy críticos con el dominio de la perspectiva visual: Heidegger, Merleau-Ponty, Levinas, Derrida, Irigaray, etcétera.[26] Una de las filosofías más «visuales» es la de Jean-Paul Sartre. Su «fenomenología de la mirada» —que se puede leer en su primera novela, *La náusea,* y en su obra central, *El ser y la nada*, así como en alguna de sus obras de teatro *(A puerta cerrada)*— es muy notable. La filosofía de Sartre se ocupa de la vista y de sus dificultades para contemplar al otro como «alguien». El objeto de la mirada siempre es «eso»: un objeto, una cosa. La mirada cosifica: ¿cómo puede haber relaciones entre actores en un escenario en el que la visión domina? Capturado por una mirada en un escenario, el actor se convierte en un personaje, en alguien que pone en práctica un guion, que se aprende de memoria un guion y lo representa. El personaje tiene una guía de lo que debe decir y hacer.

La vista es por excelencia el sentido de lo simultáneo.[27] La mirada abarca un campo *casi* completo en el que coexisten cosas diversas. Y lo hace en un abrir y cerrar de ojos, al modo de un relámpago. La vista es peculiar porque contempla una multiplicidad que puede estar en reposo, y eso es lo que la diferencia de los demás sentidos, que construyen unidades de lo múltiple a partir de una secuencia temporal de sensaciones. Por decirlo con otras palabras, en general el actor tiene la sensación de una partición sensible del mundo, una especie de «troceamiento». ¿Hasta qué punto en el caso de la visión esta ruptura de los objetos desaparece? Se accede al conjunto, aunque obviamente nunca es un conjunto completo. Necesita también de la memoria de lo que se ha visto para hacerse una imagen de su objeto. El actor solo ve una parte del edificio que tiene delante, y eso es lo que debe recordar para pensar que sigue siendo el mismo edificio cuando cambia de posición, se sitúa detrás y lo mira por su lado opuesto. Sabe que es el mismo, en principio no tiene ninguna duda, y lo sabe porque no ha olvidado la perspectiva anterior.

Todos los días a la misma hora, el actor acude a desayunar a la misma cafetería, se encuentra con los mismos camareros y, a veces, con los mismos clientes. Todos los días el actor pide la misma bebida y el mismo tipo de café. Cambia, eso sí, de bocadillo. No le gusta, a ser posible, repetir. Para el actor eso no es más que una costumbre, que una ceremonia. Después de tantos años conoce a los camareros. Los llama por su nombre para pedirles el café. Mientras desayuna, escribe su diario personal que nunca publicará y observa los movimientos de esos personajes que pasan por detrás de la barra del bar. En el escenario de la cafetería, ninguno es un actor; se trata de camareros que *hacen* de camareros, es decir, de personajes que representan un guion. El actor se fija en uno de ellos, en M. Pero ¿quién es M. *en realidad?*, ¿quién es más allá de su personaje?, ¿cómo se viste en su vida ordinaria?, ¿cómo se comporta en su casa, con su familia, con sus amigos, con su pareja? Esas preguntas presuponen que algo hay «detrás» o «dentro» del personaje de M. que es auténtico, que es verdadero. Dan por descontado que el ámbito de aparición o de representación de M. es *algo añadido*.

El actor sigue mirando con atención. No conoce nada, o casi nada, de la biografía de los personajes. Parece como si cada uno de ellos hubiera quedado capturado en una lógica, en unos movimientos: *son* camareros. ¿Es posible verlos de otro modo o han sido fatalmente «cosificados» por la mirada del actor? De vez en cuando, si hay menos gente y si el trabajo lo permite, la conversación adquiere tintes algo más personales. Muchos (I., S., N., A., Y., V., R. o J.) le comentan aspectos de su vida privada: si están casados, si tienen hijos, si se van de vacaciones a su país de origen, pero el actor no está seguro de haber superado ese estadio de cosificación. ¿Será capaz a partir de ahora de que su mirada cambie y vea a alguien con un argumento?

Si el actor quiere abstraerse de esa situación le basta con cerrar los ojos y dejar de mirar, pero pocas veces lo hace. Sin duda, la vista permite ese cierre, ese dar la espalda al mundo, a ese escenario. Es fácil dejar de ver, o, al menos, así lo parece. El actor sabe —o intuye— que los camareros le siguen mirando y que probablemente si le ven con los ojos cerrados pronto le preguntarán si se encuentra bien, si le pasa algo. Hay una mirada depredadora, una mirada que convierte en cosa todo lo que ve. La mirada tiene esa ambivalencia, como todos los sentidos, como todo lo que acontece en un escenario. Pero quizá se trata de un sentido especialmente cruel. En ese instante el actor recuerda la novela *La náusea,* de Sartre. La leyó de joven y nunca más ha regresado al libro. Sin embargo, su memoria le devuelve el recuerdo de algunos pasajes que le impresionaron entonces y que todavía hoy le siguen impresionando. Rememora aquel párrafo que trata de la raíz del árbol que se retuerce por debajo del banco en el parque. Pero hay otra imagen que no ha podido olvidar. Tiene que ver con el camarero de un bar, y con los tirantes que le sujetan los pantalones que se convierten de pronto en una especie de bichos raros. O tal vez le falle la memoria, y la novela de Sartre no hablaba de eso. El actor duda. Lo importante muchas veces no es la verdad o no del recuerdo, sino la verdad de su rememoración.

El tacto es el sentido menos especializado. De hecho, la misma expresión «sentido del tacto» es una denominación muy general y abierta para todo un complejo de funciones. La forma básica (o elemental) del tacto es el contacto y especialmente el roce. El contacto muestra la presencia cercana de otro cuerpo. Para que haya contacto tiene que haber cercanía. ¿Es pobre el contacto táctil? Hans Jonas responde afirmativamente. El filósofo alemán cree que las percepciones de dureza, de suavidad, son el resultado de una ulterior elaboración, no son instantáneas.[28]

Si el ojo es el órgano de la vista, la mano lo es del tacto. Y la mano expresa la doble dimensión y la gran ambivalencia: el roce de los dedos, por un lado, y la garra, por otro. Esa misma mano que acaricia puede agarrar, sujetar y poseer. El roce amoroso, por ejemplo, tiene una dimensión que trasciende la materialidad del cuerpo, pero ese mismo roce puede transformarse rápidamente en una garra que somete. Parece como si el tacto fuera un sentido que va más allá de la receptividad sensible. Sin tacto no hay cordialidad, pero con el contacto la relación con el otro puede ser agresiva o violenta. Los escenarios de la contemporaneidad son pobres en caricias.[29] Se evitan los encuentros corpóreos con el otro, como si fueran algo sucio. Cada vez más se impone una comunicación digital, sin piel, incluso sin voz. Breves mensajes sin forma que se envían rápidamente, uno detrás de otro, a toda prisa. Los medios digitales dan lugar a una comunicación sin presencia, una comunicación fantasmal.[30] No se trata solamente de un contacto con el otro, también con las cosas. Los objetos se transforman en cosas desde el momento en que expresan algo importante, desde el momento en el que hay un vínculo cordial. Esas cosas son las que han contribuido a que el actor estableciera sus vínculos de identificación y sus ficciones de continuidad. Sin esa relación con las cosas, el mundo se empobrece y el argumento de la existencia del actor se ve asediado por patologías (melancolía, depresión, ansiedad). El actor se encierra en un sí mismo y queda encapsulado en un yo sin exterioridad, creyendo que en su interior descubrirá el sentido.

El actor se sorprende de la forma de teclear en el móvil que tiene la gente que le rodea. Puede observarlo en todas partes. Los dedos, especialmente los pulgares, se mueven a toda velocidad y mandan mensajes. ¿La relación con el móvil es una relación de contacto? A través del teléfono el actor tiene la sensación de estar cerca del otro, pero en realidad no es así. El otro no está lejos, pero tampoco está cerca. No puede sentir su piel, su olor, el latido de su corazón, su rubor y sus lágrimas (porque las lágrimas no solamente se ven, sobre todo se sienten, se perciben).

Todos los sentidos corporales tienen que ver con la memoria. El oído es significativo; le acerca al olfato, pero le aleja del tacto y también de la vista, que es más olvidadiza. Además, es un sentido que no puede cerrarse, como se ocultan las manos, como se bajan los párpados. Solo cabe esperar que se pueda encontrar un mástil al que atarse, como Ulises, y, de ese modo, quedar protegido del canto (y del silencio) de las sirenas. La literatura ha dado buena cuenta de lo que supone el oído, y de cómo resiste el paso del tiempo. El ejemplo más claro es el último relato de *Dublineses,* de James Joyce, titulado «Los muertos». Es la noche de Navidad y un grupo de gente se reúne en casa de las hermanas Morkan. Llegan los invitados. Entre ellos Gabriel Conroy y su esposa Greta. Después de la cena, cuando todos se marchan, alguien toca al piano una vieja canción popular irlandesa: *The Lass of Aughrim*. Greta se detiene en lo alto de la escalera, queda petrificada al escuchar esa música. Su marido ignora qué le pasa. Al llegar al hotel, Gabriel le pregunta qué sucede, qué recuerdos le trae esa canción. Greta responde que le evoca a un joven que conoció, a alguien que murió por ella. Gabriel no puede consolarla. Greta llora, mientras su marido contempla a través de la ventana cómo caen los copos de nieve y todo el cementerio queda helado.

Si «Los muertos», de Joyce, trata acerca de la importancia del oído, *En busca del tiempo perdido,* de Marcel Proust, es una enorme construcción poética del gusto y del olfato. Es posible que no haya nada comparable en la historia de la literatura contemporánea a esas páginas en las que el joven protagonista recuerda un día de invierno cuando, al regresar a casa, su madre, viendo que tenía frío, le propuso, en contra de su costumbre, tomar una taza de té y una magdalena. El sabor y el olor de ese pequeño bollo mezclado con el té le transporta a su infancia, a esos domingos por la mañana cuando le iba a dar los buenos días a su tía Léonie. No era la vista de la magdalena lo que habría provocado el recuerdo, sino su olor y su sabor que perduran durante mucho tiempo, «aguardando, esperanzados, sobre la ruina de todo lo demás, portando sin flaquear sobre su gotita casi impalpable el inmenso edificio del recuerdo».[31]

En la geografía del cuerpo, la cara es el espacio de la representación. Muestra los vínculos de identificación del actor, su argumento. La cara es la manifestación de una trama, de una biografía, con sus luces y sus sombras. Entre los diversos espacios del cuerpo, la cara expresa el estado de ánimo (el *temple),* el sexo, la edad, la belleza o la fealdad. Es el primer peldaño para que se dé el reconocimiento o la indiferencia del otro. Una cara oculta, tapada, puede ser interpretada como una amenaza y provocar temor. Ocultar la cara es sospechoso, da la sensación de que tal vez algo se está tramando. O incluso de que hay alguna marca, alguna cicatriz, algún trauma del pasado que se quiere ocultar. La cara es un escenario, en este caso *facial,* es la huella de los sucesos que han ido configurando una vida. Esos hechos y esos acontecimientos son invisibles, incluso puede suceder que el actor no los recuerde, pero están ahí. Son visibles en su invisibilidad.[32]

El retrato, que supuso un acontecimiento cultural de primera magnitud, muestra que la cara no solo es un aspecto más, entre otros, en la geografía del cuerpo y la sociedad, también lo es en la gramática. En Egipto y en Roma, el retrato o la máscara funeraria tienen la intención de mantener viva la memoria del difunto después de su muerte. En la Alta Edad Media solo los grandes personajes de la Iglesia dejaban retratos. Será a partir del siglo xv cuando el retrato individual quede desprovisto de cualquier perspectiva religiosa y ocupe un lugar importante en la pintura. En la modernidad se inicia una filosofía que marcará profundamente la herencia de los siglos venideros: el individualismo. A partir de ahora se pensará el sujeto separado de su genealogía, independiente de sus vínculos. El yo será alguien libre de lazos que no anda necesitado de vínculos de identificación.

La fotografía de un rostro a través de los años expresa la fuerza y el enigma del tiempo. Cuando se miran viejas fotografías y se comparan con algunas más actuales, aparece algo que era evidente pero que permanecía oculto en el cajón del olvido: el tiempo. El tiempo es algo de lo que no se puede escapar. En cada una de las caras que muestran esas fotografías hay un parentesco, sin duda, pero también unas diferencias, a veces algunas más intensas que otras, que no evitan que uno pueda reconocer al mismo actor, aunque se sepa que ya no es el mismo. «Nosotros, los de entonces, ya no somos los mismos...» El tiempo nace cuando alguien le hace sentir su poder, cuando un actor siente que lo transitorio forma parte de su existencia.[33] Contemplando viejos retratos el actor se da cuenta de que la vejez es algo imparable, inasible e incontrolable, y de que cada uno de esos personajes mantenía entonces vínculos con otros que ya han desaparecido. Mirar una serie de retratos es contemplar también vínculos rotos, espectros que no han acabado de salir del escenario. Un momento de nostalgia se hace presente. Ese momento sugiere la inestabilidad de los sentimientos, la inutilidad de todo saber definitivo.[34] Contemplar esos retratos provoca una sensación de fragilidad: por más que el actor crea que anda agarrado a algunas creencias firmes, en el fondo su existencia no es más que un pequeño barquito de papel en el océano. Mirando una serie de fotografías, la nostalgia produce en el actor un viaje en el tiempo, a una alteridad, a una procedencia, a un «antes».

Un aspecto que hay que considerar es el espejo. El espejo expresa una imagen «fiel» del cuerpo y de la cara. De ahí que sea fundamental en la formación del individualismo occidental. El espejo muestra la mirada de uno mismo como si fuera otro. Gracias a él, al actor le resulta posible imaginar cómo el otro le ve, o cómo es visto desde fuera de sí. No hay imagen de uno mismo si no es a través suyo. Históricamente, el espejo ha desempeñado también un importante papel en la pintura. En dos cuadros de Velázquez aparece como un elemento clave: *Las meninas* y *La Venus del espejo*. Sin espejos no habría posibilidad de ficción de continuidad. Recuérdese el inicio de *La escritura o la vida,* de Jorge Semprún: «Desde hacía dos años, yo vivía sin rostro. No hay espejos en Buchenwald».[35]

En los escenarios de la contemporaneidad, algunos objetos técnicos se han incorporado al cuerpo. La tesis de Freud en *El malestar en la cultura* («el hombre es un ser con prótesis») resulta especialmente relevante. Hasta ahora no había técnica alguna que formara un solo cuerpo con el actor. Había, entre ambos, entre el actor y el objeto, una división inevitable. Todo artefacto técnico constituía desde la perspectiva del actor una alteridad fundamental. Pero un día irrumpió en el escenario de la existencia un pequeño instrumento que cabía en la palma de la mano. Era un objeto que hacía cosas hasta la fecha inimaginables. Ese artefacto no tardó en apoderarse del cuerpo del actor y de formar parte de él, de romper con la alteridad que caracterizaba a los objetos técnicos que hasta entonces eran conocidos. Obviamente se trataba del *smartphone*.[36]

En la actualidad, no pueden entenderse el escenario de la existencia, la vida ordinaria y las situaciones cotidianas sin la presencia del *smartphone*. Él guía y habla al actor, le dice lo que debe hacer, lo que de verdad le conviene. El *smartphone* inaugura un nuevo tipo de *ente* que ya no es ni objeto ni cosa. Con él irrumpe en el escenario una especie de capitalismo de la devoración.[37] Su naturaleza domina al actor y, al mismo tiempo, se deja dominar. A veces, el actor tiene la sensación de que es el amo y señor de su *smartphone,* pero al poco tiempo, casi sin darse cuenta, se convierte en su esclavo. El actor pasa la mayor parte del tiempo mirando pantallas y no deja de moverse. Es alguien que no necesita estar sentado, fijado detrás de una mesa, en el espacio de su habitación. Tampoco necesita una habitación propia, cualquier lugar le resulta adecuado. A medida que pasa el tiempo, el actor ya no tiene contacto carnal con otros cuerpos, o, al menos, ese contacto se ha reducido en buena medida; tampoco con las voces, puesto que la comunicación se realiza a través de mensajes breves y de emoticones. Se instaura un *régimen de lo retiniano,* en el que la vista, una visión mediada por la pantalla del *smartphone,* adquiere una importancia central.

A veces los actores se convierten en personajes. Quizá ya lo eran, quizá nunca lo habían dejado de ser. El personaje es un actor capturado por un papel, es un actor obediente a un guion inflexible; se somete a la tiranía de un guion que tiene que representar. El personaje está maquillado, vestido de acuerdo con unas pautas que alguien ha prescrito. Diríamos que, en el escenario, el personaje *va de prestado,* siempre es «otro de sí mismo».[38] Dentro de la misma obra, en el interior de una función, de un guion, de una versión o de otras, el personaje posee identidades múltiples. La máscara no tiene que ver con el personaje, sino con el actor; es el modo de ser de un actor en un escenario. El actor lleva una máscara, sin ella no podría configurar el argumento. Habita un escenario y nunca es coherente, pero no porque haya un verdadero ser, una auténtica realidad que se oculta o que aparece, sino porque su máscara se conjuga en plural. La solidez en los pensamientos y en las conductas no es un atributo propio de los seres que habitan en un escenario. Más bien sucede lo contrario. Es lo fugaz, en mayor o menor grado, es la provisionalidad lo que caracteriza las situaciones de la vida ordinaria. Nadie se comporta exactamente igual dos veces seguidas, y si lo hace es preocupante, aunque, también es verdad, resulta más tranquilizador. En ese sentido, no es casual que el significado originario de «persona» sea «máscara». Pero no es lo mismo hablar de persona que hablar de máscara. La persona tiene un substrato esencial, persiste en el devenir del tiempo. Si, en cambio, se habla de máscara, si se sostiene que en el drama humano el actor no es persona, sino máscara, es porque en ella, en la máscara, fluyen las transformaciones. Una máscara no es nunca igual. Y, desde luego, la máscara no oculta una sustancia, al contrario, saca al actor de sus cómodos vínculos de identificación. Es una forma de éxtasis.

Los disfraces y las máscaras han desempeñado un papel fundamental en numerosas culturas. Son la manifestación que revela el drama. En una máscara o en un disfraz, el poder de ambivalencia es máximo; expresan la más estricta condición teatral: hacer, transformar, representar.[39] En ellos persiste un recuerdo infantil, un tiempo perdido, en el que el juego de ser otro, de ser un personaje, ocupaba el lugar más importante en la vida ordinaria. Para los niños, el carnaval resulta seductor porque en el drama hay un deseo de metamorfosis irrefrenable. Niños, jóvenes y adultos se disfrazan, una vez al año se invierte el orden y los personajes son los dueños del escenario. Es una jornada de locura en la que está permitido saltarse las prohibiciones.[40] El actor puede ser todo lo irreverente que desee. Pero ese desorden no dura mucho tiempo, ni es peligroso para la estabilidad social; al contrario, es lo que hace posible mantener el orden.

Una de las formas más sutiles e insinuantes del actor es el antifaz.[41] Su poder de seducción es enorme, porque no cubre por entero la cara. El antifaz acrecienta el juego erótico y lo eleva a su máxima potencia. Deja al otro, tal vez alguien muy conocido con el que se han compartido situaciones e historias interminables, oculto tras el misterio de su identidad. Sin duda, el antifaz es una de las piezas en las que el erotismo se expresa, debido a que es pura provocación y sensualidad, esto es, cercanía y distancia al mismo tiempo. De hecho, esa distancia que provoca el antifaz es falsa; es, eso sí, una distancia necesaria para que el ímpetu del deseo erótico irrumpa. Su fuerza es superior a la del roce o a la de la mirada, puesto que no se sabe (o no se quiere saber) quién se oculta detrás. Incluso en el caso de saberlo, el juego radica en la imaginación, es decir, en imaginar qué desconocido puede sorprender al actor en el momento de quitarse el antifaz. Una de las versiones del antifaz es la que tapa los ojos. En ese caso, tiene lugar un secuestro de la mirada y, de golpe, el resto de los sentidos corporales se ponen en marcha a plena intensidad.

Cuando el carnaval termina, los disfraces desaparecen del escenario, pero no las máscaras, que siguen ocupando su lugar en la vida ordinaria; sin ellas no sería posible habitar el mundo. La máscara es ambivalente porque, al mismo tiempo, muestra lo que el actor es y lo que no es. Es expresión de vértigo y de peligro. Y lo es, porque toda máscara vive en una transformación y nadie puede adivinar por adelantado qué forma adoptará. No se puede «fijar» su sentido de una vez por todas: sorprende e inquieta, porque es el lugar de encuentro de lo positivo y de lo negativo, de la ostentación y de la ocultación; se muestra al ocultarse.[42]

Pensar la máscara es pensar la mentira como un elemento escénico fundamental. Ningún animal puede mentir. En el drama humano, en cambio, la mentira es una posibilidad omnipresente. El actor puede negar sus actos si le conviene, o puede disfrazarlos.[43] Pero entonces, ¿la máscara miente o, por el contrario, dice la verdad? ¿En qué consiste la verdad de la máscara? Es necesario evitar un error bastante común, el que hace referencia a la creencia que sostiene que la máscara solo sirve para ocultar o disimular.[44] La máscara no es una herramienta o un instrumento para asegurarse un camuflaje, para pasar de incógnito. Es cierto que puede servir de disfraz, que puede usarse como disfraz, pero no *es* un disfraz, no es un *simple* disfraz que alguien se pone para ocultar lo que es; de no ser así, parecería como si el que se disfraza fuera el poseedor de un yo *estable,* fijo y coherente, un sí mismo persistente en el tiempo, trascendente a la historia. Pero nada de eso ocurre. Todo lo contrario, la máscara es reveladora: muestra, expresa y orienta el argumento y la representación del actor en cada momento de su vida ordinaria.[45] La gramática que el actor ha heredado se fundamenta en una dualidad entre lo verdadero y lo falso, entre lo visible y lo invisible, entre lo propio y lo extraño, pero esta lógica no sirve para dar cuenta de la danza de la máscara, de su movimiento, de sus transformaciones, porque hay, en esa lógica, un error de planteamiento, un error que consiste en confundir la máscara con el velo o con el disfraz.

Un disfraz no pertenece a la «condición» del actor; más bien es algo que él asume deliberadamente en una situación determinada por algún motivo concreto, en vista a una finalidad o impelido por una necesidad.[46] El disfraz desempeña muchas veces una función protectora, pero no únicamente. También es decisivo en la fiesta; es una de las expresiones del *homo ludens*. Es una especie de vestido, algo que uno se pone y se puede cambiar a voluntad; sobre todo, es algo que (supuestamente) oculta un ser auténtico. Pero, a diferencia del disfraz, la máscara —como advirtió Nietzsche— es lo más profundo, es radical exterioridad. No es un medio o un instrumento que oculta algo más importante o real, al contrario, es apertura y relación con la otredad en las innumerables situaciones de la vida ordinaria. Pero la apertura de la máscara no es un desvelamiento, sino una línea del argumento del actor. La máscara se abre como expresión de un argumento que no está finalizado, que nunca lo estará y que irá cambiando en la danza del espacio, del tiempo y de la historia. Ningún actor puede quitársela. Desprenderse de ella sería algo así como arrancarse la piel, los ojos o la boca; sería algo así como ir más allá de sus propias sombras; sin máscara no hay sombras y sin sombras no hay escenarios, ni mundo.

La máscara es la sombra del actor. Ser actor es ser un juego de sombras, es persistir mejor o peor en un «afuera» ambivalente y claroscuro. La máscara manifiesta el ser sombrío y ambivalente de la existencia. Es variación y multiplicidad; está siempre en movimiento, no posee profundidad, es una apariencia no aparente. Por eso, no hay un ser auténtico o verdadero detrás de ella. Sentencias al modo: «Ahora sé de verdad quién eres» o también: «Ahora sé de verdad quién soy», como si algo oculto hubiera ocupado de repente el centro de la escena, como si todo lo vivido hasta entonces fuera una mentira, no tienen sentido desde la perspectiva de la máscara.

Ahora bien, algunas máscaras también permiten poner límites a un afuera —a un mundo— que resulta (o puede resultar) excesivamente amenazante; dicho de otro modo, pueden realizar una función de protección; permiten al actor refugiarse en los matices, en los contextos, en las circunstancias. Le convierten en un animal con caparazón.[47]

Las máscaras protegen de lo que (supuestamente) amenaza en algunas situaciones de la vida ordinaria ofreciendo la posibilidad de que una situación se pueda considerar de otro modo, de que una relación se pueda imaginar desde otra perspectiva. El actor de repente se halla en una discusión con alguien que le acusa de haberle traicionado porque ha revelado un secreto, algo que había prometido que jamás vería la luz pública. ¿Cómo protegerse de una situación así? ¿Hay alguna defensa? La dimensión sombría de la máscara haría, en ese caso, la función de protección. Ese tipo de reacción se produce cuando el actor se encara con alguien que está enojado. El actor esgrime argumentos de matiz, de perspectiva: «No podía hacer otra cosa, hay que tener presente la situación en la que me encontraba en aquel momento. Ahora es fácil decirlo, pero entonces no podía hacer otra cosa, lo siento». En tal caso, parece como si la información que tenía se haya venido abajo. Había una historia entre ambos, quizá un pasado compartido. El otro creía saber no solo lo que el actor pensaba, sino algo más importante: lo que él era. De repente es como si todo hubiera sido un engaño, como si su ser no solo no coincidiera con el que hasta ahora creía que era, sino que es radicalmente distinto. Se ha quitado la máscara. Pero la máscara muestra que no existe un núcleo interior al que cualquier acción tiene que rendir pleitesía. No hay un yo idéntico, compacto, coherente. A diferencia del disfraz, la protección sombría que otorga la máscara es, sin duda, una débil protección. No construye una fortaleza interior que sirva para defenderse de los ataques del enemigo y estar a buen resguardo. La protección de la máscara no da una tranquilidad que permita al actor relajarse y dormir a pierna suelta. No le aleja del mundo, no pone el escenario entre paréntesis. Los otros siguen estando ahí, contemplándolo, juzgándolo, con todas esas miradas que demasiadas veces suscitan vergüenza.

Además de la diferencia con el disfraz, es necesario no confundir la máscara con el camuflaje. Los animales conocen el camuflaje, pero no el disfraz. Ningún animal se disfraza. Un soldado se viste con un traje de un determinado color, de una determinada forma, para que el enemigo no pueda detectar su presencia. El soldado necesita camuflarse para poder sobrevivir, también el camaleón para poder devorar a su presa. En el camuflaje, el individuo (sea animal o humano) desaparece, se funde con el paisaje, no es detectable. Ese es su significado. En la vida cotidiana, en cambio, normalmente los actores no se camuflan, pero sí se disfrazan; y, de algún modo, lo hacen todos los días. La ropa, el maquillaje o el peinado son formas de disfraz que desaparecerán al volver a casa. Los disfraces están en función del espacio y del tiempo, tienen que ver con el calendario. Hay momentos festivos, por ejemplo, en carnaval o en Halloween, en los que el disfraz es evidente y explícito, para algunos es obligado. Pero, como vamos a ver, a diferencia del disfraz y del camuflaje, todos los días, a todas horas, en cualquier situación y relación, utilizamos máscaras. De hecho, en sentido estricto, no las utilizamos, lo somos. El argumento del actor es una trama de máscaras.

Dígase de entrada que los disfraces y los camuflajes son importantes para existir. Un disfraz expresa, oculta y protege; pero sobre todo sitúa al actor en un escenario. El disfraz es «situacional» y «situacionante». Habitualmente se tiene la idea de que todo disfraz puede cambiarse, escogerse y probarse, aunque realmente no es así. Los escenarios de la existencia reclaman determinados disfraces que el actor no puede escoger. Pensemos, por ejemplo, en un cocinero. El actor entra en un restaurante y el encargado le invita muy amablemente a conocer la cocina. Allí, un cocinero con su bata y gorro está trabajando. No se le ocurre pensar que va disfrazado. De hecho, su modo de vestir no le llama en absoluto la atención. Lo mismo sucede si entra en un hospital y le atiende un médico. Su bata de color blanco no es un disfraz, en el sentido habitual del término. Pero tanto ese cocinero como ese médico, si salen a la calle o van a escuchar una ópera o a ver una obra de teatro vestidos así, todo el mundo pensaría lo contrario; la gente *creería* que van disfrazados. ¿Qué es lo que ha cambiado? Por supuesto no su vestido, pero sí su *decorado*.

La ropa puede ser (o no) un disfraz, pero lo que está claro es que todo disfraz es una variable dependiente del decorado. El disfraz tiene un significado determinado en el contexto de su decorado. Dicho de otro modo, un disfraz no será considerado «disfraz» si se ubica en un decorado distinto. Por eso es necesario considerar el hecho de que para que un disfraz sea «disfraz» hay que ubicarlo en un campo semántico que le dé categoría de disfraz. Ese campo semántico es el decorado. El decorado es el traje de la situación, su vestido. Siempre se percibe una situación en un determinado decorado. No hay situaciones sin decorado. El actor sabe (o puede saber) de antemano con qué decorado va a encontrarse y sabe también que ese decorado tiene una dimensión de artificiosidad y que, por lo tanto, reclama un disfraz concreto. En este caso, el actor no puede escoger el disfraz que le venga en gana.

En la sociedad tecnológica, el disfraz se ha convertido en un elemento recurrente para el actor. En los escenarios de la contemporaneidad, mucha gente se oculta (o se camufla) bajo un pseudónimo y utiliza perfiles falsos. Internet ha permitido que el *fake self* se convierta en un fenómeno de masas.[48] En muchos casos no se trata de un disfraz que abarca por completo al actor, pero sí de algún tipo de camuflaje que sirve para presentar una cara amable y seductora. De este modo, el actor se siente libre para proclamar a los cuatro vientos su visión del mundo, algo que no se atrevería a hacer a cara descubierta. En ocasiones, este perfil falso no tiene por objeto proclamar una mentira, sino todo lo contrario, ser —supuestamente— uno mismo, expresar lo que se es «de verdad».

Otro elemento fundamental del modo de ser de la máscara es el gesto. Desde principio de este ensayo se ha subrayado la importancia del gesto en el escenario de la existencia. En cualquier situación, el actor adopta disposiciones corporales que darán significado a su interacción comunicativa con los demás. No es posible eludir esas formas del cuerpo. Como ha señalado el antropólogo David Le Breton, los gestos que nutren la relación con el mundo y pintan su presencia no surgen de una fisiología pura y simple, o de una sola psicología. La gestualidad hace referencia a lo que hacen los actores con sus cuerpos tanto desde el punto de vista simbólico como erótico: formas de saludo, de despedida, signos que expresan modos de afirmar o de negar, abrazos, besos en la mejilla, en las manos, en los labios. La expresión oral siempre va acompañada de formas corporales de gestualidad que no pueden interpretarse ni recurriendo solo al *mythos* ni recurriendo solo al *logos*.[49] Lo que el actor dice, lo dice con palabras y con gestos, con palabras acompañadas de gestos y con gestos acompañados de palabras, a veces esas palabras son silenciosas, pero no son mudas. Lo mismo ocurre en el caso de los sentimientos o de las emociones. La ausencia de gestualidad supondría una crisis expresiva de gran magnitud, de ahí la problemática de la comunicación a distancia vía telefónica, y sobre todo de los mensajes por WhatsApp.

Los gestos constituyen la dimensión expresiva de la máscara. En este caso, es indiferente lo que el actor lleve puesto. Quizá su ropa no llama la atención, pero sus gestos muestran algo que no acaba de encajar en ese decorado. Todo ello nos revela una verdad sombría: la máscara no es lo que oculta la cara, sino su condición de posibilidad, no es algo que no deja ver la cara, sino todo lo contrario, es lo que la muestra, y sobre todo es lo que muestra que no existe una cara, una sola cara, sino múltiples e infinitas que se suceden y se contradicen en el escenario de la existencia, a lo largo del espacio, del tiempo y de la historia.

Como la paloma a la que Kant se refiere en el prólogo a la *Crítica de la razón pura* que cree que volaría mejor en un espacio vacío, el actor podría pensar que viviría mejor sin máscaras, pero nada más lejos de lo que realmente acontece en el drama humano. En él, no hay caras desnudas, porque son las máscaras las únicas que muestran la forma de «estar» del actor, su representación. Si el actor no llevara máscaras dejaría de poder actuar en un escenario, dejaría de representar. El fin de la máscara supondría concederle la palabra a un escenario sin vida, sin mediaciones y sin ambigüedades y, por lo mismo, a un escenario colonizado por lo sagrado, por la suma voluntad de un pontífice que obliga a la extrema obediencia, a un *soberano*. El soberano tiene la pretensión de manifestarse como una presencia pura, sin ambigüedades, y de obligar a los demás súbditos a hacer lo mismo. La ambigüedad de la máscara es un peligro, pero hay otro mayor, su ausencia.

En *Relato soñado,* de Arthur Schnitzler, la cuestión de la máscara ocupa un lugar central. Un sueño, escribe su autor al final del relato, no es nunca totalmente un sueño. Algo parecido puede decirse de la máscara: nunca una máscara es totalmente una máscara; en la máscara hay un «rostro». La máscara es expresión del «rostro»: de su singularidad (el nombre propio), de la alteridad (la infinita diferencia) y de la ambigüedad. Solo un ser finito lleva máscaras, solo un ser finito necesita máscaras, solo un ser finito *es* sus máscaras. Ni los dioses, ni ningún otro animal, nadie más posee máscaras; nadie que desconoce la muerte puede llevar una máscara. La máscara, pues, es imprescindible para que el actor pueda ubicarse en un escenario, pero al mismo tiempo es lo que le protege de una inclusión a cualquier precio. Aquí puede observarse de nuevo la presencia del vértigo. La máscara es vínculo, pero eso no significa que sea pacífica, porque hay máscaras de violencia, de crueldad y de guerra. La máscara es un límite, por eso es lo que hace posible la relación y, al mismo tiempo, lo que impide la fusión. Toda máscara es porosa, no puede ser un instrumento de reclusión o de encierro del actor en una especie de sí mismo opaco. La máscara es la condición de posibilidad de la exterioridad, es la expresión límite de la fragilidad de la existencia.

La máscara es el ámbito de las transformaciones; es todo lo contrario a la fijación. De un instante a otro puede vivenciar expresiones diferentes.[50] Es la prueba de que el actor no puede inscribirse en la lógica del *cogito*, en la lógica del sujeto, en la lógica de la descorporeización, porque pertenece a un cuerpo y el cuerpo no puede existir sin ella, y no puede porque está inevitablemente inscrito en un escenario. Un guiño, una sonrisa, sacar la lengua, la inclinación de la cabeza, etcétera, todos esos gestos son expresiones de la máscara y son gestos que pueden ser el resultado de la inscripción en un orden simbólico. El actor se sitúa en el escenario a través de los gestos que la máscara hace posible. Pero esos gestos son leídos por otros actores y pueden ser de dos tipos; en primer lugar, *compartidos,* y en ese caso se reproduce un *orden simbólico;* pero también *singulares,* y en ese caso se produce un *desorden ético*. En ambos casos la máscara es exposición al vértigo, pero por motivos distintos. Los otros proyectan sus prejuicios y sus presupuestos sobre la máscara del actor, la leen a su modo, la interpretan según les venga en gana, y al hacerlo el equívoco hace también acto de presencia. Los gestos son estructuralmente equívocos, o, al menos, el equívoco es su condición de posibilidad.

En el caso del orden simbólico, la expresión gestual de la máscara puede leerse en función de una lógica, tal vez de un código, aprendido a lo largo de las relaciones y procesos educativos. En este caso, la máscara es un regulador de la interacción de los actores en el escenario. La sonrisa, la risa, la inclinación de la cabeza, la fijación de la mirada son expresiones del orden simbólico, de una ritualidad «que proviene de una simbología corporal adquirida con la presencia de los otros y que se renueva permanentemente por los innumerables lazos que se anudan a cada instante entre los actores. Pertenecen a un universo de significaciones».[51] El modelo de los significados del orden simbólico está unánimemente asumido e incorporado por los actores y no se pone en cuestión, o al menos no es habitual que se cuestione, salvo si sucede algo, algún tipo de acontecimiento que lo transforme o que lo quiebre. La máscara adquiere, en la lógica del orden simbólico, un contenido moral. Hay que subrayar que, en ese caso, sus gestos son morales, no éticos. La moral hace referencia al deber, a los valores, a las normas, a las reglas de decencia inscritas en la gramática que los actores que habitan un escenario comparten; la ética, en cambio, tiene que ver con la respuesta, con la transgresión y con el desorden.

Pensemos en los niños que han nacido o permanecido fuera de un escenario y que, por tanto, carecen de este orden simbólico o, simplemente, aunque lo adquirieron en sus primeros años de vida, después quedó inoperativo. En esos casos, sus máscaras y gestos son imposibles de comprender. Aquí, la máscara es indescifrable.[52] Michel Tournier lo expresó en su novela *Viernes o los limbos del Pacífico:* Robinson descubre un día que ya no sabe sonreír.[53] Pero uno de los casos más relevantes es, sin duda, el de Gaspar Hauser. Son varias las obras que tratan de la historia de ese niño: la novela de Jakob Wassermann, la obra de teatro de Peter Handke, la película de Werner Herzog, etcétera.[54] Gaspar apareció en 1928 en Núremberg, caminando por una calle. Había vivido hasta entonces encerrado en una torre, sin ninguna relación social, y sin haber aprendido a hablar. Fue asesinado en 1933.[55] Gaspar no posee máscara alguna, y lo que su caso muestra es la imposibilidad de mantener vínculos. En él se comprueba la dificultad de obtener algún tipo de sentido. La existencia de un actor no adquiere sentido (o sinsentido) si no se nutre del orden simbólico del mundo, por un lado, y del desorden gestual de la ética, por otro.

El actor lee (o cree leer) en la máscara lo que el otro actor piensa o siente, y su respuesta estará en función de esta lectura. Se trata de una lectura que responde a un esquema que los que habitan el escenario comparten (bien o mal), estén conformes o no. En otras palabras, es una lectura *fácil,* una lectura que los actores asumen como algo dado por supuesto. Es fácil porque, la mayor parte de las veces, este tipo de expresión es inconsciente. El actor no se propone ofrecer al otro ese gesto, le surge de forma «natural» porque es un gesto que ha incorporado como algo suyo. En ocasiones, en cambio, el gesto puede tener toda una intención bien marcada. Piénsese, por ejemplo, en la mirada del profesor al entrar en una clase en la que los estudiantes están hablando. Sus cejas denotan enfado, sus labios están rígidos, y los alumnos, al darse cuenta, poco a poco guardan silencio. No siempre sucede así, pero si no acontece el silencio, entonces el profesor deberá hacer uso del tono de su voz y tal vez de algunas amenazas para imponerlo. Cualquiera que se haya dedicado a la docencia conoce bien esa escena. Los gestos del orden simbólico están ritualizados. En educación, el ritual es una representación de primer nivel. Todo maestro sabe de sobra que el escenario de la clase es una representación y que, para comprender la dinámica de la enseñanza en un aula, es necesario fijarse en esa representación.

En definitiva, la máscara que está inscrita en un orden simbólico puede ser descifrada y su lógica da lugar a respuestas que son previsibles. Es, en este sentido, lo que asemeja a los actores, lo que los relaciona y vincula.[56] La máscara permite el reconocimiento, pero también el conflicto y la violencia. El maquillaje, el corte del pelo, la mímica, los adornos (pendientes, aros, tatuajes, etcétera) forman la composición de la máscara, su mosaico. La máscara es, al mismo tiempo, lo que une y lo que separa a los actores, incluso en el caso de que esos actores habiten el mismo escenario, porque el desciframiento de la máscara puede dar lugar a errores y malentendidos. La máscara puede deliberadamente mentir y el actor puede hacer uso de esa mentira para obtener una ventaja frente a los otros actores y conseguir algún propósito, un propósito que quizá le interese mantener en secreto. La máscara es, al mismo tiempo, lo más humano y lo más inhumano de la existencia, es lo que hace posible el amor y el odio, la confianza y el recelo, lo verdadero y lo falso. Porque es ella la que rompe las rígidas dicotomías antropológicas y vitales en las que el actor ha sido educado. De ahí también la inquietud que provoca, porque lo que la máscara expresa puede cambiar y transformarse repentinamente, sin preparación ni programación alguna, en un instante. La máscara desencadena el vértigo.

Junto al orden simbólico, la máscara participa del desorden ético: aquí es expresión del rostro. El rostro desborda toda definición, toda conceptualización, toda descripción. La presencia del rostro del otro deja al actor literalmente sin palabras, por eso, en la relación ética —que siempre es una relación que no encaja, que no termina de estar bien estructurada, que no es reproducible ni universalizable, que no puede ser descifrada a través de un orden simbólico aprendido— la máscara se expresa como rostro. Dicho con otras palabras: el rostro del otro es un *exceso* que no puede ser comprendido por el actor. En ese instante de incomprensión en el que toda gramática fracasa, ¿qué hacer?, ¿dónde buscar ayuda? El actor se encuentra solo y confundido, porque no puede acudir a ningún «conocimiento de experto», no tiene a su alcance competencias ni protocolos. Se ha abandonado la dimensión del orden simbólico y se ha entrado en la dimensión del desorden ético.

El símbolo *ordena,* la ética *desordena:* inquieta, interrumpe y desajusta, demanda y reclama, provoca insomnio y vergüenza. La máscara del actor, al encararse con el rostro del otro, queda conmocionada, trastornada, y lo más grave es que no puede decirse ni pensarse a priori cuál será el resultado de esa conmoción, de ese trastorno.

En las conversaciones mantenidas con el filósofo Philipe Nemo, Emmanuel Levinas señaló que el rostro es significación, pero significación «sin contexto». Normalmente, dice Levinas, somos máscaras, somos actores y personajes en contextos, pero el rostro es lo que rompe el contexto, porque es, en él solo, sentido: «Tú eres tú».[57] Desde la perspectiva del drama humano, en cambio, el rostro está atado a la máscara, no puede existir sin ella, pero tampoco coincide con ella, no es algo que se pueda ajustar a la máscara, aunque nunca pueda eludirla ni ponerla entre paréntesis. Porque la existencia de un actor no puede tener lugar sin contexto, el rostro no puede prescindir de la máscara, pero sí puede ponerla en jaque. Si fuera cierto que el rostro es lo que elude el contexto, entonces la irrupción del rostro supondría la negación radical del actor y, por lo mismo, del escenario de la existencia. Dicho de otro modo: es necesario hacer compatible la máscara con el rostro. Negar el contexto supondría que, en presencia del rostro del otro, el actor dejaría de ser actor, pero eso es precisamente lo que no puede hacer. Nadie puede quitarse la máscara, ni abandonar el escenario, ni las situaciones, ni las historias. De ahí que, en lugar de focalizar la cuestión en las circunstancias, en los contextos o en los adverbios, sea necesario indagar qué significa el desorden ético que impone el rostro.

Tradicionalmente se ha vinculado la ética al «orden», en cualquiera de sus variantes: al deber, a la felicidad, a los valores, al bien, etcétera. Pero desde la perspectiva del drama humano, habría que insistir en la cuestión del desorden, porque el hecho de que el actor tenga que habérselas no solamente con sus propias máscaras y con las de los demás, sino con sus rostros, es lo que inevitablemente provoca que el escenario de la existencia se nutra de un desajuste, o, si se prefiere, de una especie de orden crepuscular, o a media luz.[58] El escenario se parece a la caverna platónica en su dimensión sombría, pero en este caso es una caverna sin salida. No hay algo que la trascienda, no hay una luz nítida y firme, una luz solar que ofrezca seguridad y sentido. Todo se juega en el interior de una caverna que, por eso mismo, deja de ser «interior». Es ahí el lugar en el que el rostro hace su aparición. El actor está frente a otro. El otro le mira y él hace lo propio, pero el rostro no tiene que ver con la mirada, sino con la escucha. El rostro es la voz del otro, su demanda, su apelación, su mandamiento. El otro, en su rostro, muestra su debilidad; el actor puede hacerle caso omiso, pasar de largo y proseguir su andadura en el escenario. Sin embargo, el rostro no se da por vencido, e insiste. Pide atención, como el niño que agarra con sus manos el pantalón de su padre para que le atienda.

Desde la perspectiva del drama humano, aquí lo decisivo no es la descontextualización del rostro, algo imposible por otro lado. El vínculo del rostro con la máscara lo hace imposible. Lo realmente importante es otra cosa, a saber, la imposibilidad del rostro de ser contenido, de ser poseído, de ser englobado.[59] Frente al actor, el otro permanece infinitamente trascendente, infinitamente extranjero, y, en su rostro, rompe con lo común, pone en jaque la existencia del actor, desafía sus máscaras y las confunde. Tal vez, en esa situación, la situación ética por excelencia, la paradigmática, sin que esto signifique que se pueda hablar de situaciones éticas ejemplares, porque todas son singulares y, por tanto, únicas e irrepetibles, tal vez en esa situación —decíamos— la máscara del actor se resquebraje. Sin embargo, eso no significa que aparezca detrás de ella algo más genuino, algo más puro. La máscara, toda máscara, impide la pureza, inaugura un reino teatral, un ámbito dramático y sombrío. Pero el actor, frente al rostro del otro, es conocedor de su vergüenza, de su mala conciencia, de su culpa. El rostro del otro impide el sueño reparador; en su lugar, abre noches de insomnio.

El rostro da paso a una interpelación ética. Es lo que se niega a la posesión, al poder.[60] Irrumpe cuando el actor no puede capturar la máscara del otro, cuando no la puede reducir a sus propósitos. La situación ética es, pues, cuestionamiento, pero también resistencia. La resistencia que ofrece el rostro es frágil, es la resistencia de la fragilidad, es la resistencia del que no presenta resistencia.[61] El actor a estas alturas de su vida sabe que una situación ética es imprevisible, y que él no posee ni puede poseer un manual para saber cómo abordarla. El escenario ha sido colonizado por manuales de instrucciones, por protocolos y algoritmos que en todo momento dicen cuál es el camino correcto. Pero en medio de todos ellos, surgen situaciones éticas en las que no hay puntos de referencia, en las que el guion que el actor lleva consigo desde pequeño queda puesto en tela de juicio. Hay otro delante de él. Quizá no esté físicamente ahí, tal vez sea un recuerdo, una presencia espectral, quizá sea una cosa, un libro, una canción, un perfume, algo que le recuerda a alguien. Pero lo importante es que el actor no puede «ver» el rostro; el rostro no se ve, se escucha, es una voz o un grito o un llanto que apela a la responsabilidad.

La relación con el rostro posee, al mismo tiempo, una cara turbia y oscura, porque el rostro expresa la tentación de matar. Matar un rostro no es solo destruirlo, en un sentido literal *asesinarlo,* sino ignorarlo, o reducirlo a ser una forma de imagen entre las infinitas que posee la máscara. Si el actor contempla impasible en el escenario el grito de auxilio, muchas veces un grito que pasa desapercibido o al que los sistemas sociales se encargan de silenciar, el rostro fácilmente muere. Su muerte puede ofrecer diversas formas; por ejemplo, la de ser asimilada a una simple mueca, por muy importante que esta sea. Pero el rostro no es una mueca, o un movimiento del cuerpo al que los actores están acostumbrados, un movimiento descrito perfectamente en un orden simbólico. El rostro es un gesto ético.

La máscara, como ya se ha dicho, es expresión del rostro, es el orden simbólico que se transforma en un desorden ético. No se trata sino de una imposibilidad de comprensión. El rostro desafía todo orden y toda clasificación; no puede ser ordenado en un discurso. ¿Qué hacer entonces? Hay que responder a la interpelación de esa fragilidad que demanda un cuidado, una compasión, pero, ante el rostro, no hay protocolos. La presencia del rostro llama al actor a una responsabilidad respecto a una fragilidad y un misterio. El actor puede pasar de largo, puede no responder a la demanda y hacer caso omiso a lo que el rostro le reclama. Si en eso consiste la relación ética, entonces, se dirá, la ética queda desprovista de todo deber, de toda categoricidad, de toda normatividad. En efecto, así es. La normatividad se abandona en aras de la respuesta responsable. La respuesta al rostro es una relación de *responsividad*.[62]

Responder al rostro no es dar respuesta a una pregunta, sino a una demanda. Y, en tal caso, no se «responde *a*», sino se «responde *de*». Dicho de otro modo, responder es tener que dar cuenta de una pretensión extraña que no tiene un sentido definido y que no sigue una lógica. El rostro es un desafío al orden simbólico. El actor no puede comprender el rostro como «algo» a lo que tarde o temprano se le encontrará un sentido, porque no es algo para lo que existe un manual de traducción, un protocolo o una clasificación; no se le puede tratar como un caso entre otros. El rostro es la expresión que desafía toda comparación, de ahí que la respuesta del actor no podrá ser planificada ni prevista. Tampoco será una respuesta que funcionó en otra ocasión y que, por lo tanto, ahora puede volver a ser utilizada. Será siempre una respuesta *in situ*, una respuesta situada. Y finalmente será una respuesta que no tendrá un retorno, porque la relación del actor con el rostro no es simétrica, no es una relación de ida y vuelta. El rostro exige una respuesta del actor, y este no está en condiciones de pasar de largo, pero puede hacerlo. Ese «pasar de largo», si se da, es una respuesta. «Pasar de largo» es un gesto común; es, por desgracia, un gesto habitual en el escenario de la existencia.

Estar en un escenario es entrar en una relación responsable con el rostro, con un rostro que es, como tal, extraño, con un rostro que se resiste a toda apropiación. Esta relación posee tres aspectos o dimensiones: la *singularidad*, la *ineludibilidad* y la *asimetría*.[63] El actor es alcanzado por la demanda del rostro, de algún modo es capturado por esa demanda y está obligado a dar una respuesta. Sostener que esa respuesta es *singular* no significa que sea algo que solo pueda ocurrir una sola vez, ni que sea un caso individual junto a otros casos individuales; la respuesta es singular porque es única y no puede planificarse de antemano. Sostener que la respuesta es *ineludible* significa que es una parte indispensable de la existencia, una parte sin la que el actor no podría ser actor. Es ineludible porque no es posible no responder, puesto que una «no respuesta» sería algún tipo o forma de respuesta. Sostener que la respuesta es *asimétrica* significa que está en un desequilibrio desde el principio. El diálogo tradicional tiene unas condiciones que son tomadas como punto de partida y sin las que ese diálogo sería imposible. Hay unas reglas que todos los participantes en la conversación tienen que cumplir. Pero en el drama humano la cuestión anda por otros derroteros.

La respuesta al rostro no comenzó con una conversación, con un diálogo, con un pacto, con unas condiciones planificadas y organizadas. No se sientan los actores en una mesa del escenario y se ponen a hablar sobre las condiciones del diálogo. Todo empieza con una voz, tal vez un grito o un llanto que hace que el actor se sorprenda y se detenga, y si continúa su camino no puede continuar como si nada. No puede oír esa demanda sin atenderla de algún modo, aunque ese «atender» no significa que tenga que ser cuidadoso o compasivo. No hay obligación de compasión, no hay deber. Pero el actor, a estas alturas, sabe que una respuesta no es solamente respuesta, o al menos no es una respuesta parecida a la que se da cuando alguien pregunta si hoy está lloviendo o si la raíz cuadrada de cuatro es dos.

El actor ha presenciado algunas veces la mirada o el llanto de un recién nacido. El bebé está completamente desarmado. Su máscara apenas está tomando forma. Pero sus ojos abiertos, su boca, sus pequeñas manos cerradas que se agarran a los dedos de su madre, su piel desprotegida por completo son expresiones del rostro. El bebé reclama no solamente atención; también gestos de hospitalidad; reclama ser acogido y cuidado. Su demanda irrumpe en esa escena primordial, en la que su madre está inclinada ofreciéndole su pecho y su abrazo. El rostro del bebé pide ser atendido desde su desnudez, desde su hambre. ¿Se puede hacer caso omiso a su llamada? Por desgracia, sí, y los sistemas sociales muchas veces entrenan a los actores para hacerlo. La relación con el rostro es una relación de amor, pero en ocasiones el amor puede matar, puede transformarse en amor propio, en amor que mira de forma obsesiva su propia interioridad y que ignora la otredad y la exterioridad.

Ahora el mundo está tan abierto, es tan indiferente a los gritos y está tan acostumbrado al dolor que los actores son incapaces de sentir repugnancia o asco. Es cada vez más difícil establecer relaciones de verticalidad, de respeto, de admiración y de autoridad. Ni siquiera el sufrimiento tiene autoridad. Los actores, convertidos en meros personajes que se han aprendido de memoria su guion, son incapaces de recordar y de imaginar, de mirar de frente los precipicios de la vida ordinaria; se refugian en las redes sociales. El sistema tecnológico no sabe de cuerpos, ni de gestos, ni de piel, ni de máscaras; solo admite usuarios y seguidores ocultos bajo un apodo (un nombre de usuario). El actor piensa entonces que el escenario de la existencia provoca un exceso de vértigo para un tiempo precario que es rico en disfraces. Parece que nada importante sostiene al mundo, nada verdaderamente grande, nada por lo que merezca la pena seguir viviendo, nada venerable, nada ante lo que haya que inclinar la cabeza. Pero lo peor no es eso, lo peor es que lo irrisorio se ha convertido en sagrado.

6
La lógica de lo extraño

> Lo extraño comienza con el propio cuerpo, con la propia casa, con el propio país. Lo propio se encuentra entremezclado con lo extraño.
>
> Bernhard Waldenfels, *Pensar lo extraño*

Sin preestrenos ni prórrogas, existir es la puesta en escena de una representación, algo así como si de repente —y frente a un público— alguien hubiera despertado en una situación en la que es urgente encontrar respuestas a algunas preguntas fundamentales, preguntas que nunca desaparecen, pero que tampoco podrán responderse. El actor posee un guion que le sirve como punto de partida, pero no es suficiente para hacer frente a lo imprevisible de la vida ordinaria. Por eso, en las situaciones de un escenario, la mayor parte de las veces no queda más remedio que improvisar. El actor no poseerá la certeza de dar con la respuesta firme y segura, tal vez porque una respuesta así no existe; será entonces cuando de nuevo surja el vértigo y note ese sabor agridulce en la boca, esa espesa saliva. Si los interrogantes no son metódicos, si la duda es existencial, nada ni nadie podrá eludir el vértigo del no saber —o del saber incierto—, nada ni nadie podrá esquivar el desasosiego y abandonar la inquietud de la melancolía, de la nostalgia, de la ausencia... Pero ¿cómo vivir en esa inquietud? No se trata de una especie de incertidumbre económica, laboral o política. Esa es muy dura, pero al mismo tiempo resulta más fácil de sobrellevar, aunque a muchos les parezca lo contrario. La inquietud existencial, en cambio, es una estructura que se inscribe en la condición vulnerable del actor, en su modo de ser escénico, en su frágil relacionalidad. Es una inquietud que impide que desaparezca del todo el escalofrío de la piel al erizarse. En eso consiste el drama humano. Hay instantes de sosiego y de serenidad, pero esos instantes no ocupan la totalidad del escenario de la existencia. La vida posee una forma dramática porque el humano es alguien asediado por interrogantes constantemente presentes, por preguntas que no es posible esquivar.

En el escenario de la existencia, las cicatrices del pasado son imborrables. Ninguna deja de sangrar. Entre el más allá y el más acá, entre la inmanencia y la trascendencia, entre lo mismo y lo otro, entre la cercanía y la lejanía, entre el amor y el odio, entre el infierno y el paraíso, entre los vivos y los muertos, la existencia no puede eludir las heridas y los traumas. Es el drama del tiempo. Durante los reinos de sombras en los que los deseos y los sueños están dominados por espectros, el drama se expresa con toda su fuerza. Es el momento en el que aparece una tensión entre el guion heredado y los sucesos de la vida cotidiana, y en ese drama, en esa tensión, el actor se da cuenta de que no todo es posible. Es el drama en el que lo indisponible se convierte en ineludible.

Nunca se es competente en el arte de vivir. El argumento del actor nace a partir de un guion que ha heredado al llegar al mundo, pero al mismo tiempo también está formado por múltiples sucesos y acontecimientos que no pueden ser planificados ni previstos antes de que entre en escena. Compartir las situaciones de un escenario significa que cada actor tendrá que ser capaz de comprender la gramática de los otros y de interpretar sus gestos sin que su presencia le cause un exceso de malestar. Y aquí aparece *lo extraño*. Esa figura es la que abre una crisis en las mallas de lo previsible y de lo planificable, de lo estrictamente ordenado. Lo extraño es lo que formula una pregunta que está fuera de lugar, es lo que rompe con la lógica de lo que hasta entonces era indiscutible. Lo extraño es lo *a-lógico*. O tal vez su lógica es otra, y, por eso, resulta completamente incomprensible. Eso es así hasta el punto de que los actores consideran a menudo que la lógica de lo extraño no es lógica en absoluto porque escapa al pensamiento, es algo con lo que no se puede dialogar.

En un escenario, siempre hay algo que no debería estar ahí, algo que no encaja, que desestructura, que altera el orden, que «desempalabra». La inevitable presencia de lo extraño provoca que no haya representación que sea del todo plácida o paradisíaca. El conflicto infinito de las interpretaciones está presente, aunque sea en la forma de una presencia latente. Velázquez lo mostró en *Las meninas*. En su lienzo, parece como si el pintor quisiera dar a entender que en el escenario de la existencia siempre hay personajes que hacen gestos no previstos, que distraen y molestan, que hay espectadores que se convierten en actores y que a veces tienen más importancia que los supuestos actores. El cuadro de Velázquez es una representación. Cada personaje posee un guion: el pintor, los reyes, las infantas. Pero en *Las meninas* también hay un «hombre real» que se encuentra al fondo, junto al espejo que refleja la presencia de los reyes (o de los espectadores). El «hombre real» es esa figura de la que no se sabe a ciencia cierta si entra o sale de la escena, es ese personaje que parece que no debería estar, pero que, sin embargo, está. Quizá el cuadro de Velázquez esté mostrando una cuestión fundamental de la existencia, a saber, que no es posible una representación sin un extraño, sin alguien que ha sido *pillado en falso*. El extraño es un ser que molesta, un intruso, un maleducado, y lo es porque un extraño que tenga derecho a entrar en el escenario deja de ser intruso. El intruso es una variante débil de lo extraño. Hay intrusos que no llegan a ser extraños en toda su radicalidad y, por eso, su amenaza es mínimamente tolerable. El extraño radical, en cambio, es aquel intruso que no solo se hace presente en el escenario sin haber sido invitado ni admitido de antemano, o el que se introduce *a pesar de* no ser admitido, o el que se salta los controles de seguridad, o el que tiene prohibida la entrada en un recinto y, pese a todo, entra, sino el que no puede comprenderse, ni normalizarse, ni clasificarse.

El intruso perturba la intimidad y el reposo; es el que se esconde en algún sitio para no ser visto y desde ahí contempla la escena. La posibilidad de que un intruso aparezca de repente en una situación resulta inquietante.[1] ¿Qué sucedería si alguien de afuera descubriera lo que aquí sucede? ¿Qué sería de mi reputación? No se trata de algo ilegal, de un delito ni nada parecido. La amenaza del intruso es de otro orden; su mirada desvela el secreto de algo inmoral. En ocasiones lo ilegal no es tan grave. Lo inmoral es peor, porque supone una mancha de un valor superior. La moral se sitúa en la verticalidad, manda desde lo alto, y la vergüenza que provoca puede llegar a ser insoportable. La mirada del intruso es la que formula implícitamente una pregunta al actor que ha sido pillado en falso: ¿Qué sucedería si el mundo supiera lo que estás haciendo? ¿Te atreverías a salir a la calle con la cabeza bien alta como hasta ahora? Aunque a simple vista puede parecer que nada tiene que ver con la representación, la mirada del intruso es percibida como una amenaza. Con ella, la atmósfera de la representación no volverá a ser como antes.

A veces, en el escenario de la existencia, el estar ahí del intruso no siempre es evidente, no salta a la vista, porque su figura se oculta entre bastidores y apenas es visto. El intruso es alguien que se vislumbra, que *se entrevé*. Se sabe de él por el movimiento de una cortina, por una sombra o por un leve ruido. El actor se siente poseído por esa mirada furtiva, por esa mirada de soslayo. Es una mirada que no se puede evitar y frente a la que no hay defensa. El actor tiene la sensación de que de pronto el claroscuro del escenario ha alcanzado una enorme claridad. De repente se ha hecho de día y no hay lugar en el que ocultarse. No es posible que el actor logre prescindir de esa mirada, ni olvidarse de esos ojos que, en ese momento, aunque lo desearía, no puede quitarse de encima. La del intruso es una mirada que cosifica, que convierte al actor en un objeto, en una categoría; hay otras miradas que lo vuelven indiferente, en ocasiones tal vez se trata de miradas de odio o de rabia, o de miradas que se malinterpretan y que parecen petrificar al actor. El intruso es el que observa y se oculta para que el actor no sepa que le está mirando. Pero el actor lo nota, nota la presencia de esos ojos que no puede sacarse de encima. Tiene una terrible y enigmática sensación, siente que el intruso carece de párpados, y que, por eso, su mirada es continua, es una mirada que no descansa. Mientras, agazapado detrás de una escalera, de un árbol o de una puerta sigue ahí, permanece escondido y procura no hacer ruido para no ser descubierto.

El intruso habita en una zona prohibida. Si el actor lo descubre, se altera, se ruboriza. Puede que sienta temor, o quizá cólera, lo que es seguro es que ningún actor queda indiferente ante su presencia. Es el que ve, o el que escucha, algo que nadie, absolutamente nadie debería ver o escuchar. El intruso quiebra el límite, la frontera de las reglas de decencia. ¿Quién no ha pensado alguna vez que era visto por un intruso en el momento en el que estaba con alguien en la intimidad? O, todavía peor, ¿quién está a salvo de que el intruso descubra un secreto y lo haga público? El intruso es el que rompe el secreto del espacio privado. Si el intruso descubre un secreto, el actor puede pasar a ser alguien desconsiderado. El respeto que hasta entonces tenía ante los demás se hace añicos. Los que comparten su escenario se darán cuenta (o así lo creerán) de que él era un mentiroso y tal vez entonces suceda que el intruso se convierta en una especie de héroe, alguien que ha descubierto por fin la verdad del actor. Y será necesario agradecérselo. Tal vez no sea más que una difamación, pero no importa. ¿Por qué suele hacerse tanto caso a los que difaman?

Puede ser que en el escenario no haya ahora ningún intruso, pero siempre habrá extraños, extraños del presente o del pasado, porque ningún actor está aislado, nadie habita un escenario a solas. Las cosas con las que compartimos el mundo poseen alma, contienen las huellas de los que antaño fueron sus propietarios o sus cuidadores. Y es imposible liberarse de ellas. A veces esas huellas que están atrapadas en las cosas son infernales y traen espeluznantes recuerdos al actor. ¿Quién no querría olvidar el sufrimiento? Lo peor no es la soledad, sino la soledad violada, la imposibilidad de estar solo. La representación se ve amenazada. En toda puesta en escena existe un peligro, el peligro de que acontezca una situación extraña, una relación extraña, *eso* que pone en jaque el orden del escenario y que ningún guionista pudo prever. En esos casos no hay más remedio que romper con las reglas del protocolo, porque la lógica del extraño no puede estar recogida en un manual. Hay que advertir que esa ruptura del protocolo hará imposible la reconciliación y siempre dejará abierta la duda de si se ha estado (o no) a la altura. En esos casos, la diferencia entre el personaje y el actor se hace evidente. El personaje se limita a poner en escena un guion y a declamarlo; se ciñe a lo previsto, y es mejor personaje si su representación se ha ajustado al guion. El actor, en cambio, también posee un guion que debería cumplir, pero sabe que no está cerrado. Frente a lo extraño, el personaje se detiene y se paraliza, reclama un nuevo manual. Sin él no puede representar su papel. Para el actor, la cuestión es otra, no convierte su guion en un manual o en un protocolo que le indique la forma correcta de proceder, la manera adecuada de actuar y de leer los gestos de lo extraño. La representación asume la posibilidad de su irrupción y la toma como punto de partida. Dicho con otras palabras, a diferencia del personaje que tiene como referencia el guion, el actor tiene como referencia el mundo y, en él, a lo extraño: su presencia, su lenguaje, sus gestos. Pero entonces, si el guion ha entrado en una especie de crisis y no sirve de guía, ¿cómo puede el actor estar seguro de leer de forma adecuada la lógica de lo extraño?

Ambos (actor y extraño) no comparten la misma gramática porque no han heredado el mismo guion, ni la misma historia, ni han sido formados por los mismos relatos, ni han establecido las mismas relaciones, pero eso es lo de menos porque, aunque así fuera, el actor reelabora y cambia el guion a su manera.[2] A partir de él, recordemos, cada actor despliega su representación y pone en marcha una serie de rutinas que van a configurar el escenario de su cotidianidad. No cabe la menor duda de que las costumbres y los hábitos de la vida ordinaria son un elemento de estructuración de primera magnitud. Sin ellas no se podría habitar el mundo con un mínimo de tranquilidad. Nadie puede en cada caso pararse constantemente a pensar qué hacer, cómo hacerlo, si merece o no la pena, qué sentido tiene, cómo responder a las demandas y requerimientos del otro, ni, por supuesto, cómo hacer frente al aguijón de lo extraño. Parece indiscutible que, en la vida ordinaria, el actor tiene que *dar por supuesto* muchas cosas. Ese *dar por supuesto* es la dimensión rutinaria que nos ofrece el guion inscrito en la gramática que se ha heredado. Ahora bien, la particularidad de lo extraño es que *pone en cuestión lo dado por supuesto,* lo que al parecer era indudable. Lo extraño ofrece un comportamiento inesperado; se jacta de las rutinas y de los hábitos; es lo que ya no respeta las costumbres, lo que no deja de incordiar y molestar. Lo extraño lo discute todo.

El actor no decide nada respecto a lo extraño. No puede prepararse para hacerle frente. De ahí que, en su caso, la educación basada en competencias no sirva para nada. Nunca se es competente para tratarlo, porque es algo que afecta «antes» de que ningún actor pueda aceptarlo o rechazarlo. Su experiencia se caracteriza por una lejanía en la proximidad que provoca una paradoja radical, algo así como una experiencia que supera toda previsibilidad. El actor piensa que nunca puede ver al extraño del mismo modo como él le ve, puesto que es alcanzado por su mirada «antes» de que pueda verlo.[3]

Lo extraño penetra en todos los ámbitos de la vida ordinaria. Hay algo «fuera de orden» que forma parte del orden. El cosmos no es nunca plenamente cósmico. La extrañeza comienza en la propia identidad. Aunque los vínculos de identificación sean sólidos, aunque las ficciones de continuidad estén bien construidas, hay una extrañeza que no puede evitarse. De ahí que el «sí mismo» no pueda ser nunca «el mismo». Por ejemplo, la primera experiencia de lo extraño que se elabora en los vínculos de identificación es la de la cara. La típica pregunta que se formula a un padre o a una madre es: «¿a quién se parece?». Si, por ejemplo, alguien le dice a una madre: «tu hijo no se parece a ti, sino a su padre», esa afirmación puede generar malestar, o como mínimo se puede considerar un acto de descortesía o de mala educación. Tiene que darse por supuesto que el *parecido* es un elemento imprescindible de todo vínculo de identificación.

El cuerpo tampoco es propiedad del actor, no le pertenece, está inscrito en un orden simbólico y en una genealogía (el género, la nacionalidad, la estética, la familia) que él no ha escogido y que le puede provocar malestar y desasosiego. Cuando alguien sostiene que «ha nacido en un cuerpo equivocado», sucede que está poniendo de manifiesto esa extranjeridad del cuerpo propio que no puede asimilar. Es necesario que el actor sepa cuanto antes que la extranjeridad no es algo extraordinario, puesto que lo humano es una puesta en escena, una representación, y, como tal, no hay un sí mismo compacto, perfecto o pleno, porque el sí mismo está ocupado por un extraño aguijón que impide la calma. La lengua que hablamos es una lengua de otros, y las costumbres y los hábitos que poseemos son costumbres y hábitos de otros, y el nombre propio es un nombre de otro. No hay pureza. Hay una extrañeza extática que es inseparable del drama humano.[4]

En las primeras páginas de *El castillo,* Kafka nos cuenta la llegada del protagonista, cuyo nombre es una inicial —K—, a una aldea al caer la tarde. Desde el puente, K observa el vacío aparente y el pueblo cubierto de nieve. Al parecer, ha sido contratado como agrimensor. Su radical «extrañeza» se manifiesta al buscar alojamiento para esa primera noche. Entra en una posada y solicita poder pernoctar allí. El posadero le dice que no quedan habitaciones libres, pero que puede dormir en un jergón. K acepta, pero al rato es despertado por un personaje que le exige, que le reclama un permiso, el de un tal Westwest, el conde propietario del castillo y de todos los campos de sus alrededores. K no lo posee. Hasta aquí el inicio del relato. Esta escena expresa el conflicto básico con el extraño. Este es el que «no sabe», el que desconoce las costumbres del escenario al que ha llegado. Hay una imposibilidad de vínculo. El extraño «comparte» con los demás escenas y situaciones, pero, al mismo tiempo, su compartir no dejará de ser dificultoso, porque el extraño es el que entra en un escenario sin conocer las formas de vida, las costumbres, los valores, los ritos y los hábitos.[5] El extraño no es simplemente un visitante o un forastero que llega hoy y mañana se va, sino el que se queda, y el que, a partir de ahora, coexistirá con otros en el mismo escenario. El extraño es un actor que está «dotado» de su propia gramática, de tal forma que esta va a sobreponerse a la nueva. Hay en él un conflicto gramatical que, como es obvio, no es solamente lingüístico. Es también gestual, simbólico y sígnico. No hay extrañeza sin esa confrontación irresoluble.

La inquietante lógica de lo extraño sitúa la reflexión filosófica ante la cuestión del «habitar». No es un tema que haya sido considerado en la tradición del pensamiento occidental, pero para pensar el escenario de la existencia no es posible abandonarlo; todo lo contrario, el actor representa un guion en un escenario, y en su representación tiene que lidiar con la problemática del habitar. Heidegger se ocupó de ella en una conocida conferencia titulada «Construir, habitar, pensar», pero lo hizo, como es habitual en él, a partir de la etimología. En alemán, «habitar» remite a «cuidar», «preservar», «cultivar». «El rasgo fundamental del habitar es preservar y tener cuidado. Este rasgo atraviesa el habitar en toda su extensión», escribe Heidegger.[6] Pero no hay que olvidar que el habitar no puede eludir el desarraigo o el exilio, ni esquivar el encuentro con lo extraño. Habitar es cuidar, y todo cuidar hace referencia a un «cierto» control, pero a un control amenazado. No se puede cuidar algo al margen de todo orden, pero eso no significa que el cuidado imponga un orden firme y seguro, una ley que se pueda y se deba obedecer a rajatabla. Habitar un escenario no es ocupar un espacio ni tenerlo dominado. Habitar es siempre, de una forma u otra, un habitar «ilegítimo», ni la sangre ni el suelo pueden legitimarlo.[7] El punto de partida es una *casa* que no es (todavía) *hogar,* es una *tierra* que no es (todavía) *mundo*. El «todavía no» es crucial en toda fenomenología del habitar. La casa o la tierra no son (todavía) un hogar o un mundo, aunque es probable que alguna vez puedan llegar a serlo, pero, al mismo tiempo, nunca lo serán del todo. Ciertamente no todos los actores están igualmente desarraigados o en el exilio. El hogar y el mundo poseen un aire de familiaridad en el que el actor se encuentra cómodo. Puede hablar su lengua materna, puede reconocer los signos, los símbolos y los gestos que rodean las distintas escenas de la vida cotidiana, etcétera. Pero, aunque habite una atmósfera de cordialidad, el actor siente que la amenaza del extraño no se ha eludido.

No podría existir el mundo sin lo que está ahí afuera. Aunque nadie sepa exactamente qué es, no hay mundo al margen de esa «presencia» que desafía todo límite, toda comprensión, toda organización y toda clasificación.[8] Sin ella, no podrían desplegarse los escenarios de la existencia como perspectivas o interpretaciones del mundo, ni el actor podría habitar y cuidar del mundo. Lo extraño «funda» el escenario. Pero ¿cómo empezó esta historia? No se está preguntando por un origen metafísico, sino por un inicio o un comienzo genealógico. El argumento de la existencia del actor tuvo su inicio fuera de él. Antes de su primera palabra, de su primer llanto, hubo otras palabras, otras sonrisas y otros llantos, hubo otras historias, otras situaciones y otras representaciones. Nadie inaugura nunca nada del todo. A toda narración le precede otra más antigua, a todo nombre le precede una genealogía. No hay existencia sin historias, sin relatos, sin personajes, sin extraños.

Al principio era lo indisponible, porque el extraño no es un vecino que vive en la casa de al lado y al que el actor saluda cada mañana, no es el que se encuentra en el mercado haciendo la compra, sino ese desconocido que habla una lengua incomprensible, ese que cuestiona lo evidente y que no entiende lo que el resto de los actores hacen o piensan. En una palabra, el extraño es el que *puede ser* hostil, y esa posibilidad no acaba nunca de ser sobrellevada. Es verdad, no obstante, que en la vida ordinaria en ocasiones surgen personajes que acaban siendo próximos y que, aunque no se sabe exactamente cómo sucede, terminan formando parte del escenario. Se trata de gente que es diferente o distinta. Podría calificarse de *rara*. Para un actor, un personaje es raro si comparte con él una misma naturaleza familiar, nacional, cultural, social o económica, pero su forma de ser no acaba de estar integrada en la gramática. Da la sensación de que la gramática que se ha heredado no funciona o no es operativa frente al raro. Raro sería, por ejemplo, alguien con el que puede hablar en inglés, pero come alimentos que el actor nunca comería porque le dan asco. Lo que el personaje raro dice o hace no se comprende, hasta el punto de que el actor llega a la conclusión de que sus signos, símbolos o gestos quizá sean inadecuados y deberían ser revisados.[9] Frente a lo raro puede aparecer el vértigo, porque es radicalmente ambivalente, porque provoca fascinación y temor. Al mismo tiempo puede repeler y atraer la atención del actor. Sin esa ambivalencia, desaparece.[10]

El personaje raro posee una doble dimensión. En primer lugar, se considera que forma parte de la humanidad y que, por lo tanto, debe ser respetado porque está protegido por la moral. Su naturaleza «humana» la comparte con el resto de los actores que habitan el escenario, aunque, al mismo tiempo, no se comprendan sus reglas de decencia, sus gestos, sus hábitos o rutinas. Sus representaciones resultan imprevisibles. No se puede predecir por adelantado cuál será su respuesta en una representación. Un personaje raro supone un cierto riesgo o incluso a veces un peligro, porque no se ajusta al guion dominante y, por lo tanto, su forma de ser y de relacionarse es amenazadora. Su rareza no está contemplada como una posibilidad de la gramática. En segundo lugar, es raro alguien externo que se presenta de repente en una situación familiar y que no puede ser identificado como un personaje cuyo argumento, su historia familiar, pertenece a un linaje compartido. Es un desconocido y hasta que no se haya integrado es muy posible que genere desconfianza.

El forastero es un ejemplo de rareza, al menos durante los primeros días o semanas de su llegada. Alfred Schütz estudió la cuestión desde este punto de vista.[11] Según él, un forastero es una persona adulta, perteneciente a nuestra época y civilización, que trata de ser definitivamente aceptada, o al menos tolerada, por el grupo social al que se aproxima. Como ejemplo notable, Schutz propone pensar la figura del inmigrante, aunque sus análisis no se limitan únicamente a él, porque esa figura deja de lado a los individuos que tienen un contacto meramente transitorio con el grupo, al modo de un visitante que está de paso o un huésped. El forastero funda una política de la cohabitación. No se trata simplemente de estar al lado de otro, sino de aceptar algo que ningún actor puede esquivar: la coexistencia. Existir es coexistir con propios y extraños, con conocidos y desconocidos.

La lejanía en la cercanía es una característica del forastero con el que el actor se encuentra en su vida ordinaria. Seguramente en algún momento terminará por preguntarle el nombre e interesarse por él. En ese caso, la rareza se hará más débil e incluso tal vez acabe convirtiéndose en un confidente del actor. Su extrañeza le proporciona una mirada «desde fuera», una especie de «objetividad» que ayuda al actor a considerar otro punto de vista hasta entonces ignorado por completo. No cabe duda de que eso le dota de un gran poder de seducción. Hay una atracción por lo desconocido. Quizá por esta razón hay que considerar las relaciones eróticas con un extraño. Es como un viaje por una tierra ignota. Así pues, la extrañeza mantiene una cierta proporción de cercanía y distancia, proporción presente en cantidades variables y que comporta una tensión recíproca.

Ahora hay que regresar a Kafka. Uno de los pasajes en los que la condición de extrañeza se muestra de forma más clara y, a la vez, más inquietante se encuentra en *El castillo*. Estamos en la posada. Frieda, que es la amante de uno de los altos funcionarios del castillo —Klamm—, trabaja allí de camarera. K se enamora de ella y una tarde hacen el amor detrás de la barra del bar, entre charcos de cerveza. Más adelante descubrirán que los ayudantes de K, Arthur y Jeremías, los han estado observando todo el tiempo. Fin de la intimidad. Pero lo interesante es otra cosa. La descripción de la sexualidad hace referencia a la extrañeza, a andar por una tierra extraña en la que K tenía la sensación de estar perdido y a la deriva. Quizá lo que Kafka intenta decirnos es que todos somos extraños para nosotros mismos, que la extrañeza no es algo impuesto a la condición de los seres dramáticos, sino todo lo contrario, es algo que un ser finito no puede eludir no solamente en los otros sino en él mismo. La extrañeza es constitutiva del actor, de todo aquel que habite un escenario.

El extraño es alguien que subvierte la franja de seguridad que todo actor necesita tener en el escenario de la existencia. No hay escenario sin franjas de seguridad encargadas de la defensa de los actores. Se trata de una especie de ámbitos de protección físicos y gramaticales (sígnicos, simbólicos y gestuales). En *El malestar en la cultura,* Sigmund Freud se refirió a ellos: el fuego, la casa, la técnica, la escritura... El fuego permite protegerse de las inclemencias del tiempo, del ataque de los animales salvajes y depredadores, pero el fuego también es lo que une a los actores en una especie de comunidad reunida en torno a unas historias, a una memoria colectiva. Algo parecido sucede con la casa, aunque —como ya se puso de manifiesto antes— hay que distinguirla del hogar. Recordemos que la casa es un espacio físico, mientras que el hogar es simbólico, es un espacio de resonancia. La casa ofrece una protección física, pero puede al mismo tiempo llegar a ser un espacio infernal en el que imperan la violencia y la muerte. El hogar, en cambio, ofrece cuidado, un cuidado que se da a través de todos los sentidos corporales: la voz, la caricia, la mirada...

La presencia del extraño dentro de la propia casa ha sido motivo de múltiples relatos y películas. En esos casos, el hogar se derrumba. Un miembro de la familia, el padre, la madre o incluso el hijo, se convierten de pronto en extraños que aterrorizan. Sin duda, el ejemplo cinematográfico más sobrecogedor es *El exorcista* (1973), de William Friedkin, basado en una novela de William Peter Blatty. Aquí todo cambia. Nadie sabe qué hacer, cómo tratar a esa niña que hace un momento era perfectamente normal y de repente se ha convertido en un monstruo. En ocasiones, el extraño es el mismo actor que deviene en extraño para sí mismo. A veces se desconoce la razón del cambio, otras acontece cuando es «tocado» o «afectado» por la presencia indominable de lo extraño, que es capaz de transformar al actor. Ese es el «peligro» que padece todo aquel que entra en contacto con lo extraño, el hecho de quedar «fuera de juego». Es el riesgo de la exterioridad, el riesgo de la existencia. Como seres que están en un escenario, también los actores están abiertos a una extrañeza que los precede y que los sobrepasa. No hay representación en un escenario que no sea al mismo tiempo exposición a una extrañeza que resulta imposible asimilar. Lo extraño, si es un extraño radical, si no se limita a ser un forastero, es conmovedor, es lo que desajusta todo orden.

Desde esta perspectiva, el actor es un ser expuesto a un «excedente de sentido» que pone en jaque sus proyectos y expectativas; un excedente que desgarra sus ámbitos de protección, que rompe sus reglas de decencia y le crea un trauma que no puede cicatrizar. En verdad, todo sentido posee un excedente, algo que su propia lógica es incapaz de contener. La lógica de lo extraño es la lógica que excede la plenitud del sentido, de un sentido que no tendría grietas ni puntos de fuga, donde no habría nada «fuera de plano» ni huellas que señalaran o indicaran presencias que alguna vez estuvieron allí y de las que ahora se ignora dónde se encuentran. Un sentido sin excedente de sentido es la radical negación del sentido, es una contradicción en sus propios términos.

Lo extraño es un desafío a la vida entendida como un «estar» fijo, recto, erecto, coherente y, por lo mismo, es un reto a la condición inmóvil, estable y persistente de un personaje. Lo extraño impone al personaje la aceptación de una *lógica de la improvisación* y, por lo tanto, la necesidad de convertirse en actor, en alguien no sometido a un modo de ser duradero y estable, sino en una forma de existir en devenir. Ante lo extraño no sirven los protocolos o las competencias que suelen ocupar la base de la formación. Ante lo extraño, el actor es actor (y no un mero personaje) porque descubre que su guion no basta, porque no sabe qué hacer en una determinada situación, ni qué pensar, porque no sabe adónde acudir ni a quién pedir auxilio. Está literalmente al descubierto. Al imponer su lógica, lo extraño surge como una perturbación, como una especie de espectro que recuerda al actor que nadie está nunca completamente en casa y que, por lo tanto, nadie puede nunca estar del todo «a resguardo»; lo extraño manifiesta un fenómeno estructural de toda representación, a saber, que la vida, como existencia, está siempre y en todo momento «expuesta» y que, por lo tanto, no posee un manual de instrucciones que pueda ser seguido a rajatabla.

Es importante distinguir entre dos tipos de extrañeza: la *relativa* y la *radical*. Hay una extrañeza relativa si lo extraño se refiere a una «falta», a algo que falta porque *todavía no* se conoce. Eso significa que existe la posibilidad de que lo extraño deje de serlo y que, por lo tanto, pierda en un momento u otro su extrañeza y se convierta en algo integrado. En el fondo, podría decirse que no era, en sentido estricto, extraño, más bien era diferente o raro. Reflexionemos sobre el caso de una lengua extranjera. Al principio parece totalmente extraña, pero al poco tiempo empieza a ser comprendida y entonces comienza a ser familiar. Su extrañeza era relativa porque era una lengua rara porque no se estaba acostumbrado a ella. No era, de hecho, radicalmente extraña, sino solo el resultado de la finitud del conocimiento.[12]

Pero lo extraño no es simplemente algo raro o distinto. Cuando distinguimos una manzana de una pera decimos que son distintas, pero a nadie se le ocurre sostener que son extrañas.[13] De ahí que, a diferencia de lo que es simplemente raro, lo extraño —en su sentido radical—afecta en lo más profundo del estar del actor en el escenario, porque no va a perder su extrañeza, porque no se convertirá en algo propio, porque no abandonará su poder amenazante. Lo extraño no es solo eso que se encuentra al otro lado, en un lugar diferente o contrario, sino algo o alguien que se encara al actor, algo que le hace frente, que pone en tela de juicio sus vínculos de identificación y sus ficciones de continuidad. Lo peor, lo más difícil de asimilar, es que no habrá un orden superior, una especie de ser englobante, que pueda «pacificar» la presencia inquietante de su lógica. La extrañeza es por tanto en ese caso inapropiable; no tiene nada que ver con un caso fortuito de algo que no puede ser dominado o clasificado momentáneamente, no es un ejemplo de una ley universal, ni tampoco el reflejo de un yo, esto es, una especie de *alter ego*. La extrañeza radical *desempalabra* porque no puede ser nombrada.

Recordemos, por ejemplo, la metamorfosis de Gregor Samsa al inicio del relato de Kafka. Después de unos sueños agitados e intranquilos, Samsa se despierta una mañana siendo alguien diferente. Tiene la sensación de que su cuerpo se ha transformado, pero todavía no le parece que se haya convertido en alguien radicalmente extraño. Al principio, parece que solo se ha producido un cambio inesperado sin mayor importancia. Gregor quiere seguir durmiendo para olvidarse de todas esas tonterías, pero, poco a poco, comprueba que su transformación es grave. Ha mutado en un «bicho monstruoso», y ya no puede levantarse de la cama ni comunicarse con sus padres y su hermana;[14] tampoco puede comer otra cosa que no sea alimentos podridos, asquerosos, ni dormir de lado, como tenía por costumbre. Al final, todos se dan cuenta de que ni él ni su familia son capaces de integrar su extrañeza en la vida ordinaria.[15]

En el relato de Kafka, el lector descubre la experiencia de una extrañeza radical. Gregor Samsa se ha transformado en algo que no puede ser reconocido ni integrado. Frente a él, las éticas de la comunicación, del diálogo y del reconocimiento fracasan estrepitosamente. Gregor es un ser que escapa a toda comunidad y a toda integración. Por eso tiene que ser confinado en su habitación, que acaba convirtiéndose en una cárcel, en un espacio cerrado que no podrá abandonar. Gregor no puede ser admitido en un «nosotros familiar». Sus vínculos de identificación se han roto y su ficción de continuidad se ve radicalmente alterada. Él es el extraño que amenaza a su familia, el extraño que infunde temor y temblor precisamente porque resulta imposible acogerlo en una gramática. Samsa es el extraño que no puede dejar de serlo, que no puede ser clasificado en un orden simbólico para convertirse así en alguien diferente o distinto, y poder ocupar un lugar adecuado en el escenario familiar. Samsa es el que hace estallar toda comprensión y toda taxonomía. Lo extraño, en su radicalidad, no podrá obtener un lugar en el escenario de la existencia, en la gramática que domina y que estructura la vida ordinaria.

Al actor siempre le han gustado esas películas de Serie B en las que un humano se transforma en un extraño: el vampiro, el zombi, el hombre lobo, etcétera. El mito del hombre lobo, por ejemplo, tiene una larga historia. Un cuerpo humano encierra una bestia salvaje que, en las noches de luna llena, se convierte en un monstruo devorador de carne. Ese mito supone una aproximación todavía más inquietante al fenómeno de lo extraño, porque es capaz de mostrar la extrañeza dentro de la normalidad, lo salvaje dentro de la civilización. El licántropo no es el que irrumpe en el escenario de la existencia desde el exterior, sino el que no llama la atención y pasa desapercibido hasta que su monstruosidad hace acto de presencia.[16]

El antropólogo Roger Bartra sostiene que el hecho de suponer que los hombres lobo forman parte de la familia mitológica de los salvajes es de gran importancia, porque permite comprender la identidad (podría añadirse la existencia) como un contraste de lo normal, lo civilizado y lo propio, frente a lo anormal, lo monstruoso y lo inhóspito. El escenario de la existencia necesita establecer fronteras (o límites) entre los distintos actores y formas de estar en el mundo. La lógica de lo extraño, en cualquiera de sus expresiones, y en concreto en el caso de los hombres lobo, juega ese papel. Pero en la licantropía la cuestión es, si cabe, más grave, porque el hombre lobo es un extraño que comparte «humanidad» con el resto de los actores. De hecho, es un individuo normal hasta que se transforma en lobo en una noche de luna llena. De ahí que sea una otredad desafiante, porque su ser contiene ingredientes humanos, o al menos ingredientes similares a los humanos. Es una transformación de lo humano.

El hombre lobo es un actor que ha recibido su correspondiente herencia gramatical y su guion, un actor que ha creado su trama a través de sus vínculos de identificación, pero que, al mismo tiempo, ha sido «contaminado» por un agente exterior y, en contra de su voluntad, tiene la capacidad de metamorfosearse y convertirse en una figura sedienta de sangre. La agresividad del hombre lobo lo distingue del «insecto» en el que se convierte Gregor Samsa en *La transformación*. Frente al personaje kafkiano, el temor que provoca la figura del hombre lobo se debe sobre todo a su ausencia de visibilidad y a su metamorfosis de ida y vuelta. No es posible saber a simple vista quién es un licántropo, porque es una bestia capaz de regresar a su estado «normal», algo que a Gregor Samsa le resulta imposible dado que su metamorfosis no tiene vuelta atrás. Gregor no podrá volver a ser un humano, no podrá transformarse en el que era antes.

Por último, cabe añadir otra cuestión no menos importante: la dimensión trágica. A diferencia del «forastero habitual» que surge en un escenario y que hace todo lo posible para integrarse y dejar de ser extraño, el hombre lobo es una figura trágica porque, aunque desearía escapar a su destino, no puede hacerlo. Su extrañeza, su monstruosidad y su ferocidad no dependen de él. De figuras como esta surgen reflexiones sobre la maldad originaria. ¿Está inscrito el mal, o al menos su posibilidad, en la misma condición humana? ¿Podrán existir alguna vez escenarios en los que los actores se vean libres de maldad? ¿Es el mal el resultado de estructuras sociales o de lógicas simbólicas que han colonizado la vida ordinaria? A veces el mal resulta diabólico porque se esconde en los recovecos más inverosímiles y es imposible de percibir. En otras ocasiones, el mal aparece rodeado por un aura de normalidad y de cotidianidad que también lo hacen imperceptible. Esas son las situaciones más monstruosas.

Toda gramática contiene «mecanismos de categorización» que sirven para ordenar no solamente el mundo, sino también a los otros (sean actores, personajes, animales u objetos) y para clasificar el tipo de relaciones que cada actor mantiene o puede mantener con esos otros y consigo mismo. Estos mecanismos tienen la función de hacer reconocible al otro y, de este modo, el actor podrá suponer qué tipo de comportamiento presumiblemente tendrá y podrá también quedarse tranquilo (o no) ante su presencia. Si el extraño, en cualquiera de sus formas (raro, forastero, hombre lobo, zombi, monstruo, anormal, loco, etcétera), es radical, entonces no hay ninguna posibilidad de que acabe formando parte de un orden simbólico si no es siendo desplazado o situado en una institución que permita que siga viviendo sin que su existencia sea una amenaza para el resto de los actores. Esos espacios son los «internados». Erving Goffman se ocupó de ellos. Se trata de espacios separados de los escenarios de la vida ordinaria que toleran al extraño y, al mismo tiempo, hacen que su presencia no sea un peligro.[17] Un internado es una «institución total». Goffman la define como un lugar de residencia y trabajo donde un gran número de individuos en igual situación, aislados de la sociedad por un periodo apreciable de tiempo, comparten una rutina diaria administrada formalmente. Los dos ejemplos más evidentes, según él, son las cárceles y los hospitales psiquiátricos. Los individuos que conviven en esas instituciones son los «internos».

Es necesario pensar sobre los mecanismos de categorización que no acaban aislando a los individuos y que, por lo tanto, parecen más laxos que los que sí lo hacen. Uno de los primeros y principales procedimientos con los que la gramática clasifica a los recién llegados es el *género*. Todo actor, desde el momento en que viene al mundo, debe poder ser inscrito en un género, que, en el mundo occidental, ha respondido a una lógica binaria: masculino o femenino. Si no encaja en uno de los dos es necesario utilizar métodos clínicos o médicos para que encaje. No encajar supondría formar parte de lo extraño. Los cuerpos tienen que ser o masculinos o femeninos. Si no, lo extraño hace acto de presencia. Pero este tema es algo más complicado. La clásica cuestión que se plantea aquí es: ¿a qué sexo corresponde el género? ¿Hay un sexo biológico y un género cultural? Que el género sea cultural parece que está fuera de duda, pero ¿qué sucede con el sexo? La tesis de Judith Butler es que el sexo no puede existir sin una gramática, sin un orden simbólico y sus correspondientes mecanismos de categorización. Por lo tanto, el sexo (o la naturaleza) no precede al género (o la cultura). El sexo no es algo que se encuentra en la naturaleza, algo que viene dado biológicamente, sino algo que también es producido por la gramática que el actor hereda al venir el mundo. En pocas palabras, no hay un esencialismo anatómico.

Judith Butler se opone a toda reivindicación de la identidad, incluyendo la asignación de un sexo *estable*.[18] De hecho, una estabilidad plena, sea del orden que sea, hace la vida invivible, pero al mismo tiempo el escenario de la existencia resultaría inhabitable sin categorías y ficciones de continuidad. Hay órdenes simbólicos que ayudan a habitar el escenario, mientras que hay otros que lo impiden; en cualquier caso, todo orden simbólico plural favorece la habitabilidad del mundo, aunque eso conlleve una *cierta* angustia, ansiedad o miedo. La idea de Butler es que ni el sexo ni el género son portadores de identidad, sino todo lo contrario, son una fuente de desidentificación. Sin embargo, habría que matizar esta idea, porque en la vida ordinaria todo actor necesita sentirse protegido (en un sentido físico, pero también simbólico) frente a los otros. Los vínculos de identificación ofrecen una cierta calma en el vaivén del escenario de la existencia. De eso no hay duda, pero el precio que hay que pagar es alto, porque si un vínculo de identificación se acaba convirtiendo en una identidad fija, firme y cerrada deviene una fuente de crueldad y de angustia, tanto en el caso de la relación con los demás y el mundo, como con uno mismo.

El género es una categoría gramatical que tiene que ver con el nombre del actor, con la manera en la que ha sido educado, con sus vestidos, con sus juguetes, etcétera. Frente a un *otro* clasificado como masculino o femenino, el actor sabe, o cree saber con un alto grado de fiabilidad, cómo actuar y cómo responder sin detenerse a pensarlo demasiado tiempo; sabe que no es necesaria una reflexión especial. Incluso el modo de comportamiento del otro resulta tan ajustado a su categorización que le parece «normal». De hecho, una parte importante de toda educación consiste en aprender a reconocer las formas en las que el otro ha sido clasificado y a tratarlo de acuerdo con su categorización. En función del escenario que habite, para el actor no será un problema darle la mano a otro si es un varón, pero si es una mujer y tiene una cierta confianza con ella tal vez le dé un beso, aunque eso podría ser interpretado como una conducta desconsiderada o agresiva. En cualquier caso, en los escenarios de la modernidad ningún actor puede estar seguro de que sus gestos con el otro sean los correctos. Entonces, ¿qué solución le queda? ¿Existe alguna manera de que las relaciones o interacciones con los demás puedan ser mínimamente tranquilas?

Una estrategia que permite «asegurar» el trato o el modo de relación adecuado (o al menos poco peligroso) con el extraño consiste en señalarlo con una «marca», con una especie de signo o «estigma». En el mundo griego, el estigma hacía referencia a algo malo en el individuo que lo presentaba: un esclavo, un criminal, un traidor, alguien con el que se debería tener cuidado, alguien que ofrecía un peligro. Con la aparición del cristianismo, en cambio, el término adquirió un significado metafórico. El estigma era propio de la gracia divina.[19] El estigma no debía tener un sentido negativo, pero lo cierto es que en la vida ordinaria de los escenarios de la modernidad suele tenerlo. Es un término medio que oscila entre el atributo y el estereotipo, aunque muchas veces los atributos se convierten en estigmas si adquieren la categoría de degradantes. La función del estigma radica en situar al extraño a una cierta distancia del actor para que no parezca que es evitado y rechazado por completo; de ese modo se consigue establecer una franja de seguridad que de no ser por el estigma sería imposible de determinar. El extraño amenaza, y marcarlo con un estigma es un modo de protegerse de él.

El rasgo fundamental del personaje que posee un estigma es su no aceptabilidad, su no integración, su exclusión y su clasificación como un ser contaminado. Aunque no es siempre así, podría decirse que poseer un estigma es sinónimo de descrédito. El estigma coloca al que lo posee fuera del umbral de la normalidad y a veces incluso de la humanidad. El personaje ha sido degradado. Pero eso no es suficiente. Para que la marca del estigma funcione será necesaria una ideología que dé razón de la inferioridad del estigmatizado y, de este modo, legitimar el trato que un actor ejerce contra él. Esa ideología explicará su discriminación, la indiferencia hacia su sufrimiento, incluso en ocasiones la agresividad o la violencia. En pocas palabras, sería una «lógica de la crueldad».[20] A efectos «prácticos», no importa si el «defecto» que el estigmatizado posee es real, si el estigma es o no una calumnia, porque lo más grave acontece desde el momento en que el propio estigmatizado está convencido de la realidad de su estigma. Si eso sucede, se ha conseguido el objetivo que se perseguía: la separación, la clasificación, la protección del resto del grupo, del resto de los actores. Si el esclavo se cree esclavo, si el loco se cree loco, si el enfermo se cree enfermo, entonces el estigma ha alcanzado su máxima efectividad. Dicho de otro modo: el estigma convierte al actor en personaje, en un personaje no solo en lo que se refiere a las relaciones con los demás, sino en un personaje para sí mismo.

¿Qué sucede cuando actores y estigmatizados se encuentran cara a cara? Esa es una de las situaciones básicas que pueden tener lugar en un escenario. Las relaciones entre ambos son inquietantes. El poseedor del estigma sabe que haga lo que haga o piense lo que piense no será tratado como alguien con un nombre propio, sino solamente como una categoría y, en consecuencia, será considerado en función de esa categorización; pero el actor también está inseguro, porque el estigma de su interlocutor le ofrece una tranquilidad que nunca es total. Precisamente por ser un estigmatizado, se cree que es un ser dotado de una maldad que puede hacer acto de presencia en cualquier momento. ¿Cómo saber a ciencia cierta si la actitud del otro será de rechazo o de aceptación? El actor tiene una doble preocupación. Por una parte, está delante de alguien que, a pesar del estigma o precisamente por ello, puede reaccionar de forma imprevisible; por otra, él también está pendiente de su propia imagen, esto es, de la imagen que ofrece a los demás. El encuentro cara a cara con el estigmatizado no puede evitar el «desempalabramiento». Al desafiar la gramática de la normalidad, esa en la que el actor ha sido educado, esa que proporciona un orden cósmico y un lugar de acogida, el estigmatizado pone en jaque la forma de ser en el mundo y los escenarios, los hábitos, las costumbres y la moral. Habita un «punto ciego»,[21] una zona oscura, limítrofe, que lo sitúa en los márgenes de la moral. El estigma puede reducir la imprevisibilidad, pero no puede borrar el punto ciego.

En ocasiones puede suceder que los órdenes se inviertan y que el actor viva en su propio cuerpo, de manera más o menos dramática, la experiencia del estigma, una experiencia relacionada con una terrible sensación de vergüenza. La vergüenza, en tal caso, se refiere a él mismo, como actor estigmatizado. Lo de menos es si es verdad, o no, lo que el estigma dice de él, porque, aunque sea mentira, el estigma ha quedado grabado en su piel, en sus entrañas, en su mente, y el mal ya está hecho. Su vida será una vida dañada. El actor, convertido en un personaje que ha asumido su estigma como algo propio e inevitable, algo que realmente pertenece a su cuerpo, a su existencia, siente vergüenza de ser como es, porque acaba por convencerse de que ese estigma no es algo impuesto, algo artificial, sino todo lo contrario, le parece que es esencial a su condición y que nada puede hacer para liberarse de él. Por otro lado, los espectadores lo observan y también sienten vergüenza de mantener un vínculo con un individuo marcado, y si todavía se atreven a mantenerlo, lo hacen a escondidas, porque de algún modo el estigma aparece como algo contaminante, y lo es porque pervierte a los espectadores y a los actores que entran en relación cara a cara con el que lo posee. De ahí que, en la vida ordinaria, esas relaciones tiendan a evitarse al máximo, o, en el caso de que se tengan, se procura que no perduren. Quizá se lleven a cabo en silencio y en secreto, porque si salen a la luz pública serán el hazmerreír de todos.

En los escenarios de la modernidad, el fenómeno de lo extraño se ha debilitado, o cuando menos podría decirse que su figura se ha visto poco a poco desplazada por otra: la del diferente. La diferencia ha sustituido a la extrañeza. Los actores no soportan fácilmente la presencia de lo extraño y las gramáticas tienen que convertirlo en alguien que no altere en demasía la vida ordinaria. La diferencia es una forma sutil de estigmatización, una forma que no llama en exceso la atención y que evita a los actores situaciones incómodas. La diferencia no es una amenaza para el imperio de lo mismo, de lo igual, no es un peligro para la comunidad. Cuando se defiende una «pedagogía de la diferencia», lo que se está diciendo, en el fondo, es que la extrañeza ha desaparecido, y con ella también se ha disuelto la inquietud de la alteridad radical; en ese sentido, habría que considerar y pensar con cierta calma cuáles son los estigmas —si es que hay «nuevos» estigmas— que ha creado el imperio de la prisa, porque de lo que no cabe duda es de que son marcas que no suelen considerarse estigmas y pasan inadvertidas.

Para los sistemas simbólicos (en concreto para el tecnológico), es necesario generar «anticuerpos», cueste lo que cueste. El extraño tiene que ser incorporado y sobre todo *normalizado;* para ello, tiene que dejar de ser extraño y convertirse en distinto. Todos somos iguales, pero todos somos distintos y diferentes. La diferencia es el nuevo estigma de la normalización. Fin de la extrañeza y comodidad para los actores en su vida ordinaria. La lógica clásica del estigma no es útil en los escenarios de la modernidad, o al menos lo suficientemente útil; es necesario cambiarla por la lógica de la integración y de la normalización que no elimina el estigma, solo lo convierte en amable. Al fenómeno de lo extraño le pertenece una «negatividad», o una amenaza, que esos escenarios no pueden asumir porque son escenarios del optimismo, de la positividad, del mirar hacia delante. Igualdad y diferencia son los polos complementarios que operan en el escenario normalizado. Pero en un escenario así no hay acontecimientos; en él impera lo previsible, como en el infierno que Sartre imagina en *A puerta cerrada*.

Lo extraño produce miedo, en ocasiones terror. Conviene distinguir el miedo del terror.[22] En el caso del primero, el actor permanece dentro de su gramática y sigue manteniendo sus puntos de referencia; el segundo, en cambio, acontece en el momento en que la radicalidad de lo extraño rompe por completo la gramática. El actor, en una situación de terror, no tiene puntos de referencia que le permitan orientarse en un escenario que se ha convertido en algo desconocido para él. En el terror, lo extraño es una amenaza invasora y el actor no encuentra la manera de ponerse a resguardo. Sentirse aterrorizado significa sentirse acorralado, paralizado, tener la sensación de estar atrapado.[23] Algo o alguien amenaza y no deja abierta ninguna salida. En la situación terrorífica, el mundo es percibido como una prisión, como si no hubiera o no quedara ninguna puerta abierta, porque se ha eliminado toda posibilidad, todo porvenir. De ahí que el terror comporte la negación de la esperanza. La oscuridad puede dar miedo, pero el terror se desata en el momento en el que el actor se da cuenta de que hay algo en esa oscuridad que no sabe exactamente qué es, pero tiene la certeza de que no es algo que pueda ser tratado con los instrumentos en los que ha sido formado. El terror, a diferencia del miedo, desarma las leyes de la lógica.[24] Ni una casa, ni una capilla o una iglesia, ni siquiera una nave espacial son lugares de protección, porque la amenaza queda fuera del horizonte cotidiano de sentido. Una vez que esa presencia ha hecho su aparición no hay defensa posible.[25] El actor no podrá deshacerse de ella, no podrá olvidar lo que ha visto, eso que ha transformado el escenario que habita. El terror paraliza al actor porque es algo inconcebible, inasimilable e inclasificable.

Lo que ha sucedido en los actuales escenarios, en los que se producen películas de terror en serie, es que dentro de la sala de cine los espectadores parecen tomárselo a broma. La mayor parte de las veces no hay un terror *serio* en esas películas. En un escenario dominado por el terror de verdad, no por un falso o cómico terror, no habría esperanza alguna. Pero eso no ocurre en las películas más populares de los últimos años. En ellas, el escenario terrorífico es cómico porque provoca al mismo tiempo el susto y la risa de los espectadores. *Scream,* de Wes Craven, es un buen ejemplo de terror cómico. De hecho, la serie puede verse como una reflexión sobre la «lógica» de otras películas de terror como *La noche de los muertos vivientes, Viernes 13, La noche de Halloween, Saw, Hostel,* etcétera. En esa misma película, Craven ironiza sobre la relación entre la risa y el terror, y muestra con claridad la importancia de la situacionalidad para que el asesino enmascarado provoque terror. En las fiestas de disfraces muchos participantes van enmascarados, llevan puesta la misma máscara que el asesino; eso no provoca terror en absoluto, pero el espectador sabe que algo está a punto de ocurrir, y *desea* que ocurra. La música suena estridente, los jóvenes bailan, beben y comen. De repente, alguien abandona la escena; el motivo habitual es que tiene que bajar al sótano a buscar más bebida y entonces uno de los enmascarados —que hace un momento estaba junto a los demás en la fiesta— aparece amenazante en lo alto de la escalera con un cuchillo (de verdad) en su mano. En esa situación, el extraño sí se percibe como una amenaza real. Todo se ha transformado. A medida que el amenazante se acerca, su víctima se descubre desvalida. Sabe que es necesario hacer algo, pero ¿qué? ¿Tal vez pedir ayuda? ¿Ponerse a salvo? ¿Ocultarse? En la lejanía, o mezclado con las demás personas del grupo, el extraño no parecía peligroso, pero ahora su acercamiento provoca terror.[26]

El miedo y el terror son respuestas que surgen ante una presencia. En ambos casos, se trata de la presencia de algo o de algún extraño, pero en el caso del miedo es una respuesta que puede ser educada y, por lo tanto, controlada y reducida. De hecho, todos los sistemas pedagógicos se han caracterizado por educar a los actores en las «lógicas del miedo»: se ha enseñado a tener miedo de determinadas cosas y a no tener miedo de otras. Toda gramática enseña «eso» a lo que razonablemente se puede tener miedo, pero también al mismo tiempo toda gramática enseña a no tener miedo *de lo que no hay que tener miedo*. Hay miedos irracionales, fobias, miedos absurdos e intolerables en una persona equilibrada. Pensemos, por ejemplo, en el caso del actor que teme subirse a un avión. No cabe duda de que asistir a un cursillo en el que alguien le explique la bajísima probabilidad de sufrir un accidente aéreo puede reducir su temor a volar. Si a pesar de esos cursillos y de toda la información científica que se le transmite, el miedo persiste en el actor, entonces se diría que nos encontramos frente a una patología que debe ser tratada por otros medios.

Lo extraño arranca al actor de su zona de confort, de su relativamente cómoda cotidianidad y desencadena el miedo. Aunque no todas sus formas son iguales; tienen algo en común, su «determinabilidad», su concreción. A diferencia de lo que sucede con la angustia, siempre se siente miedo de algo o alguien concreto. El actor está convencido de que ese algo o alguien le provocará un mal, un *daño*, y no está seguro de poder hacerle frente solo con la gramática que posee y en la que le han educado. Al mismo tiempo, se tiene miedo en una situación. El miedo es la conjunción de ambas condiciones, la determinabilidad y la situacionalidad. No basta con la aparición de algo extraño que se perciba como un peligro para que se genere el miedo, es necesario también que eso que supuestamente es peligroso se dé en un contexto concreto, porque si tuviera lugar en otra situación distinta podría ocurrir que ya no fuera percibido como peligroso.

El susto, el pavor y el espanto son tres formas en las que se manifiesta el miedo.[27] En el *susto* lo amenazante irrumpe y, por lo tanto, el actor no puede prever su aparición. Las típicas (a veces tópicas) películas de terror mencionadas hace un momento operan con esta modalidad. Recordemos la clásica escena final en la que todos dan por muerto al asesino que, de repente, vuelve a la vida y deja a su víctima sin capacidad de defensa. Lo esencial en el susto es su «repentinidad». Después, el actor puede respirar tranquilo. No fue más que un instante y el escenario vuelve a la normalidad. La vida sigue y se recompone. El susto es breve. La segunda forma de miedo es el *pavor*. Aquí lo amenazante no surge de manera imprevista; se caracteriza porque está en todas partes y, al mismo tiempo, en ninguna. En *Alien. El octavo pasajero* (1979), de Ridley Scott, el alienígena es un completo desconocido, cambia de aspecto y se transforma. Ninguno de los tripulantes de la nave Nostromo sabe cómo hacerle frente. Es cierto que, en algunos momentos, el susto hace su aparición, pero el miedo que provoca la película no está necesariamente ligado a la repentina aparición del monstruo, sino en el hecho de saber que su ausencia y su silencio son una amenaza terrible para la tripulación. El pavor es silencioso, y el actor no sabe con exactitud quién le amenaza porque no lo ve, pero sabe que es una amenaza concreta y real. A diferencia del carácter repentino del susto, el pavor se demora en el tiempo, pero el actor no deja de tener la esperanza de encontrar la forma de neutralizarlo. Por último, la tercera forma de miedo, una forma que se sitúa en el terror extremo, es el *espanto*.[28] En él (o en lo *espeluznante*, por utilizar el término de Mark Fisher) aparecen algunas señales de lo amenazante, signos y huellas que muestran una situación en la que pasa algo totalmente extraño, algo ante lo que el actor no puede hacer nada porque es una situación inaudita. A diferencia del susto y del pavor, en el espanto no hay salvación alguna porque en ese caso no se trata de un asesino o de un monstruo, sino de una situación. Es la situación la que resulta espeluznante. Sin grietas, sin posibilidad de encontrar una vía de escape, el escenario queda colonizado por el terror. El ejemplo que según Fisher ilustra a la perfección esa forma de miedo es la escena final de la película *El planeta de los simios* (1968): la estatua de la Libertad semihundida en la playa. En el espanto, lo significativo no es el hecho de que lo amenazante sea, o no, alguien concreto, o si su aparición es repentina; todo eso resulta aquí intrascendente. Lo decisivo es que se trata de una situación eterna, una situación en la que al actor le resulta imposible imaginar una salida porque no hay una alteridad que aporte un mínimo de sosiego. La exterioridad ha desaparecido. Lo espeluznante es la negación de la exterioridad. Lo extraño se ha convertido en terrorífico y domina el mundo.

Desde una perspectiva cultural, en su libro *Miedo líquido*, Zygmunt Bauman realiza algunas consideraciones sobre la naturaleza del miedo que pueden ser útiles para complementar las formas del miedo que se acaban de narrar.[29] Según el sociólogo polaco, el miedo es un sentimiento que conocen todos los seres vivos, tanto los humanos como los animales, pero en el caso de los primeros hay una especie de temor de segundo grado. Es un miedo social o cultural. Nuevos miedos aparecen en la modernidad, como por ejemplo el riesgo. El riesgo es un miedo global, que afecta a todo el mundo y a nadie en concreto. Determinados objetivos tienen sus riesgos, pero aun así hay que correrlos. Los riesgos son aquellos peligros cuya probabilidad podemos calcular, son «peligros calculables».[30] La inseguridad del presente y la incertidumbre del futuro son las experiencias que incuban, según Bauman, «nuestros temores más impotentes e insoportables».[31] Estos son los peores miedos, los que tienen que ver con algo que parece difuso, disperso o poco claro, que no tiene una causa nítida; son los miedos líquidos los que dominan los modernos escenarios. Se trata de miedos que son al mismo tiempo la condición de posibilidad de la existencia y su amenaza de muerte.

Sin lo extraño no hay existencia, pero su presencia atemoriza. No se puede ordenar ni comprender su lógica porque no se posee la gramática adecuada para tenerlo bajo control. A veces se le encierra en instituciones totales, a veces se le marca con un estigma, así se le mantiene a distancia y da pistas al actor sobre la forma de tratarlo. En los escenarios de la modernidad brilla lo positivo, la transparencia, la luz, y la presencia de lo extraño abre un escenario de sombras, de claroscuros, de ambigüedades. Es necesario tenerlo bajo control, ordenarlo, marcarlo, reducir su ambigüedad y su amenaza. Es necesario convertir al *extraño* en *diferente,* en algo simplemente distinto, y así poder integrarlo en el orden del discurso. Aquí todo el mundo quiere ser distinto a los demás, pero en esa voluntad de ser diferente se reproduce lo igual, lo mismo, lo idéntico.[32] Todo es comparable a todo, todo tiene un precio, todo cabe en la lógica de lo económico —que es la lógica del intercambio— y de lo tecnológico —que es la lógica de la prisa y de lo útil—. Esas lógicas son el caldo de cultivo de una caída al abismo, al vacío. Son lógicas que acaban imponiendo una vida desértica y monótona. Se hacen cursos sobre técnicas de resolución de conflictos, olvidando que los verdaderos conflictos nunca se resuelven, a lo sumo se incorporan; olvidando que en el conflicto está la base del latido del mundo. El extraño amenaza, pero hace resonar el mundo y, con su resonancia, mantiene vivo el latir del escenario de la existencia.[33]

En todo escenario hay un lugar que no se muestra solo como inexplicable, sino como algo siniestro o inhóspito cuya atmósfera rebasa sus propios límites. Cuando el actor lo percibe, un sentimiento de desasosiego invade su cotidianidad; es algo que se instala en el escenario y domina el mundo. Se trata de una presencia perturbadora, seductora y terrible al mismo tiempo. Lo siniestro provoca una conmoción ambivalente, es algo desconocido que penetra en la existencia y la altera con una ansiedad que no se puede tener bajo dominio. Lo siniestro es una modalidad de lo extraño. No hay forma de describirlo de manera clara y distinta, pero no obstante cualquier actor se ha sentido alguna vez horrorizado ante su presencia. Forma parte de lo infraordinario de la vida cotidiana, por eso a menudo pasa desapercibido y no perturba hasta que ya es demasiado tarde.

Mientras, los sistemas sociales han intentado conjurar su peligro. Lo terrible es que, por su condición atmosférica, lo siniestro no es algo concreto, y no es fácil encontrar la forma de hacerle frente. ¿Cómo entrar en esa especie de *niebla* que todo lo envuelve y lo posee? Lo siniestro se oculta en un sitio determinado, pero su atmósfera ocupa el escenario provocando la inquietud del actor. Nadie necesita que le expliquen en qué consiste esta desazón, porque es algo cotidiano. Cuando crece y se desborda, se apodera de la existencia; se agarra al cuerpo del actor, a su piel, a sus manos, a su garganta. Su boca se seca y su respiración se altera. El actor necesita respirar, pero no encuentra oxígeno. Es una atmósfera envenenada. El actor no tardó en darse cuenta de que lo que le inquietaba de verdad no venía de otro mundo, sino del mismo mundo. Innumerables veces lo ha revivido. Soñaba que acercaba su mano a la mesilla de noche y alguien o algo extraño, que no *debía estar ahí,* le daba un vaso de agua.[34] Era una pesadilla que se repetía una y otra vez, aunque con algunas variantes, porque otras veces no se trataba de una presencia real, sino de ruidos nocturnos que procedían del piso de arriba, que estaba vacío, de una habitación cerrada o de una escalera que bajaba al sótano en el que se encontraban los contadores de la luz. En todos los casos no podía huir de esa atmósfera que no podía controlar.

La casa se ha concebido como el arquetipo de la frontera, esto es, como el paradigma de la distinción entre la interioridad y la exterioridad; ahora bien, es necesario añadir que, precisamente por eso, nunca nadie podrá habitar *cómodamente* su propia casa, tal vez porque esta no es realmente interior. La literatura y el cine han pensado esa experiencia. Muchísimos relatos y películas cuentan historias en las que aparecen lugares sobre los que se impone una prohibición y en los que no se puede entrar, así como de seres que se caracterizan por todo lo contrario, porque fácilmente pueden penetrar en una casa que no es capaz de proteger de la amenaza exterior. O bien en la casa hay un espacio cerrado sobre el que pesa una prohibición, o bien la casa ya no sirve de guarida, ya no protege, porque lo amenazante está dentro, o lo estará en poco tiempo. Otro argumento clásico presenta a una familia que se cambia de casa por alguna razón y se traslada a una mansión en el campo, separada del resto.[35] Se oyen ruidos, pasos, en algún lugar limítrofe, normalmente una buhardilla o un sótano, pero también detrás de una pared que oculta una habitación secreta. A menudo, lo que esconde esa habitación se libera, surge al exterior y transita por la casa, se cruza con los demás habitantes, pero nadie lo ve, o lo ve solo algún personaje «liminar» (un niño, un perro). El mero hecho de que por alguna razón se sospeche que ahí hay algo que puede hacer acto de presencia en cualquier momento, provoca terror. Este último aspecto es especialmente importante, porque lo siniestro no se limita a ocupar un lugar en el escenario, sino que es algo (es «eso») que se proyecta sobre cada una de las situaciones y de las relaciones que los actores configuran en su vida ordinaria. Nada queda fuera del ámbito de su influencia. De algún modo está siempre presente.

Uno de los rostros de lo siniestro se oculta tras un interdicto que prohíbe una representación: no abrir una puerta, no comer, no beber, no hablar, no tener relaciones sexuales, etcétera. Así da comienzo el libro del Génesis (Gn. 2, 17), con una prohibición. No hay existencia sin «no». Yahvé advierte que la transgresión de ese límite significa la muerte. Se puede gozar *de* todo, pero no *del* Todo. No puede haber una posesión del Todo. En el jardín del Edén, Adán y Eva tienen prohibido ser dioses.[36] El Dios del Antiguo Testamento recuerda a los humanos su condición finita. Es la ambivalencia del tabú la que imprime el vértigo: atrae y repele al mismo tiempo. Hay una zona sombría en el escenario de la existencia. Desde niño al actor le contaron que algo sucedió allí, en esa buhardilla, en ese sótano, en ese desván. Pero ¿qué hay realmente en esa zona? Más allá de lo que se cuenta, de lo que todo el mundo cree, nadie lo sabe a ciencia cierta; de hecho, nadie puede saberlo, porque no se puede acceder a su interior. Siempre se sospecha que alguien tuvo el privilegio de conocer la zona, pero que va a mantener su secreto, o también es posible que el guardián del secreto amenace a todo el que quiera entrar, porque tal vez no haya nada y todo sea una mentira, una especie de leyenda urbana, algo que algunos han urdido para mantener al resto de los actores a raya y legitimar una moral; quizá para los actores sea necesario *creer* que en ese fondo oscuro hay algo que puede convertirse en una amenaza de muerte, y que es esta la que hace posible que la existencia siga latiendo y los escenarios sean habitables. La zona es la condición de posibilidad del escenario. Algún día se podrá entrar en ella, pero nadie conseguirá salir.

Charles Perrault cuenta en *Barba Azul* una historia espeluznante. Un hombre rico, que poseía hermosas casas en la ciudad y en el campo, tenía la barba de color azul y eso le daba un aspecto feo y terrible. De las dos hijas de su vecina, la menor aceptó casarse con él. Un mes después de la boda, Barba Azul le dijo a su esposa que tenía que marcharse durante seis semanas para atender un negocio importante. Por supuesto, podría invitar a casa a sus amigas y divertirse juntas. Le dio las llaves de todas las habitaciones. La última era la de un despacho. Barba Azul prohibió a su mujer que la abriera. «Puedes abrirlas todas, todas menos esa, que debe permanecer cerrada.» Inevitablemente, la prohibición desata en la mujer un deseo irrefrenable. Al abrirla, la joven descubre los cadáveres de las anteriores esposas de su marido; entonces lo siniestro surge y se desborda. La transgresión del tabú desata un escenario de horror. Si no se respeta la prohibición, si todo se desvela y queda al alcance de la voluntad, la muerte coloniza el escenario de la existencia.

No se puede habitar el mundo si no existe una zona que se mantenga a raya. Todos los relatos que tratan esta cuestión suelen tener un fondo en común: algo que estaba escondido se hace presente de repente debido a la curiosidad o a la desobediencia, como resultado de la transgresión de una interdicción. El escenario que hasta entonces parecía tranquilo se vuelve inhóspito. De algún modo ya lo era. Un escenario no es inhóspito porque la zona se abra y surja algo siniestro, sino porque existe una zona prohibida que no se sabe qué es lo que oculta. El actor puede (y tiene que) habitar un mundo en el que debe guardar distancias con lo siniestro. Por eso, para poder existir, hay que mantener cerrada la séptima puerta del castillo de Barba Azul.

La narración de Patricia Highsmith titulada *La casa negra* se sitúa en un pueblo de Estados Unidos. Sus habitantes se encuentran a menudo en el bar y recuerdan las aventuras de su infancia y adolescencia alrededor de un viejo edificio que se halla en las afueras. Al parecer hay un misterio o una maldición sobre esa casa, y los hombres coinciden en que no pueden (ni deben) acercarse a ella. El que no respete esa prohibición corre un grave peligro. Un joven recién llegado hace caso omiso de esas habladurías y una noche se acerca a la casa y entra. Se da cuenta de que todo lo que se dice de ella es falso: «No encontró nada. No había nada en ella. No había fantasmas, y ni un vagabundo ni un autoestopista estaban haciendo uso de la casa como refugio, aunque se acercaba el invierno».[37] Más tarde, cuando regresa al bar del pueblo y cuenta lo que ha visto, es asesinado.

No todo puede mostrarse. No importa qué esconde en realidad la casa negra, si oculta fantasmas, cadáveres o, por el contrario, no hay en ella absolutamente nada y su misterio no es más que una leyenda. Lo importante es darse cuenta de que en el escenario de la existencia siempre hay un espacio inhóspito que no se puede violar. Para que exista un escenario es necesario que en él se encuentren puertas cerradas, habitaciones que no se sabe qué ocultan. No hay escenario sin esas zonas siniestras. Si todo es evidente, si no hay algo que escape al alcance y a la voluntad de poder de los actores, si no hay algo imposible de empalabrar, si todo es cordial, entonces la vida es invivible y el escenario resulta inhabitable.

Telón
También los dioses muertos gobiernan

> La vida, ¿cuándo fue de veras nuestra?,
> ¿cuándo somos de veras lo que somos?,
> bien mirado no somos, nunca somos,
> a solas sino vértigo y vacío,
> muecas en el espejo, horror y vómito,
> nunca la vida es nuestra, es de los otros...
>
> OCTAVIO PAZ, *Piedra de sol*

Descartes pensó la educación como progreso. El *Discurso del método* es un trayecto en el que cada uno de los momentos de la formación prescinde del otro: la *lectura* deja paso al *mundo* y este, a la *interioridad*. La formación del joven René, que leyó a los clásicos en el colegio de La Flèche, pasó por abandonar su casa y su escuela para viajar por el mundo y acabar finalmente recluido en un cuartel, en pleno invierno, junto a una estufa, con un objetivo: *pensar*. Para Descartes, si uno está interesado en acceder a su auténtico yo, lo que debe hacer es encerrarse, buscar un tiempo de soledad radical e iniciar un viaje interior: «No te alejes demasiado de ti mismo, no busques en lo exterior, o, mejor, viaja, pero que ese viaje te sirva para acudir a ti mismo, porque el yo es lo más profundo». Es necesario prescindir de los libros y abandonar el mundo para encontrar la verdad, una verdad absolutamente cierta, firme y segura. Entonces habrá tenido lugar la *verdadera* formación. Pero junto al *Discurso* cartesiano se ubican dos obras también excepcionales para comprender en qué consiste la educación: los *Ensayos,* de Montaigne y *Don Quijote,* de Cervantes. Con ellos se abre una nueva perspectiva: el yo es una ficción de continuidad, una radical exterioridad, la identidad de un actor que habita un escenario.

El prólogo de los *Ensayos* es una auténtica declaración de intenciones. No se esquiva la subjetividad, no se inventa un personaje; al contrario, los *Ensayos* son un viaje de formación, un viaje del yo de su autor que pasa por la biblioteca y por el mundo. Los *Ensayos* nos enseñan que *lector, caminante* y *actor* forman las tres caras del «estar» en el escenario de la existencia, porque, a pesar de vivir en un castillo, rodeado de libros, Montaigne no olvida el mundo. Lo contempla a cierta distancia, es cierto, pero no lo niega: sabe que no se puede vivir al margen de él. Por otra parte, Cervantes descubre el ser que somos cada uno de nosotros no solo alguna vez en la vida, sino de manera estructural. Nuestra vida cotidiana es quijotesca. Don Quijote sale de su casa y, siendo armado caballero, emprende un viaje para deshacer entuertos. Pero lo que Cervantes muestra desde los primeros capítulos de su novela es que la lectura no es algo que se pueda dejar atrás tan fácilmente como pensaba Descartes en su *Discurso*. Don Quijote no puede liberarse de sus lecturas porque forman parte de su cuerpo, porque se las sabe de memoria, por eso la sabiduría quijotesca es incierta, dado que habitar los escenarios de la existencia significa admitir que nada ni nadie puede extirpar el vértigo de la condición humana, sus estructuras sombrías, sus dudas, sus vacilaciones, sus mimetismos, sus amores y sus odios.

Retirarse y abandonar el mundo. Esa fue, por desgracia, una de las características del hombre moderno. A partir de la Reforma luterana se impuso una progresiva pérdida de mundo, un constante «extrañamiento» que alejó al actor de su forma representacional. Desde una perspectiva filosófica, puede decirse que, al obtener una fijación en el capítulo IV del *Discurso* cartesiano, olvidando los tres anteriores —o al leer el *Discurso del método* desde las *Meditaciones metafísicas*—, tuvo lugar la irrupción de un sujeto «amundano» que terminó convirtiéndose en un ente arrogante y autónomo, en algunos casos «inmundo». Ahora bien, el problema no ha sido tanto la *filosofía* de Descartes, sino más bien el *acento* que la modernidad puso en el hecho de no tener presentes otras formas de ser del mundo, los modos de ser de esos actores que nos han enseñado que se puede leer, viajar y pensar al mismo tiempo.

Pero todavía hay más, porque la modernidad se caracterizó por una creciente pérdida del mundo debida a un progresivo énfasis en la cuestión de la vida, como si esta fuera un valor absoluto, un valor supremo. La vida es importante, pero no es *lo más* importante. La vida no es sino existencia —o representación—. ¿Qué significa eso? Significa que es drama y que, por lo tanto, es imposible de separar de la herencia y de las situaciones contingentes del mundo. Una vida sin mundo es una vida muerta. El mundo es la condición de posibilidad de la vida. Una vida sin mundo es obscena y cruel, es invivible, es insoportable.

Ciertamente, el ser humano no está en el mundo como unas muñecas rusas que encajan unas dentro de otras, de menor a mayor tamaño.[1] Todo lo contrario. Si hay ser en el mundo, si hay actores en escenarios, si hay relaciones y situaciones, por fuerza algo o alguien *no encaja*. Si, como las muñecas rusas, todo terminara encajando, como una especie de puzle, uno tendría que sospechar que el mundo se ha roto, bien al modo de un apocalipsis o bien al de un totalitarismo que rinde culto al «Uno», a una especie de «Benefactor», a una unidad sin fisuras y al absoluto incondicional, independiente de cualquier situación.

Si hay escenarios, pues, hay siempre, como mínimo, dos actores (presentes o espectrales) que no pueden unirse. Esos actores están envueltos en esquemas de interpretación y de acción que operan de manera explícita o implícita en su modo de ser, de pensar, de acompañar, de responder; pero si esos esquemas forman parte del mundo no podrán dar respuesta a todos los conflictos de la vida ordinaria. En ellos se filtran espectros que parecen ausentes pero que están demasiado presentes. De ahí que nunca un monólogo sea solo *un* único monólogo. Los actores son porosos, seres afectados, acariciados, penetrados, heridos por «otredades» que persisten en el presente; cada actor está hecho de placeres y dolores producto de las acciones de otros; cada actor es el resultado nunca resuelto del todo de las relaciones con los demás, con las cosas y, tal vez, también con los dioses. Eso es el mundo: la perspectiva de un escenario en un espacio y un tiempo, un ámbito de representación en la historia, unas situaciones en las que hay cuerpos que ríen y lloran, que se encuentran, que se aman y se odian, que se acercan y se alejan, que se abrazan, pero no se alcanzan, porque la unidad no se ha perdido —como en el «mito del andrógino» del *Banquete* de Platón—, sino que, al contrario, esa unidad jamás existió, porque los humanos nunca fueron una unidad. La unidad no es más que una invención metafísica; no ha existido nunca, y nunca podrá existir: el primer número es el dos, no el uno.

Existir es estar en la exterioridad. El yo, la identidad o el sí mismo son ficciones de continuidad, esto es, relaciones, situaciones, vínculos y acontecimientos. Lo interior es tan solo una ilusión, para algunos necesaria o imprescindible. Según ellos, sería un punto de apoyo portador de autenticidad, sería lo que da consistencia a la vida, lo que da coherencia a las acciones y mantiene firmes las opciones y las decisiones. Pero desde la perspectiva del drama humano, en cambio, eso no es más que una burla, porque *la vida está en otra parte*, está en la exterioridad, y por eso, tarde o temprano, el vértigo hará acto de presencia. El vértigo es la ambivalencia de la atracción y la repulsión de un abismo sin fondo, un viaje que puede no tener retorno; es tener la necesidad de enfrentarse a la ambigüedad de los escenarios, a su pluralidad. No hay mundo allí donde hay una única forma de vida.[2] No hay hechos en el escenario, sino solo juegos y conflictos de interpretaciones, porque todo hecho es gramatical. Hace mucho tiempo que se borró el texto originario, si es que alguna vez hubo alguno. En efecto, el actor piensa que ese texto puro fue solo un espejismo, o, tal vez, algo peor, un invento de esos dogmáticos que querían dominar y controlar la escena. Alguien heredó un texto y se lo contó a otro, y ese otro, a otro, y así sucesivamente. Pero ¿cuál es el original? No existe —o, si existe, los seres finitos, los actores, no tienen acceso a él.

El actor no tiene entrada en el mundo si no es a través de la gramática y del guion heredado. Pero eso no es suficiente, porque para poder sobrevivir tendrá que ser acogido en un ámbito de cordialidad. Si no existe una semántica cordial, no es posible habitar una perspectiva de mundo, un escenario, y representar la función. Nacer es heredar y enlazar; el actor recibe la herencia de un mundo interpretado y, en ella, un guion dotado de esquemas de interpretación y de acción (una nacionalidad y una lengua materna, un género y un sexo, un barrio y una familia, una escuela, unos mitos y unos rituales, unos símbolos y unos gestos) que no ha escogido y que tendrá que representar en las sucesivas situaciones que se le presenten en la vida ordinaria. Es verdad que el humano es «el animal no fijado» (Nietzsche), pero también resulta evidente que, a causa de los esquemas de interpretación y de acción, existe una cierta fijación, a veces incluso un exceso ella. El actor sabrá intuitivamente cómo habitar de manera poco problemática los escenarios de la existencia, cómo usar los objetos y las cosas que le salen al paso y cómo interpretar los códigos, las señales y los gestos de los otros actores con los que comparte su cotidianidad, cómo inclinarse ante una verticalidad que le merece devoción y respeto. Todo eso expresa la imposibilidad de acceder al origen, al primer texto, al mundo desprovisto de gramática.[3]

Pero, a pesar de los esquemas de interpretación y de acción, en la vida ordinaria la amenaza de lo indisponible y de lo inhóspito hace acto de presencia. Nunca un entorno de familiaridad, de hospitalidad o de afectividad es del todo paradisíaco, nunca está encerrado en sí mismo, sino que, al contrario, es «poroso», está expuesto a una serie de «afueras», a alteridades u otredades (tales como objetos, cosas, animales, plantas, actividades, deseos, ideales, etcétera) que encuentran formas de salvar los círculos de protección y contaminar el entorno. Sin la posibilidad de contaminación exterior, un entorno de familiaridad se convierte en un entorno infernal. Esa es la paradoja. La familiaridad es una *familiaridad amenazada*. Se trata de una amenaza que provoca vértigo, porque la ambigüedad también es su condición de posibilidad.[4] La fragilidad del mundo —su sombría indisponibilidad— impide que el escenario sea plenamente cósmico. En cualquier momento puede aparecer un extraño, alguien que rompa los esquemas del actor, sus vínculos de identificación, sus ficciones de continuidad, alguien que altere su vida ordinaria y ponga en riesgo la frágil estabilidad del escenario. Lo extraño es una posibilidad insoslayable que en el momento menos pensado puede introducir un punto de vista no esperado, no previsto, no programado, un punto de vista amenazante y siniestro.

En resumen: en el mundo es imposible una «cosmicidad» plena, porque en todo escenario hay situaciones y relaciones amenazantes, que provocan miedo y que son, al mismo tiempo, la condición de posibilidad de la existencia. Ningún escenario puede ser sometido a una jaula de acero. A diferencia de lo que creyeron algunos, ni todo está por hacer ni todo es posible. Precisamente porque el escenario posee zonas sombrías, un instante puede convertirse en un cráter del infierno o en el agua del paraíso.[5] En la indisponibilidad late, inevitablemente, la posibilidad de lo inhóspito, y es esa posibilidad la que mantiene viva la fragilidad del mundo. Lo inhóspito es una señal de que en cualquier escenario siempre hay una semántica hosca que, como tal, es imposible comprender y clasificar. Sin duda, el actor se desvive por saber qué oculta, pero su secreto, aunque lo descubra, no podrá nombrarlo, puesto que su «ser» está más allá de las categorías, de los órdenes discursivos y de las taxonomías. Salvo algún gesto, no existe lenguaje alguno que permita expresar esa indisponibilidad. Junto con la cordialidad y la hospitalidad, la semántica hosca es también una condición de posibilidad del escenario de la existencia. Lo inhóspito abre de nuevo la presencia del vértigo, del estado de ánimo que ha acompañado al actor desde su llegada al mundo. Se trata, por un lado, de aquella escena inviolable: si alguien se atreve a abrir sus puertas, el horror está asegurado; pero, por otro, indica una pasión irresistible, un deseo de profanación que atrae y repele al mismo tiempo. Lo inhóspito devuelve la imagen de lo que significa una representación. Ningún actor, en principio, es capaz de reconocerlo con facilidad, pero lo inhóspito insiste, porque nadie puede deshacerse de su modo de ser espectral. Muchos actores siguen pensando en la posibilidad de una utopía libre de lo inhóspito. Son los que creen en paraísos encontrados, en escenarios sin disonancias, en existencias sin vértigo.

El escenario está poblado de espectros. Forma parte de un mundo construido por los vivos y los muertos. Es importante subrayar *y los muertos,* e insistir en la presencia de los ausentes, en la presencia de esos actores que nunca salen a escena pero que están ahí durante toda la representación. Esos ausentes se manifiestan en los recuerdos, así como en las cosas, que, a diferencia de los objetos, no son sustituibles, no tienen dignidad, pero tampoco precio, porque en ellas habitan las almas de los muertos. Siempre hay espectros en los escenarios; es posible que algunos ya lo hayan abandonado y que otros todavía no hayan hecho acto de presencia. Llegarán el día menos pensado. Por eso es necesario sentir, porque los espectros no se piensan, se sienten. O tal vez habría que aspirar a un pensamiento sensible, a flor de piel, que rompa las entrañas. Lo más profundo es la piel.

La función ha terminado. Ahora cae el telón. Imperturbable, silencioso, el escenario no depende de nada ni de nadie. Los actores entran, salen, hablan entre sí, a veces guardan silencio o simplemente se ignoran. Se cambian de ropa, se desmaquillan. Algunos pasan con celeridad, parece que tienen prisa. No pasa nada extraordinario, ha sido un día perfecto y todo sigue su curso.[6] El actor acaba de representar su última función. De joven había imaginado muchas veces ese momento, pensaba que tendría al público entregado, puesto en pie, y que la ovación duraría varios minutos, pero no sucede. Ha sido una representación ni mejor ni peor, sin aspavientos. El actor no es un héroe trágico, más bien está cerca de ser cómico, y ahora se da cuenta de algo que debería haber aprendido hace tiempo, que el escenario de la existencia es tragicómico y que la ambivalencia del mundo, el vértigo, resulta inevitable.

Oculto detrás del telón observa cómo los espectadores abandonan el teatro. Una atmósfera de silencio se apodera del patio de butacas. Entonces, el actor recuerda los años que ha pasado ahí, con sus buenos y malos momentos. Esa última función nadie la verá. Ignora el motivo, pero en ese instante surge de nuevo la sensación de incertidumbre. En el fondo, todo es cuestión de matiz, aunque a veces haya situaciones de extrema radicalidad. El vértigo le ha enseñado que el escenario es la perspectiva de un mundo sombrío y que cualquier intento de sistematizarlo es imposible o, tal vez, incluso perverso. Heidegger, en una conocida entrevista publicada póstumamente, sostuvo que solo un dios podría salvarnos. Ahora el actor descubre que es justo lo contrario, que un dios es lo que *no* puede salvarnos, porque no hay salvación. Es curioso, piensa, que al final siempre aparezca la cuestión de Dios, la pregunta sobre dónde está Dios, el interrogante de si Dios está en todo o de si todo es Dios. Lo que hay es una ausencia radical, una falta permanente, y Dios es esa ausencia, esa falta que subyace en el mundo. Dios es el signo de interrogación con mayúsculas, el desempalabramiento, la oscuridad infinita. A menudo, el actor ha escuchado decir que Dios era la luz o el sentido de la vida, pero él cree que es el silencio eterno. Beckett tenía razón: *Fin de partida*. «Se acabó, sí, sí, se acabó.»

Habría que preguntarse si es posible permanecer en un escenario así y si se puede vivir mirando de frente esa ausencia. Y la respuesta podría ser que solo así se existe, se existe en la danza de la música del tiempo y en el vaivén de las olas. Si al final se produce la caída, que es lo más probable, siempre habrá la esperanza de encontrar algún gesto cordial que permita levantarse de nuevo y decir *sí*.

Ahora que el público se ha marchado, el actor piensa que tal vez nada de eso importe demasiado, porque, para bien o para mal, nunca se está solo del todo, pues *también los dioses muertos gobiernan*.[7] En ese momento, el actor baja del escenario y camina entre las butacas de la sala; las toca, las acaricia, como si buscara en ellas una última mirada de complicidad. Sabe que echará de menos los gestos de los espectadores y la materialidad de sus cuerpos. No volverá a pisar ese escenario ni a representar otra función. Después abandona el teatro y anda por las calles de la ciudad. Es de noche y piensa que para que todo fuera más melodramático tendría que empezar a llover y entonces se escucharía a lo lejos un suave nocturno de Chopin; pero, por suerte, no sucede porque eso no sería melodramático, sino ridículo. Todo acaba, todo tiene que terminar, y nada tiene de trágico ni de extraordinario. Es algo cotidiano, incluso banal, y eso ya es mucho y merece la pena, y piensa en esos momentos vividos en el escenario de la existencia, así como en su cobardía a la hora de atreverse a pronunciar esa palabra, la palabra que aparecía en el último fotograma de las películas y en la última página de las novelas y que por fin hace acto de presencia. Solo tiene dos sílabas: final. ¿Cómo decirla? ¿Cómo atreverse a decirla?

Final.

Apéndices

Notas

Pórtico: La experiencia del vértigo

1. Tomo esa idea de la obra de Lluís Duch.
2. Lipovetsky, G., *La consagración de la autenticidad,* Anagrama, Barcelona, 2024.
3. Canetti, E., *Masa y poder,* en *Obras completas 1,* Galaxia Gutenberg, Barcelona, 2002. Véase también Lipovetsky, op. cit., pág. 143.
4. Bergson, H., *La evolución creadora,* en *Obras escogidas,* Aguilar, Madrid, 1963, pág. 443.
5. Waldenfels, B., *Der Stachel des Fremden,* Suhrkamp, Fráncfort del Meno, 1990.
6. El mundo es, como señala Rainer Maria Rilke en la primera de las *Elegías de Duino*, un «mundo interpretado».
7. Coccia, E., *Metamorfosis. La fascinante continuidad de la vida,* Siruela, Madrid, 2021, pág. 26.
8. Marías, J., *Antropología metafísica,* Alianza Editorial, Madrid, 1995, pág. 96, y Nicol, E., *Psicología de las situaciones vitales,* Fondo de Cultura Económica, México, 2013.
9. Me inspiro en Sennett, R., *The Performer. Art, Life, Politics,* Penguin, Londres, 2024, pág. 61. (Hay trad. cast.: *El intérprete. Arte, vida, política,* Anagrama, Barcelona, 2024.)
10. Confieso mi deuda con la gran obra de Ricœur, P., *Sí mismo como otro,* Siglo XXI Editores, Madrid, 1996.
11. Para ilustrar esa idea es decisivo tener en cuenta el relato de James Joyce «Los muertos».
12. Grass, G., *Pelando la cebolla,* Alfaguara, Madrid, 2007, pág. 11.
13. Véanse Marquard, O., *Filosofía de la compensación. Escritos sobre antropología filosófica,* Paidós, Barcelona, 2001, y Lahoz, M., *La trama de la memoria. Una filosofía del recuerdo y del olvido,* Tusquets Editores, Barcelona, 2022, pág. 14.
14. Marquard, O., *Filosofía de la compensación,* op. cit.

15. Ese es el sueño con el que fantaseó Descartes. Véase, en ese sentido, el comienzo de su segunda meditación.

16. Sigo la obra de Rombach, H., *El hombre humanizado. Antropología estructural,* Herder, Barcelona, 2004, pág. 292.

17. Zambrano, M., «Pensamiento y poesía en la vida española», en *Obras completas 1,* Galaxia Gutenberg, Barcelona, 2015, pág. 569.

18. Taylor, C., *Fuentes del yo. La construcción de la identidad moderna*, Paidós, Barcelona, 2003.

19. Volpi, J., *La invención de todas las cosas. Una historia de la ficción,* Alfaguara, Madrid, 2024.

20. Handke, P., *Insultos al público,* Alianza Editorial, Madrid, 1982.

21. Me ocupé de esa cuestión en el capítulo dedicado a Descartes de mi libro *La sabiduría de lo incierto. Lectura y condición humana,* Tusquets Editores, Barcelona, 2019.

1. El argumento de la representación

1. Vilanova, A., «El tema del Gran Teatro del Mundo», *Butlletí de la Reial Acadèmia de Bones Lletres de Barcelona,* vol. 23, 1950, págs. 153-188.

2. Para lo que viene a continuación me apoyo en González García, J.M., *Metáforas del poder,* Alianza Editorial, Madrid, 1998, págs. 99 y sigs.

3. Séneca, L.A., *Cartas a Lucilio,* Cátedra, Madrid, 2018, LXXVII.

4. González García, J.M., *Metáforas del poder,* op. cit., pág. 109.

5. La política siempre ha tenido una dimensión claramente teatral y ceremonial, y ese elemento se agudizó en la sociedad barroca. Véase González García, *Metáforas del poder,* op. cit., pág. 107.

6. Ibíd., págs. 110-111.

7. Shakespeare, W., *Macbeth*, Cátedra, Madrid, 2005.

8. Sigo a Brissett, D., y C. Edgley (eds.), *Life as theater. A dramaturgical source book,* Walter de Gruyter, Nueva York, 1990, pág. 6.

9. Beckett, S., «Fin de partida», en *Teatro reunido,* Tusquets Editores, Barcelona, 2006, pág. 212.

10. Goffman, E., *La presentación de la persona en la vida cotidiana,* Amorrortu, Buenos Aires, 2019, págs. 30-31.

11. Goffman, E., *Frame analysis. Los marcos de la experiencia,* Siglo XXI/CIS, Madrid, 2006, pág. 131.

12. Tomo ese concepto de la obra de Bodei, R., *Imaginar otras vidas. Realidades, proyectos y deseos,* Herder, Barcelona, 2014, pág. 82.

13. Le Breton, D., *La sociología del cuerpo,* Nueva Visión, Buenos Aires, 2002, págs. 62-63.

14. Kafka, F., «Comunidad», en *La muralla china,* Alianza Editorial, Madrid, 2015, págs. 170-171.

15. En lo que sigue me inspiro en la obra de Massimo Recalcati

La notte del Getsemani, Einaudi, Turín, 2020. (Hay trad. cast.: *La noche de Getsemaní*, Anagrama, Barcelona, 2024. Cito según esta edición.)

16. Recalcati, *La noche de Getsemaní*, op. cit., pág. 41.

17. En la tradición bíblica veterotestamentaria hay otras escenas de traición. La primera, que aparece en el Génesis, es la de Adán y Eva. Pero los «traidores de Getsemaní» (Judas y Pedro) no son figuras similares a las de los primeros padres. Jesús sabe que va a ser traicionado por alguien de su confianza, por alguien que está sentado esa noche en su misma mesa; se trata de alguien que está cenando con él (Lc 22,21). El traidor es un discípulo suyo, un amigo íntimo. Entonces, en la cena de Getsemaní, cuando el Maestro anuncia que uno de sus discípulos lo va a traicionar, entra en juego el recelo, la desconfianza, la sospecha: «Hay un traidor entre nosotros».

18. Recalcati, *La noche de Getsemaní*, op. cit., pág. 53.

19. Le Breton, D., *Desaparecer de sí. Una tentación contemporánea*, Siruela, Madrid, 2016.

20. Hannah Arendt se ocupó de la promesa en la última parte de su libro *La condición humana*.

21. Amartya Sen trató esa cuestión en su obra *Identidad y violencia. La ilusión del destino*, Katz Editores, Madrid, 2007.

22. Los motivos son diversos, pero hay algunos que resultan relevantes: racismo, feminismo, ecologismo, veganismo, hasta el punto de convertirse en «teologías de sustitución». George Steiner se ocupó de esa cuestión en su libro *Nostalgia del Absoluto*, Siruela, Madrid, 2011. Esas identidades suelen presentarse como víctimas, como ideologías discriminadas para, de ese modo, tener una protección radical y convertir su pensamiento en un pensamiento incontestable. Cualquier crítica a esas filosofías es automáticamente desautorizada sin argumento alguno.

23. Lipovetsky, G., *La consagración de la autenticidad*, Anagrama, Barcelona, 2024, pág. 142.

24. Schmitt, C., *El concepto de lo político*, Alianza Editorial, Madrid, 2018. Como señala Schmitt, la distinción que hace posible lo político es la de «amigo-enemigo».

25. Assmann, J., *Religión y memoria cultural. Diez estudios*, Lilmod, Buenos Aires, 2008, pág. 19.

26. Duch, L., *Un extraño en nuestra casa*, Herder, Barcelona, 2007, pág. 135.

27. Assmann, J., *Religión y memoria cultural*, op. cit., pág. 21.

28. Del Soldà, P., *La vida fuera de uno mismo. Una filosofía de la aventura*, Tusquets Editores, Barcelona, 2023, pág. 208.

29. Mèlich, J.-C., *Lógica de la crueldad*, Herder, Barcelona, 2014.

30. Oz, A., *Contra el fanatismo*, Siruela, Madrid, 2015.

31. Le Breton, D., *Desaparecer de sí*, op. cit., pág. 14.

32. Lipovetsky, G., *Le sacre de l'authenticité*, Gallimard, París, 2021.

33. Tomo ese concepto de David Le Breton, *Desaparecer de sí*, op. cit., pág. 15, aunque le doy un giro personal.

34. Véase Del Soldà, P., *La vida fuera de uno mismo*, op. cit., pág. 213.

La película *Canino* (2009), de Y. Lanthimos, sería un claro ejemplo de ello.

35. Le Breton, D., *Desaparecer de sí,* op. cit., págs. 23-24.

36. Ibíd.

37. Ibíd., pág. 25.

38. Seelig, C., *Paseos con Robert Walser,* Siruela, Madrid, 2000, pág. 47. Ese aspecto lo comenta también David Le Breton en su libro *Desaparecer de sí,* op. cit., pág. 28.

39. Le Breton, D., *Desaparecer de sí,* op. cit., pág. 30.

40. Otro ejemplo al que recurre Le Breton en su libro es el personaje de Bartleby, de Herman Melville. La muerte de Bartleby muestra la imposibilidad de la existencia sin vínculo, sin otredad y sin escenario.

41. Gracias a ese encierro puede también conjurar el miedo. Véase Le Breton, D., *Desaparecer de sí,* op. cit., pág. 37.

42. Perec, G., *Un hombre que duerme,* Impedimenta, Madrid, 2017. Puede leerse un comentario de esa novela en relación con lo que aquí se trata en Le Breton, D., *Desaparecer de sí,* op. cit., págs. 38 y sigs.

43. Perec, G., *Un hombre que duerme,* op. cit., pág. 21.

44. Ibíd., pág. 22.

45. Ibíd., pág. 27.

46. Ibíd., pág. 32.

47. Ibíd., pág. 48.

48. Ibíd., pág. 48.

49. Ibíd., pág. 50.

50. Le Breton, D., *Desaparecer de sí,* op. cit., pág. 65.

51. Ibíd., pág. 66.

52. Marquard, O., *Filosofía de la compensación. Escritos sobre antropología filosófica,* Paidós, Barcelona, 2001, pág. 74.

53. Volveremos sobre la cuestión de los hábitos en el capítulo titulado «La vida ordinaria».

54. Certeau, M. de, *La invención de lo cotidiano. 1. Artes de hacer,* Universidad Iberoamericana, México, 2000, pág. 129.

55. Bachelard, G., *La poética del espacio,* Fondo de Cultura Económica, Madrid, 2018.

56. Marin, C., *Estar en su lugar. Habitar la vida, habitar el cuerpo,* Anagrama, Barcelona, 2024, pág. 10.

57. Ibíd., pág. 166.

58. Marin, C., *Estar en su lugar,* op. cit., pág. 165.

59. Augé, M., *Los «no lugares». Espacios del anonimato. Una antropología de la sobremodernidad,* Gedisa, Barcelona, 1993, pág. 41.

60. O al menos el peligro queda reducido a la mínima expresión.

61. Sigo a Hernando, A., *La corriente de la historia (y la contradicción de lo que somos),* Traficantes de Sueños, Madrid, 2023.

62. Ibíd., pág. 29.

2. El temor a la exterioridad

1. Es lo que Hans Blumenberg llamará «absolutismo de la realidad». Véase Blumenberg, H., *Trabajo sobre el mito*, Paidós, Barcelona, 2003.

2. Hübner, K., *La verdad del mito*, Siglo XXI, México, 1996; Blumenberg, H., *Tiempo de la vida y tiempo del mundo*, Pre-Textos, Valencia, 2007, pág. 66.

3. Severino, E., *La filosofía contemporánea*, Ariel, Barcelona, 1987, pág. 13.

4. Blumenberg, H., *Tiempo de la vida y tiempo del mundo*, op. cit., pág. 63.

5. En lo que sigue tomo algunas ideas del libro de Julián Marías *Antropología metafísica*, Alianza Editorial, Madrid, 1983.

6. Ibíd., pág. 80.

7. Ibíd., pág. 82.

8. Me baso en Taylor, C., *Fuentes del yo. La construcción de la identidad moderna*, Paidós, Barcelona, 1996.

9. Spierling, V., *«Nada es más asombroso que el hombre». Una historia de la ética desde Sócrates hasta Adorno*, Acantilado, Barcelona, 2024, pág. 56.

10. «La duplicación de lo real [...] constituye igualmente la estructura fundamental del discurso metafísico desde Platón hasta nuestros días. Según esa estructura metafísica, lo real inmediato solo es admitido y comprendido en la medida en que pueda ser considerado como la expresión de un real diferente, el único que le confiere sentido y su realidad. Este mundo, que en sí carece de sentido, recibe su significación y su ser de otro mundo que lo dobla o, más bien, de otro mundo en relación con el cual este mundo no es sino un engañoso remedo.» Véase Rosset, C., *Lo real y su doble. Ensayo sobre la ilusión*, Tusquets Editores, Barcelona, 1993, pág. 51.

11. Ibíd., pág. 68.

12. Por eso está siempre llamándonos a la interioridad, a ir hacia dentro. Véase Taylor, C., *Fuentes del yo*, op. cit., pág. 145.

13. Agustín de Hipona, *De Trinitate*, Libro XII, capítulo 1.

14. Agustín de Hipona, *Confesiones*, III, 7-11.

15. Agustín de Hipona, *De vera religione*, XXXIX, 72: *«Noli foras ire, in te ipsum redi. In interiore homine habitat veritas»*.

16. Spierling, V., «Nada es más asombroso que el hombre», op. cit., págs. 121-122.

17. Que es como la llama Charles Taylor en *Fuentes del yo*, op. cit., pág. 147.

18. Ibíd., pág. 148.

19. Galimberti, U., *L'etica del viandante*, Feltrinelli Editore, Milán, 2023, pág. 69.

20. Pensemos, por ejemplo, en Georg Simmel *(Sociología: estudios sobre las formas de socialización)*, Max Weber *(La ética protestante y el*

espíritu del capitalismo), Jacob Burckhardt (*La cultura del Renacimiento en Italia*) o Ernst Cassirer *(Individuo y cosmos en la filosofía del Renacimiento*).

21. Dülmen, R. van, *El descubrimiento del individuo. 1500-1800*, Siglo XXI, Madrid, 2016.

22. Ibíd., pág. 21.

23. Safranski, R., *Ser único. Un desafío existencial*, Tusquets Editores, Barcelona, 2023, pág. 45.

24. Ibíd.

25. Ibíd., pág. 47.

26. Taylor, C., *La era secular*, vol. 1, Gedisa, Barcelona, 2014, pág. 130. Otro de los motivos impulsores de la Reforma —especialmente en el calvinismo— es el horror al desorden del mundo. En la doctrina de Calvino, por ejemplo, se considera que las formas externas tienen menos importancia y que el tema fundamental es, de nuevo, la relación del alma con Dios. Relativización de la exterioridad, pues, en favor del compromiso interno. Véase Taylor, C., *Fuentes del yo,* op. cit., pág. 243.

27. Dülmen, R. van, *El descubrimiento del individuo*, op. cit., pág. 27.

28. Ibíd., pág. 39.

29. Taylor, C., *La era secular*, op. cit., pág. 58.

30. Ibíd., pág. 74.

31. Dülmen, R. van, *El descubrimiento del individuo*, op. cit., pág. 62.

32. Ibíd., pág. 63.

33. Véase Taylor, C., *La ética de la autenticidad*, Paidós, Barcelona, 1994, pág. 62.

34. Véase Lipovetsky, G., *Le sacre de l'authenticité*, Gallimard, París, 2023. (Hay trad. cast.: *La consagración de la autenticidad*, Anagrama, Barcelona, 2024.)

35. Ibíd., pág. 65.

36. Dülmen, R. van, *El descubrimiento del individuo*, op. cit., pág. 97.

37. Rousseau, J.-J., *Las confesiones*, Alianza Editorial, Madrid, 1997, pág. 27.

38. Después de Rousseau, en el Romanticismo y a lo largo del siglo XIX, esa moral será un principio absoluto incontestable. Se puede comprobar en autores como Herder, Humboldt y Goethe. Otros pensadores postrománticos seguirán esa línea (Kierkegaard y Nietzsche); también los filósofos de la existencia (Heidegger, Sartre) podrán considerarse «apóstoles de la autenticidad». Véase Lipovetsky, *La consagración de la autenticidad*, op. cit., págs. 33-35.

39. Kant, I., *Crítica de la razón práctica*, Alianza Editorial, Madrid, 2013.

40. Dülmen, R. van, *El descubrimiento del individuo*, op. cit., pág. 104.

41. Ibíd., pág. 115.

42. Ibíd., pág. 118.

43. Sigo a Sadin, E., *La era del individuo tirano. El fin de un mundo común*, Caja Negra, Buenos Aires, 2022, pág. 32.

44. Ibíd., pág. 94.

45. Tomo esa idea del libro de Rita Segato *Contra-pedagogías de la crueldad*, Prometeo, Buenos Aires, 2018.

46. Lipovetsky, *La consagración de la autenticidad*, op. cit.

47. Ibíd.

48. Han, B.-Ch., «Sobre eros», en *La tonalidad del pensamiento. Trilogía de las conferencias*, vol. 1, Paidós, Barcelona, 2024, pág. 78.

49. Marías, J., *Antropología metafísica*, op. cit., pág. 85: «La instalación es la forma empírica de la radicación en la vida humana como realidad radical».

50. Isava, L.M., *De las prolongaciones de lo humano. Artefactos culturales y protocolos de experiencia*, Pre-Textos, Valencia, 2022, pág. 60.

51. Cassirer, E., *Antropología filosófica. Introducción a una filosofía de la cultura*, Fondo de Cultura Económica, México, 1987, pág. 49.

52. Duch, L., *Religió i comunicació*, Fragmenta Editorial, Barcelona, 2010, pág. 165.

53. Ibíd., pág. 64.

54. Ibíd., pág. 174.

55. Ibíd., pág. 175.

56. Rodríguez Adrados, F., *Del teatro griego al teatro de hoy*, Alianza Editorial, Madrid, 1999.

57. Traté esa cuestión en mi libro *La fragilidad del mundo*, Barcelona, Tusquets Editores, 2021.

58. Safranski, R., *¿Cuánta verdad necesita el hombre?*, Tusquets Editores, Barcelona, 2023.

59. May, R., *La necesidad del mito. La influencia de los modelos culturales en el mundo contemporáneo*, Paidós, Barcelona, 1992.

60. Me apoyo en Ricœur, P., *Finitud y culpabilidad*, Trotta, Madrid, pág. 377.

61. Mosès, S., *El Eros y la Ley. Lecturas bíblicas*, Katz Editores, Madrid, 2007, pág. 15.

62. Recalcati, M., *La legge della parola. Radici bibliche della psicoanalisi*, Einaudi, Milán, 2022, pág. 21.

63. Duch, L., *Mito, interpretación y cultura. Introducción a la logomítica*, Herder, Barcelona, 2002.

64. Blumenberg, H., *Tiempo de la vida y tiempo del mundo*, op. cit., pág. 65.

65. Rosa, H., *Lo indisponible*, Herder, Barcelona, 2021, pág. 89.

66. Dürrenmatt, F., *Los físicos*, Tusquets Editores, Barcelona, 1995.

67. Fernando Bárcena me puso sobre la pista de esa idea de Hannah Arendt.

68. Bourdieu, P., *Meditaciones pascalianas*, Anagrama, Barcelona, 2006, pág. 126.

69. Véase Volpi, J., *La invención de todas las cosas. Una historia de la ficción*, op. cit.

70. En mi libro *La fragilidad del mundo* propuse cuatro «sistemas sociales simbólicos»: el teológico, el económico, el político y el tecnológico.

71. Abenoza, S., *No consentiràs pensaments impurs*, Fragmenta Editorial, Barcelona, 2024.

3. La vida ordinaria

1. Cioran, E.M., *Cuadernos*, Tusquets Editores, Barcelona, 2019.
2. Ellmann, R., *James Joyce*, Anagrama, Barcelona, 1991, pág. 21.
3. Heller, Ágnes, *Sociología de la vida cotidiana*, Península, Barcelona, 1977.
4. Tomo este término de la obra de Milan Kundera.
5. La prosa no debe entenderse como lo contrario de la poesía, sino la forma de ser de la existencia en el mundo. Véase Milan Kundera, *El telón. Ensayo en siete partes*, Tusquets Editores, Barcelona, 2005.
6. Del Soldà, P., *La vida fuera de uno mismo. Una filosofía de la aventura*, Tusquets Editores, Barcelona, 2023.
7. Las agendas personales (los llamados «Bullet Journals») son un ejemplo de esos «cascarones» que sirven de protección al actor de lo extraordinario; son muestras del triunfo de lo ordinario sobre lo extraordinario.
8. Levinas, E., *Totalidad e infinito. Ensayo sobre la exterioridad*, Sígueme, Salamanca, pág. 286.
9. Sin duda, un ejemplo de relación extraordinaria es la que se narra en *La transformación*, de Kafka.
10. Véase Ariès, Ph., *El hombre ante la muerte*, Taurus, Madrid, 2024, y R. Sennett, *El intérprete*, Anagrama, Barcelona, 2024, pág. 161.
11. Como vamos a ver más adelante, la confianza es una condición necesaria para habitar una situación con un mínimo de tranquilidad y de familiaridad. Sin ella, la conversación entre dos extraños ya no se da por descontado, y el escenario, que se consideraba seguro, comienza a ser inquietante.
12. Schütz, A., y Th. Luckmann, *Las estructuras del mundo de la vida*, Amorrortu, Buenos Aires, 1977.
13. Volpi, J., *La invención de todas las cosas. Una historia de la ficción*, Alfaguara, Madrid, 2024.
14. Steiner, G., *Gramáticas de la creación*, Madrid, Siruela, 2001, pág. 12 y A. Finkielkraut, *La humanidad perdida. Ensayo sobre el siglo xx*, Anagrama, Barcelona, 1998.
15. Para lo que viene a continuación, véase Kolakowski, L., *Horror metaphysicus*, Tecnos, Madrid, 1990, págs. 20 y sigs.
16. Berger, P., y Th. Luckmann, *La construcción social de la realidad*, Amorrortu, Buenos Aires, 2000.
17. Safranski, R., *¿Cuánta verdad necesita el hombre? Lo que se puede pensar y lo que se puede vivir*, Tusquets Editores, Barcelona, 2023.

18. Kolakowski, L., *Horror metaphysicus*, op. cit., págs. 25-26.

19. Arnau, J., *La fuga de Dios. Las ciencias y otras narraciones*, Atalanta, Girona, 2017, y J. Arnau, *Materia que respira luz. Ensayo de filosofía cuántica*, Galaxia Gutenberg, Barcelona, 2023.

20. Durand, G., *La imaginación simbólica*, Amorrortu, Buenos Aires, 1971.

21. Paul Tillich define «lo demoníaco» como algo finito y limitado que ha sido investido de la magnitud de lo infinito. Véase Tillich, P., *Teología de la cultura y otros ensayos*, Amorrortu, Buenos Aires, 1974, pág. 238.

22. Schnitzler, A., *Relato soñado*, Acantilado, Barcelona, 1999.

23. Fosse, J., *Trilogía*, De Conatus, Madrid, 2023, pág. 144.

24. Piénsese en la violencia simbólica de la que trata Pierre Bourdieu. Véase, Bourdieu, P., *La dominación masculina*, Anagrama, Barcelona, 2015.

25. Me ocupé de esta cuestión en *La fragilidad del mundo. Ensayo sobre un tiempo precario*, Tusquets Editores, Barcelona, 2021.

26. Desde la perspectiva de la provisionalidad y de la duda, la figura del extranjero, o del extraño, resulta fundamental, porque es precisamente el extraño (el que no ha sido capturado por el orden del discurso) el que hace una pregunta imprevista y abre un espacio de interrogación que no ha sido previsto. Como resulta obvio, el extraño es inquietante, pero es una inquietud sin la que no es posible existir en un escenario. Volveremos sobre esta cuestión en el capítulo 6.

27. A menudo parece «como si la vida no debiera revelarse nada más que a través de lo espectacular.» (Georges Perec, *Lo infraordinario*, Impedimenta, Madrid, 2017, pág. 21.)

28. Véase Hernando, A., *La fantasía de la individualidad. Sobre la construcción sociohistórica del sujeto moderno*, Traficantes de Sueños, Madrid, 2022.

29. Edmund Husserl, *Ideas relativas a una fenomenología pura y una filosofía fenomenológica*, Fondo de Cultura Económica, México, 2013.

30. Véase Perec, G., *Lo infraordinario*, op. cit., pág. 24.

31. Véase Perec, G., *La vida instrucciones de uso*, Anagrama, Barcelona, 2018.

32. En base a este modo de concebir el mundo, Perec analiza un edificio, un inmueble imaginario situado en París. Imagina los lugares comunes, los apartamentos, los individuos que viven en ellos, etcétera.

33. Descola, Ph., *Una ecología de las relaciones*, Gedisa, Barcelona, 2023.

34. Ibíd., pág. 32.

35. A esta cosmovisión, Descola la llama «animismo».

36. Sigo Descola, Ph., *Más allá de la naturaleza y la cultura*, Amorrortu, Buenos Aires, 2012, págs. 443 y sigs.

37. Mauss, M., *Ensayo sobre el don. Forma y función del intercambio en las sociedades arcaicas*, Katz Editores, Madrid, 2012, pág. 70.

38. Ibíd., pág. 75.

39. Consideré este aspecto en el capítulo dedicado a los sistemas sociales de mi libro *La fragilidad del mundo*, Tusquets Editores, Barcelona, 2021.

40. Descola, Ph., *Más allá de la naturaleza y la cultura*, op. cit., pág. 451.

41. Ibíd., pág. 454.

42. Durkheim, E., *Educación y sociología*, Península, Barcelona, pág. 53.

43. Sigo aquí las obras de Jan Assmann.

44. Horvilleur, D., *Madres, hijos y rabinos. Sexo, transmisión e identidad en el judaísmo*, Libros del Asteroide, Barcelona, 2024, pág. 82.

45. Véase, por ejemplo, la novela de Jorge Semprún, *Veinte años y un día*, Tusquets Editores, Barcelona, 2003.

46. «Y estas palabras que yo te mando hoy, estarán sobre tu corazón; y las repetirás a tus hijos, y hablarás de ellas estando en tu casa, y andando por el camino, y al acostarte, y cuando te levantes» (Dt 6,6).

47. Assmann, J., *Historia y mito en el mundo antiguo*, Gredos, Madrid, 2011, pág. 51.

48. Freud, S., *El malestar en la cultura*, Akal, Madrid, 2017, pág. 38.

49. Descola, Ph., *Más allá de la naturaleza y la cultura*, op. cit., pág. 468.

50. Ibíd., pág. 472.

51. Es la que se puede leer en el libro de Harmut Rosa, *Resonancia. Una sociología de la relación con el mundo*, Katz Editores, Madrid, 2019.

52. Cavarero, A., *Inclinaciones. Crítica de la rectitud*, Fragmenta Editorial, Barcelona, 2022, pág. 31.

53. Freud, S., Una dificultad del psicoanálisis, en *Obras completas*, vol. 17, Amorrortu, Buenos Aires, 2007, pág. 135. Ciertamente, la filosofía moderna, en concreto la que se deriva de Descartes o Kant, no ha tolerado las inclinaciones. Una visión dramática del mundo, en cambio, insiste en esta idea central, a saber, que en la cotidianidad las relaciones no son nunca «puras». Y su impureza radica precisamente en que, en ellas, de forma implícita o explícita, se dibuja un gesto corpóreo inclinado.

54. Véase Assmann, J., *La distinción mosaica, o el precio del monoteísmo*, Akal, Madrid, 2006.

55. Sennett, R., *La autoridad*, Alianza Editorial, Madrid, 1982, pág. 18.

56. Heidegger, M., *Ser y tiempo*, Trotta, Madrid, 2003, pág. 96.

57. Sin embargo, en un mundo colonizado por la lógica tecnológica, se ha importado la función del manual y su campo de pragmaticidad a la mayor parte de las facetas de la vida, olvidando que esta no tiene un manual de instrucciones. Este es, sin duda, uno de los graves problemas del mundo actual. (Perec, G., *La vida instrucciones de uso*, op. cit.)

58. Para lo que viene a continuación me baso en Bodei, R., *La vida de las cosas*, Amorrortu, Buenos Aires, 2013.

59. Un aspecto fundamental en relación con el campo de pragmaticidad de un objeto, aunque no pertenece a él, es la dimensión mimética. El valor de un objeto no viene dado solamente por su uso, sino también por la mímesis (René Girard).

60. Coccia, E., *Metamorfosis*, Siruela, Madrid, 2021, pág. 155.

61. Coccia, E., *Filosofía de la casa*, Siruela, Madrid, 2024, pág. 15.

62. Rosa, H., *Resonancia. Una sociología de la relación con el mundo*, Katz Editores, Madrid, 2019, pág. 299.

63. Hofmannsthal, H. von, *Carta de Lord Chandos*, Alba Editorial, Barcelona, 2001.

64. Recordemos que la novela de Sartre se titulaba originariamente *Melancolía*, pero el editor propuso un cambio de título. Véase también la lectura que hace Harmut Rosa de *La náusea* de Sartre en *Resonancia*, op. cit., págs. 300-301.

65. Sartre, J.-P., *La náusea*, Alianza Editorial, Madrid.

66. Marcel Proust diría, en el primer volumen de *En busca del tiempo perdido*, que las cosas poseen «alma» (Véase Proust, M., *Por la parte de Swann, En busca del tiempo perdido 1*, Lumen, Barcelona).

67. Los objetos son «materiales», pero las cosas son «matéricas». Esta es una diferencia fundamental entre ambas. La «matericidad», a diferencia de la mera «materialidad», posee una dimensión «anímica» o «existencial» que convierte una cosa en singular y que impide su sustitución por otra. Así, mientras que los objetos pueden ser cambiados y desechados sin que por ello nuestra existencia se vea afectada, no sucede lo mismo con las cosas.

68. El llamado «Orden digital» es el mundo de lo no condicionado por las cosas, el mundo de las «no cosas». Puede verse en ese sentido Byung-Chul Han, *No-cosas. Quiebras del mundo de hoy*, Taurus, Madrid, 2021, pág. 92.

69. Knausgård, K.O., *En primavera*, Anagrama, Barcelona, 2021, pág. 73.

70. Véase Sennett, R., *El artesano*, Anagrama, Barcelona, 2010.

71. La moda es un buen ejemplo de esta trama entretejida de cosas. Uno es (o puede ser) reconocido por su «estilo» de vestir. Aunque cada vez más la moda forma parte de un imperio de lo efímero. (Véase Lipovetsky, G., *El imperio de lo efímero*, Anagrama, Barcelona, 2002.)

72. Han, B.-Ch., *El aroma del tiempo*, Herder, Barcelona, 2015.

73. Han, B.-Ch., *La sociedad de la transparencia*, Herder, Barcelona, pág. 68.

74. Taylor, C., *La era secular*, vol. 1, Gedisa, Barcelona, págs. 25 y sigs.

75. Marquard, O., *Felicidad en la infelicidad. Reflexiones filosóficas*, Katz Editores, Madrid, 2006, págs. 69 y sigs.

76. Sigo a Berger, P., *Invitació a la sociologia. Una perspectiva humanística*, Herder, Barcelona, 2020, pág. 164.

4. El drama del tiempo

1. Bonazzi, M., *Criaturas efímeras. Los griegos y el misterio de la existencia,* Alianza Editorial, Madrid, 2024, pág. 119.
2. Safranski, R., *¿Cuánta verdad necesita el hombre?,* Tusquets Editores, Barcelona, 2023.
3. Beckett, S., *On attendant Godot*. (Hay trad. cast.: *Esperando a Godot*, Tusquets Editores.)
4. La pregunta de Albert Camus con la que empieza su ensayo *El mito de Sísifo* es la que hace referencia al suicido, al hecho de pensar si la vida merece la pena ser vivida.
5. Ese párrafo es una variación del comienzo de la novela de Philip Roth *La humillación*.
6. Tomo esta idea de Piedad Bonnett.
7. Argullol, R., *Danza humana*, Acantilado, Barcelona, 2023, pág. 24.
8. Lipovetsky, G., *Le sacre de l'authenticité,* Gallimard, París, 2021.
9. Anders, G., *Acerca de la libertad*, Pre-Textos, Valencia, 2014, pág. 68.
10. De ahí que el teatro (*Esperando a Godot* y *Fin de partida*) y las novelas (*Molloy, Malone muere, El innombrable*) de Samuel Beckett sean una expresión de esa tragicomedia de la existencia.
11. Modiano, P. *El horizonte*, Anagrama, Barcelona, 2010, pág. 10.
12. Llevadot, L., *Mi herida existía antes que yo. Feminismo y crítica de la diferencia sexual*, Tusquets Editores, Barcelona, 2022, pág. 69.
13. Durkheim, E., *Las formas elementales de la vida religiosa*, Akal, Madrid, 2007, pág. 17.
14. Cioran, E.M., *En las cimas de la desesperación*, Tusquets Editores, Barcelona, 2020.
15. Bourdieu, P., *La dominación masculina*, Anagrama, Barcelona, 2015.
16. Duch, L., *Antropología de la vida cotidiana. Simbolismo y salud*, Trotta, Madrid, 2002, pág. 69.
17. Weber, M., *El político y el científico*, Alianza Editorial, Madrid, pág. 200.
18. Arendt, H., *La condición humana*, Paidós, Barcelona, 1993, pág. 23.
19. Tanner, G., *Las horas han perdido su reloj. Las políticas de la nostalgia*, Alpha Decay, Barcelona, 2022, pág. 69. Tomo ese término de ese libro de Tanner, aunque lo uso en otro sentido.
20. Véase Berardi, F.B., *Fenomenología del fin*, Caja Negra, Buenos Aires, 2003.
21. Me ocupé de la «lógica de la prisa» en mi libro *La fragilidad del mundo*, 2021.
22. Véase Rosa, H., *Alienación y aceleración. Hacia una teoría crítica de la temporalidad en la modernidad tardía*, Katz Editores, Madrid, 2016.

23. Han, B.-Ch., *La sociedad del cansancio*, Herder, Barcelona, 2012, pág. 22.
24. Sería algo parecido a lo que Pierre Bourdieu llamó «violencia simbólica», aunque él lo pensó en relación con la dominación masculina.
25. Véase Fisher, Mark, *Realismo capitalista*, Caja Negra, Buenos Aires, 2018.
26. Ibíd., pág. 50.
27. Arendt, H., *La condición humana*, op. cit., pág. 18.
28. Fisher, M., *Realismo capitalista*, op. cit., 52.
29. Perec, G., *Un hombre que duerme*, op. cit., pág. 86.
30. «El aburrimiento no surge por el contacto permanente con algo en particular, sino, al contrario, por el contacto efímero e irrelevante con lo mucho. O más aún: por la necesidad imperiosa y constante de proporcionar estímulos a aquel presente que se nos hace a veces tan insoportable.» (Carlos Javier González Serrano, «Prólogo» al libro de Ros Velasco, J., *La enfermedad del aburrimiento*, Alianza Editorial, Madrid, 2022, págs. 19-20.)
31. Ros Velasco, J., *La enfermedad del aburrimiento*, op. cit., pág. 26.
32. Ibíd., pág. 28.
33. Perec, G., *El hombre que duerme*, op. cit., pág. 101.
34. Beauvoir, S. de, *El segundo sexo*, Cátedra, Madrid, 2016, pág. 372.
35. Moltmann, J., *El dios crucificado*, Sígueme, Salamanca, 2010.
36. Beckett, S., *Esperando a Godot*, Tusquets Editores, Barcelona, 2011.
37. Severino, E., *Esencia del nihilismo*, Taurus, Madrid, 1991, pág. 36.
38. Me inspiro en Pietro Del Soldà, *La vida fuera de uno mismo. Una filosofía de la aventura*, Tusquets Editores, Barcelona, 2023.
39. Ibíd., pág. 40.
40. Véase Simmel, G., «La aventura», en *Cultura femenina y otros ensayos*, Alba Editorial, Barcelona, 1999, y P. Del Soldà, *La vida fuera de uno mismo*, op. cit., pág. 44.
41. Me separo aquí del punto de vista de Pietro Del Soldà. Para él, la aventura depende por entero de la perspectiva del actor. Véase *La vida fuera de uno mismo*, págs. 46-47.
42. Fosse, J., *Blancura*, Random House, Barcelona, 2023.
43. Heidegger, M., *Los conceptos fundamentales de la metafísica. Mundo, finitud, soledad*, Alianza Editorial, Madrid, 2010, pág. 113.
44. Algunos filósofos contemporáneos han tratado del aburrimiento en sus libros. Véanse, por ejemplo, Hans Blumenberg *(Descripción del ser humano)* y Vladimir Jankélévitch *(La aventura, el aburrimiento, lo serio)*. Una exposición sobre la cuestión la encontramos en la obra de Josefa Ros Velasco *La enfermedad del aburrimiento*, Alianza Editorial, Madrid, 2022.

45. Sigo aquí los estudios de Josefa Ros Velasco. Véase *La enfermedad del aburrimiento*, Alianza Editorial, Madrid, 2022.

46. Blumenberg, H., *Descripción del ser humano*, Fondo de Cultura Económica, Buenos Aires, 2011, pág. 527.

47. Jankélévitch, V., *La aventura, el aburrimiento, lo serio*, Taurus, Madrid, 1989, pág. 61.

48. Ibíd., pág. 88.

49. Ibíd., pág. 89.

50. Es una «hedonia depresiva». Véase Fisher, M., *Realismo capitalista*, Caja Negra, Buenos Aires, 2018, pág. 50.

51. Han, B.-Ch., *El aroma del tiempo*, Herder, Barcelona, 2015, pág. 20.

52. Ibíd., pág. 45.

5. La danza de las máscaras

1. Véase Bodei, R., *Imaginar otras vidas. Realidades, proyectos y deseos*, Herder, Barcelona, 2014, pág. 31.

2. Coccia, E., *Metamorfosis. La fascinante continuidad de la vida*, Siruela, Madrid, 2021.

3. Sigo a Sennett, R., *El intérprete,* Anagrama, Barcelona, 2024, págs. 162 y sigs.

4. Caillois, R., *Los juegos y los hombres: la máscara y el vértigo*, Fondo de Cultura Económica, 2000, pág. 147.

5. Vattimo, G., *El sujeto y la máscara. Nietzsche y el problema de la liberación*, Barcelona, Península, 1989, pág. 14.

6. Waldenfels, B., *Exploraciones fenomenológicas acerca de lo extraño*, Anthropos/Siglo XXI, Barcelona, 2015, pág. 59: El cuerpo incluye todo lo que tiene que ver con el actor, pero que no ha sido hecho por él.

7. Llevadot, L., *Mi herida existía antes que yo. Feminismo y crítica de la diferencia sexual*, Tusquets Editores, Barcelona, 2022, pág. 63.

8. Waldenfels, B., *Exploraciones fenomenológicas acerca de lo extraño*, op. cit., pág. 63.

9. Ibíd., pág. 65.

10. Ibíd., pág. 65.

11. Sloterdijk, P., *Esferas I: Burbujas*, Siruela, Madrid, 2003, págs. 48-49.

12. Rank, O., *El trauma del nacimiento*, Paidós, Buenos Aires, 1961.

13. Földenyi, L., *Elogio de la melancolía*, Galaxia Gutenberg, Barcelona, pág. 36.

14. Recalcati, M., *Ya no es como antes. Elogio del perdón en la vida amorosa*, Anagrama, Barcelona, 2015, pág. 74.

15. Rosa, H., *Resonancia. Una sociología de la relación con el mundo*, Katz Editores, Madrid, 2019, pág. 69.

16. Han, B.-Ch., *El corazón de Heidegger*, Herder, Barcelona, 2021, págs. 140-141.

17. Plessner, H., *La risa y el llanto. Investigación sobre los límites del comportamiento humano*, Trotta, Madrid, 2007, pág. 45.
18. Butler, J., *¿Quina mena de món és aquest? Fenomenologia i pandèmia*, Arcàdia, Barcelona, 2022.
19. Me inspiro en Jay, M., *Ojos abatidos. La denigración de la visión en el pensamiento francés del siglo xx*, Akal, Madrid, 2007.
20. Véase Duch y Mèlich, *Escenarios de la corporeidad*, capítulo 6.3: «El cuerpo humano y los sentidos».
21. Véase Jonas, H., *El principio de vida. Hacia una biología filosófica*, Trotta, 2000, especialmente el capítulo 8 titulado «La nobleza de la vista. Una investigación de la fenomenología de los sentidos».
22. Jay, *Ojos abatidos*, op. cit., pág. 31.
23. Jay, *Ojos abatidos*, op. cit., pág. 33.
24. Ibíd., pág. 60.
25. Téngase en cuenta que el *Discurso del método* era una introducción a unos tratados de óptica.
26. Jay, *Ojos abatidos*, op. cit., págs. 67-69.
27. Jonas, *El principio de vida*, op. cit., pág. 192.
28. Ibíd., pág. 197.
29. Han, B.-Ch., «Sobre eros», en *La tonalidad del pensamiento. Trilogía de las conferencias*, vol. 1, Paidós, Barcelona, 2024, pág. 66.
30. Ibíd., pág. 67.
31. Proust, M., *Por la parte de Swann. En busca del tiempo perdido 1*, Lumen, Barcelona, 2000, pág. 56.
32. Földenyi, L., *Elogio de la melancolía*, op. cit., pág. 181.
33. Ibíd., pág. 88.
34. Ibíd., pág. 30.
35. Semprún, J., *La escritura o la vida*, Tusquets Editores, Barcelona, 1995, pág. 15.
36. En lo que viene a continuación me inspiro en Sadin, E., *La vida espectral. Pensar la era del metaverso y las inteligencias artificiales generativas*, Caja Negra, Buenos Aires, 2024.
37. Ibíd., pág. 80.
38. Ricœur, P., *Sí mismo como otro*, Siglo XXI, Madrid, 1996.
39. Starobinski, J., *Interrogatorio de la máscara*, Alpha Decay, Barcelona, 2024, pág. 14.
40. Ibíd., pág. 23.
41. Ibíd., pág. 40.
42. Ibíd., pág. 31.
43. Ibíd., pág. 45.
44. Ibíd., pág. 33.
45. La Breton, D., *Des visages. Essai d'anthropologie*, Métailié, París, 1992.
46. Vattimo, G., *El sujeto y la máscara*, op. cit., pág. 20.
47. Tomo algunas ideas de Marjan Bouwmeester, *El cielo vacío*, Siruela, Madrid, 2022.

48. Lipovetsky, G., *La consagración de la autenticidad*, Anagrama, Barcelona, 2024, pág. 183.

49. Le Breton, D., *La sociología del cuerpo*, Nueva Visión, Buenos Aires, 2002, pág. 46.

50. David Le Breton trata esta cuestión en su libro *Des visajes*, en el capítulo 3 titulado: «L'autre du visage: l'ordre symbolique». Me parece muy interesante la aportación de Le Breton, aunque lo que él atribuye al rostro yo sería partidario de otorgárselo a la máscara.

51. Le Breton, D., *Des visages*, op. cit., pág. 126.

52. Ibíd., pág. 127.

53. Tournier, M., *Viernes o los limbos del Pacífico*, Alfaguara, Madrid, 2012. Sobre la importancia de los niños salvajes en relación con el tema que nos ocupa, véase Le Breton, D., *Des visages*, págs. 127 y sigs.

54. Wassermann, J., *Caspar Hauser*, Acantilado, Barcelona, 2002. Handke, P., *Gaspar*, Alianza Editorial, Madrid, 1982. Herzog, W., *El enigma de Gaspar Hauser* (*Jeder für sich und Gott gegen alle*), 1974.

55. Le Breton, D., *Des visages*, págs. 130-131.

56. Ibíd., págs. 138.

57. Levinas, E., *Ética e infinito*, Visor, Madrid, 1991, pág. 80.

58. Véase Waldenfels, B., *Ordnung im Zwielicht*, Fráncfort del Meno, Suhrkamp, 1987.

59. Levinas, E., *Totalidad e infinito. Ensayo sobre la exterioridad*, Sígueme, Salamanca, 1977, pág. 207.

60. Ibíd., pág. 211.

61. Ibíd., pág. 212.

62. Tomo este término de la obra de Bernhard Waldenfels.

63. Waldenfels añade una cuarta, la posterioridad. Por mi parte, prefiero centrarme en solo estas tres.

6. La lógica de lo extraño

1. Nancy, J.-L., *El intruso*, Amorrortu, Buenos Aires, 2006, pág. 11.

2. Sobre la figura del extraño (o del extranjero) me sirvo, entre otros, de Georg Simmel (*Sociología.* Especialmente el capítulo dedicado al extranjero), Alfred Schütz (*El forastero. Ensayo de psicología social,* en *Estudios sobre teoría social. Escritos 2*) y Bernhard Waldenfels (*Topología de lo extraño. Estudios para una fenomenología de lo extraño*).

3. Waldenfels, B., *Exploraciones fenomenológicas acerca de lo extraño*, Anthropos, Barcelona, 2015, pág. 12.

4. Ibíd., pág. 13.

5. Véase Simmel, G., «Digresión sobre el extranjero», *en Sociología. Estudios sobre las formas de socialización*, Alianza Editorial, Madrid, 1986. He utilizado las ideas de Simmel en todo lo que viene a continuación.

6. Heidegger, M., *Construir Habitar Pensar*, La Oficina Ediciones, Madrid, 2015, pág. 21.

7. Como sucedió en el caso del nacionalsocialismo. Véase Di Cesare, D., *Extranjeros residentes. Una filosofía de la migración*, Amorrortu, Buenos Aires, 2019, pág. 185.

8. Di Cesare, *Extranjeros residentes*, op. cit., pág. 250.

9. Fisher, M., *Lo raro y lo espeluznante*, Alpha Decay, Barcelona, 2022, pág. 19.

10. Ibíd., pág. 21.

11. Schütz, Alfred, «The Stranger: An Essay in Social Psychology», *Collected Papers II: Studies in Social Theory*, Martinus Nijhoof, La Haya, 1976, págs. 91-105.

12. Waldenfels, Bernhard, *Exploraciones fenomenológicas acerca de lo extraño*, Anthropos, Barcelona, 2015, así como del mismo autor *Topographie des Fremdem. Studien zur Pänomenlogie des Frendem 1*, Suhrkamp, Fráncfort del Meno, 1997.

13. Waldenfels, B., *Topographie des Fremdem*, op. cit., págs. 20-21.

14. Una de las características del extraño es precisamente esa, la imposibilidad de comprender su lenguaje.

15. Kafka, F., *La transformación*, op. cit.

16. Bartra, R., *El mito del hombre lobo*, Anagrama, Barcelona, 2023, págs. 221 y 223.

17. Goffman, E., *Internados*, Amorrortu, Buenos Aires, 2012.

18. Butler, J., *Deshacer el género*, Paidós, Barcelona, 2006, pág. 22.

19. Hoy, el significado de estigma ha vuelto a estar próximo a su sentido original. Véase Goffman, E., *Estigma. La identidad deteriorada*, Amorrortu, Buenos Aires, 2019, pág. 13.

20. En la vida ordinaria, como señala Erving Goffman, los actores se dotan de términos discriminatorios, incluso de insultos.

21. Waldenfels, B., *Exploraciones fenomenológicas acerca de lo extraño*, op. cit., pág. 47.

22. Carrasco-Conde, A., «Espacios del terror: la casa, el psiquiátrico y el bosque», en Serrano, V., y A. Castilla (eds.), *La filosofía, el terror y lo siniestro*, Plaza y Valdés, Madrid, 2017, pág. 113.

23. Han, B.-Ch., «Sobre la esperanza», en *La tonalidad del pensamiento*, Paidós, Barcelona, 2024, pág. 143.

24. Carrasco-Conde, A., «Espacios del terror: la casa, el psiquiátrico y el bosque», op. cit., pág. 116.

25. Ibíd., pág. 117.

26. Karl Jaspers no consideró el terror como una situación-límite en su libro *Filosofía*.

27. Véase Heidegger, M., *Ser y tiempo*, Trotta, Madrid, 2003, pág. 166.

28. Heidegger no desarrolla ninguno de ellos, se limita a citarlos. Lo que a él le preocupa, al parecer, es mostrar que el existente *(Dasein)*, en la medida en que es un ser en el mundo, es un «ser miedoso».

29. Bauman, Z., *Miedo líquido. La sociedad contemporánea y sus temores*, Paidós, Barcelona, 2007.

30. Bauman, Z., *Miedo líquido*, op. cit., pág. 20.
31. Bauman, Z., *Tiempos líquidos. Vivir en una época de incertidumbre*, Tusquets Editores, Barcelona, 2024, pág. 42.
32. Han, B.-Ch., *La expulsión de lo distinto*, op. cit.
33. Sobre la noción de resonancia, véase Rosa, H., *Resonancia. Una sociología de la relación con el mundo*.
34. Ligotti, Th., *Noctuario*, Valdemar, Madrid, 2023, pág. 22.
35. La escena es bien conocida por los amantes del cine de terror. Podemos pensar en *Scream*, de Wes Craven. Una chica sola en la casa preparándose para ver una película. De repente suena el teléfono y, con él, una amenaza de muerte si no es capaz de contestar a una pregunta que hace referencia precisamente a alguna de las clásicas películas de terror *(Viernes 13, Pesadilla en Elm Street, La noche de Halloween*, etcétera).
36. Recalcati, M., *La legge della parola. Radici bibliche della psicoanalisi*, Einaudi, Turín, 2022.
37. Highsmith, P., *La casa negra*, Alianza Editorial, Madrid, 1994.

Telón: También los dioses muertos gobiernan

1. Castro Rey, I., *Sexo y silencio*, Pre-Textos, Valencia, 2021, pág. 56.
2. Coccia, E., *Metamorfosis. La fascinante continuidad de la vida*, Siruela, Madrid, 2021, pág. 178.
3. En la aventura de Tintín titulada *La oreja rota* se muestra claramente esa imposibilidad de acceder al original.
4. Un claro ejemplo cinematográfico de lo que aquí se expone se puede ver en la película *Canino* (2009), de Yorgos Lanthimos, ya citada.
5. La frase es de Jorge Luis Borges.
6. Beckett, S., *Fin de partida*, Tusquets Editores, Barcelona, 1986.
7. Wolf, C., *Medea*, Debate, Madrid, 1998.

Bibliografía

ABENOZA, S. (2024), *No consentiràs pensaments impurs,* Fragmenta Editorial, Barcelona.

AGUSTÍN DE HIPONA (2017), *Confesiones,* Espasa, Madrid.

— (2011), *La verdadera religión,* en *Obras completas de San Agustín,* vol. 4, *Escritos apologéticos,* BAC, Madrid.

— (2006), *La Trinidad,* en *Obras completas de San Agustín,* vol. 5, *Escritos apologéticos,* BAC, Madrid.

ANDERS, G. (2014), *Acerca de la libertad,* Pre-Textos, Valencia.

ARENDT, H. (2002), *La vida del espíritu,* Paidós, Barcelona.

— (1993), *La condición humana,* Paidós, Barcelona.

ARGULLOL, R. (2023), *Danza humana,* Acantilado, Barcelona.

ARIÈS, P. (2024), *El hombre ante la muerte,* Taurus, Madrid.

ARNAU, J. (2023), *Materia que respira luz. Ensayo de filosofía cuántica,* Galaxia Gutenberg, Barcelona.

— (2017), *La fuga de Dios. Las ciencias y otras narraciones,* Atalanta, Girona.

ASSMANN, J. (2011), *Historia y mito en el mundo antiguo,* Gredos, Madrid.

— (2008), *Religión y memoria cultural. Diez estudios,* Lilmod, Buenos Aires.

— (2006), *La distinción mosaica, o el precio del monoteísmo,* Akal, Madrid.

AUGÉ, M. (1993), *Los «no lugares». Espacios del anonimato. Una antropología de la sobremodernidad,* Gedisa, Barcelona.

Bachelard, G. (2018), *La poética del espacio,* Fondo de Cultura Económica, Madrid.

Bartra, R. (2023), *El mito del hombre lobo,* Anagrama, Barcelona.

Bauman, Z. (2024), *Tiempos líquidos. Vivir en una época de incertidumbre,* Tusquets Editores, Barcelona.

— (2007), *Miedo líquido. La sociedad contemporánea y sus temores,* Paidós, Barcelona.

Beauvoir, S. de (2016), *El segundo sexo,* Cátedra, Madrid.

Beckett, S. (2011), *Esperando a Godot,* Tusquets Editores, Barcelona.

— (2006), *Fin de partida,* en *Teatro reunido,* Tusquets Editores, Barcelona.

Berardi, F.B. (2003), *Fenomenología del fin,* Caja Negra, Buenos Aires.

Berger, P. (2020), *Invitació a la sociologia. Una perspectiva humanística,* Herder, Barcelona.

Berger, P., y T. Luckmann (2000), *La construcción social de la realidad,* Amorrortu, Buenos Aires.

Bergson, H. (1963), *La evolución creadora,* en *Obras escogidas,* Aguilar, Madrid.

Blumenberg, H. (2011), *Descripción del ser humano,* Fondo de Cultura Económica, Buenos Aires.

— (2007), *Tiempo de la vida y tiempo del mundo,* Pre-Textos, Valencia.

— (2003), *Trabajo sobre el mito,* Paidós, Barcelona.

Bodei, R. (2014), *Imaginar otras vidas. Realidades, proyectos y deseos,* Herder, Barcelona.

— (2013), *La vida de las cosas,* Amorrortu, Buenos Aires.

Bonazzi, M. (2024), *Criaturas efímeras. Los griegos y el misterio de la existencia,* Alianza Editorial, Madrid.

Bourdieu, P. (2015), *La dominación masculina,* Anagrama, Barcelona.

— (2006), *Meditaciones pascalianas,* Anagrama, Barcelona.

Bouwmeester, M. (2022), *El cielo vacío,* Siruela, Madrid.

Brissett, D., y C. Edgley (eds.) (1990), *Life as theater. A dramaturgical source book,* Walter de Gruyter, Nueva York.

BUTLER, J. (2022), *¿Quina mena de món és aquest? Fenomenologia i pandèmia,* Arcàdia, Barcelona.
— (2006), *Deshacer el género,* Paidós, Barcelona.
CAILLOIS, R. (2000), *Los juegos y los hombres: la máscara y el vértigo,* Fondo de Cultura Económica, México.
CALVINO, I. (1992), *Por qué leer los clásicos,* Tusquets Editores, Barcelona.
CANETTI, E. (2002), *Masa y poder,* en *Obras completas 1,* Galaxia Gutenberg, Barcelona.
CARRASCO-CONDE, A. (2017), «Espacios del terror: la casa, el psiquiátrico y el bosque», en V. Serrano y A. Castilla (eds.), *La filosofía, el terror y lo siniestro,* Plaza y Valdés, Madrid.
CASSIRER, E. (1987), *Antropología filosófica. Introducción a una filosofía de la cultura,* Fondo de Cultura Económica, México.
CASTRO REY, I. (2021), *Sexo y silencio,* Pre-Textos, Valencia.
CAVARERO, A. (2024), *Cuéntame mi historia. Filosofía de la narración,* Katz Editores, Barcelona.
— (2022), *Inclinaciones. Crítica de la rectitud,* Fragmenta Editorial, Barcelona.
CERTEAU, M. DE (2000), *La invención de lo cotidiano. 1. Artes de hacer,* Universidad Iberoamericana, México.
CIORAN, E.M. (2020), *En las cimas de la desesperación,* Tusquets Editores, Barcelona.
— (2019), *Cuadernos,* Tusquets Editores, Barcelona.
COBO, J. (2022), *Anatomía del cristianismo,* Fragmenta, Barcelona.
COCCIA, E. (2024), *Filosofía de la casa,* Siruela, Madrid.
— (2021), *Metamorfosis. La fascinante continuidad de la vida,* Siruela, Madrid.
CONRAD, J. (2012), *El corazón de las tinieblas,* Alianza Editorial, Madrid.
DEL SOLDÀ, P. (2023), *La vida fuera de uno mismo. Una filosofía de la aventura,* Tusquets Editores, Barcelona.
DESCOLA, P. (2023), *Una ecología de las relaciones,* Gedisa, Barcelona.
— (2012), *Más allá de la naturaleza y la cultura,* Amorrortu, Buenos Aires.

Di Cesare, D. (2019), *Extranjeros residentes. Una filosofía de la migración,* Amorrortu, Buenos Aires.
Duch, L. (2010), *Religió i comunicació,* Fragmenta Editorial, Barcelona.
— (2007), *Un extraño en nuestra casa,* Herder, Barcelona.
— (2002), *Mito, interpretación y cultura. Introducción a la logomítica,* Herder, Barcelona.
— (2002), *Antropología de la vida cotidiana. Simbolismo y salud,* Trotta, Madrid.
Durand, G. (1971), *La imaginación simbólica,* Amorrortu, Buenos Aires.
Durkheim, E. (2007), *Las formas elementales de la vida religiosa,* Akal, Madrid.
— (1975), *Educación y sociología,* Península, Barcelona.
Dürrenmatt, F. (1995), *Los físicos,* Tusquets Editores, Barcelona.
Ellmann, R. (1991), *James Joyce,* Anagrama, Barcelona.
Finkielkraut, A. (1998), *La humanidad perdida. Ensayo sobre el siglo xx,* Anagrama, Barcelona.
— (1987), *La derrota del pensamiento,* Anagrama, Barcelona.
Fisher, M. (2022), *Lo raro y lo espeluznante,* Alpha Decay, Barcelona.
— (2018), *Realismo capitalista,* Caja Negra, Buenos Aires.
Földenyi, L. (2023), *Elogio de la melancolía,* Galaxia Gutenberg, Barcelona.
Fosse, J. (2023), *Septología,* Seix Barral/De Conatus, México.
— (2023), *Blancura,* Random House, Barcelona.
— (2023), *Trilogía,* De Conatus, Madrid.
Freud, S. (2017), *El malestar en la cultura,* Akal, Madrid.
— (2007), *Una dificultad del psicoanálisis,* en *Obras completas,* vol. 17, Amorrortu, Buenos Aires.
Galimberti, U. (2023), *L'etica del viandante,* Feltrinelli Editore, Milán.
Glucksmann, A. (2005), *El discurso del odio,* Taurus, Madrid.
Goffman, E. (2019), *Estigma. La identidad deteriorada,* Amorrortu, Buenos Aires.
— (2019), *La presentación de la persona en la vida cotidiana,* Amorrortu, Buenos Aires.

— (2012), *Internados,* Amorrortu, Buenos Aires.
— (2006), *Frame analysis. Los marcos de la experiencia,* Siglo XXI/ CIS, Madrid.
GONZÁLEZ GARCÍA, J.M. (1998), *Metáforas del poder,* Alianza Editorial, Madrid.
GONZÁLEZ SERRANO, C.J. (2022), «Prólogo» al libro de J. Ros Velasco, *La enfermedad del aburrimiento,* Alianza Editorial, Madrid.
GRASS, G. (2007), *Pelando la cebolla,* Alfaguara, Madrid.
HAN, B.-CH. (2024), *La tonalidad del pensamiento,* Paidós, Barcelona.
— (2021), *No-cosas. Quiebras del mundo de hoy,* Taurus, Madrid.
— (2021), *El corazón de Heidegger,* Herder, Barcelona.
— (2015), *El aroma del tiempo,* Herder, Barcelona.
— (2015), *La expulsión de lo distinto,* Herder, Barcelona.
— (2013), *La sociedad de la transparencia,* Herder, Barcelona.
HANDKE, P. (2012), *La sociedad del cansancio,* Herder, Barcelona.
— (1982), *Gaspar,* Alianza Editorial, Madrid.
— (1982), *Insultos al público,* Alianza Editorial, Madrid.
HEIDEGGER, M. (2015), *Construir Habitar Pensar,* La Oficina Ediciones, Madrid.
— (2010), *Los conceptos fundamentales de la metafísica. Mundo, finitud, soledad,* Alianza Editorial, Madrid.
— (2003), *Ser y tiempo,* Trotta, Madrid.
HELLER, A. (1977), *Sociología de la vida cotidiana,* Península, Barcelona.
HERNANDO, A. (2023), *La corriente de la historia (y la contradicción de lo que somos),* Traficantes de Sueños, Madrid.
— (2022), *La fantasía de la individualidad. Sobre la construcción sociohistórica del sujeto moderno,* Traficantes de Sueños, Madrid.
HIGHSMITH, P. (1994), *La casa negra,* Alianza Editorial, Madrid.
HOFMANNSTHAL, H. VON (2001), *Carta de Lord Chandos y otros textos en prosa,* Alba Editorial, Barcelona.
HORVILLEUR, D. (2024), *Madres, hijos y rabinos. Sexo, transmisión e identidad en el judaísmo,* Libros del Asteroide, Barcelona.

Hübner, K. (1996), *La verdad del mito,* Siglo XXI, México.

Husserl, E. (2013), *Ideas relativas a una fenomenología pura y una filosofía fenomenológica. Libro Primero: Introducción general a la fenomenología pura,* Fondo de Cultura Económica, México.

Isava, L.M. (2022), *De las prolongaciones de lo humano. Artefactos culturales y protocolos de experiencia,* Pre-Textos, Valencia.

Jankélévitch, V. (1989), *La aventura, el aburrimiento, lo serio,* Taurus, Madrid.

Jay, M. (2007), *Ojos abatidos. La denigración de la visión en el pensamiento francés del siglo xx,* Akal, Madrid.

Jonas, H. (2000), *El principio de vida. Hacia una biología filosófica,* Trotta, Madrid.

Kafka, F. (2015), *La muralla china,* Alianza Editorial, Madrid.

— (2015), *Narraciones. Obras completas,* Galaxia Gutenberg, Barcelona.

Kant, I. (2013), *Crítica de la razón práctica,* Alianza Editorial, Madrid.

Knausgård, K.O. (2021), *En primavera,* Anagrama, Barcelona.

Kolakowski, L. (1990), *Horror metaphysicus,* Tecnos, Madrid.

Kundera, M. (2005), *El telón. Ensayo en siete partes,* Tusquets Editores, Barcelona.

— (1985), *La insoportable levedad del ser,* Tusquets Editores, Barcelona.

Lahoz, M. (2022), *La trama de la memoria. Una filosofía del recuerdo y del olvido,* Tusquets Editores, Barcelona.

Le Breton, D. (2016), *Desaparecer de sí. Una tentación contemporánea,* Siruela, Madrid.

— (2002), *La sociología del cuerpo,* Nueva Visión, Buenos Aires.

— (1992), *Des visages. Essai d'anthropologie,* Métailié, París.

Levinas, E. (1991), *Ética e infinito,* Visor, Madrid.

— (1977), *Totalidad e infinito. Ensayo sobre la exterioridad,* Sígueme, Salamanca.

Ligotti, T. (2023), *Noctuario,* Valdemar, Madrid.

Lipovetsky, G. (2021), *Le sacre de l'authenticité,* Gallimard, París [Trad. cast.: *La consagración de la autenticidad,* Anagrama, Barcelona, 2024].

— (2002), *El imperio de lo efímero,* Anagrama, Barcelona.

Llevadot, L. (2022), *Mi herida existía antes que yo. Feminismo y crítica de la diferencia sexual,* Tusquets Editores, Barcelona.

Mann, T. (2005), *La montaña mágica,* Edhasa, Barcelona.

Maquiavelo, N. (2021), *El príncipe,* Austral, Madrid.

Marías, J. (1995), *Antropología metafísica,* Alianza Editorial, Madrid.

Marin, C. (2024), *Estar en su lugar. Habitar la vida, habitar el cuerpo,* Anagrama, Barcelona.

Marquard, O. (2006), *Felicidad en la infelicidad. Reflexiones filosóficas,* Katz Editores, Madrid.

— (2001), *Filosofía de la compensación. Escritos sobre antropología filosófica,* Paidós, Barcelona.

Mauss, M. (2012), *Ensayo sobre el don. Forma y función del intercambio en las sociedades arcaicas,* Katz Editores, Madrid.

May, R. (1992), *La necesidad del mito. La influencia de los modelos culturales en el mundo contemporáneo,* Paidós, Barcelona.

Mèlich, J.-C. (2021), *La fragilidad del mundo. Ensayo sobre un tiempo precario,* Tusquets Editores, Barcelona.

— (2019), *La sabiduría de lo incierto. Lectura y condición humana,* Tusquets Editores, Barcelona.

— (2014), *Lógica de la crueldad,* Herder, Barcelona.

Melville, H. (2011), *Moby Dick, o la ballena,* Valdemar, Madrid.

Modiano, P. (2010), *El horizonte,* Anagrama, Barcelona.

Moltmann, J. (2010), *El dios crucificado,* Sígueme, Salamanca.

Mosès, S. (2007), *El Eros y la Ley. Lecturas bíblicas,* Katz Editores, Madrid.

Nancy, J.-L. (2006), *El intruso,* Amorrortu, Buenos Aires.

Nicol, E. (2013), *Psicología de las situaciones vitales,* Fondo de Cultura Económica, México.

Oz, A. (2015), *Contra el fanatismo,* Siruela, Madrid.

Paz, O. (2014), *Obra poética,* Fondo de Cultura Económica, México.

Perec, G. (2018), *La vida instrucciones de uso,* Anagrama, Barcelona.

— (2017), *Lo infraordinario,* Impedimenta, Madrid.

— (2017), *Un hombre que duerme,* Impedimenta, Madrid.

Plessner, H. (2007), *La risa y el llanto. Investigación sobre los límites del comportamiento humano,* Trotta, Madrid.

Proust, M. (2000), *Por la parte de Swann. En busca del tiempo perdido 1,* Lumen, Barcelona.

Rank, O. (1961), *El trauma del nacimiento,* Paidós, Buenos Aires.

Recalcati, M. (2024), *La noche de Getsemaní,* Anagrama, Barcelona.

— (2022), *La legge della parola. Radici bibliche della psicoanalisi,* Einaudi, Turín.

— (2015), *Ya no es como antes. Elogio del perdón en la vida amorosa,* Anagrama, Barcelona.

— (2014), *El complejo de Telémaco,* Anagrama, Barcelona.

Ricœur, P. (2011), *Finitud y culpabilidad,* Trotta, Madrid.

— (1996), *Sí mismo como otro,* Siglo XXI Editores, Madrid.

Rodríguez Adrados, F. (1999), *Del teatro griego al teatro de hoy,* Alianza Editorial, Madrid.

Rombach, H. (2004), *El hombre humanizado. Antropología estructural,* Herder, Barcelona.

Ros Velasco, J. (2022), *La enfermedad del aburrimiento,* Alianza Editorial.

Rosa, H. (2021), *Lo indisponible,* Herder, Barcelona.

— (2019), *Resonancia. Una sociología de la relación con el mundo,* Katz Editores, Madrid.

— (2016), *Alienación y aceleración. Hacia una teoría crítica de la temporalidad en la modernidad tardía,* Katz Editores, Madrid.

Rosset, C. (1993), *Lo real y su doble. Ensayo sobre la ilusión,* Tusquets Editores, Barcelona.

Rousseau, J.-J. (1997), *Las confesiones,* Alianza Editorial, Madrid.

Sadin, E. (2024), *La vida espectral. Pensar la era del metaverso y las inteligencias artificiales generativas,* Caja Negra, Buenos Aires.

— (2022), *La era del individuo tirano. El fin de un mundo común,* Caja Negra, Buenos Aires.

Safranski, R. (2023), *¿Cuánta verdad necesita el hombre? Lo que se puede pensar y lo que se puede vivir,* Tusquets Editores, Barcelona.

— (2023), *Ser único. Un desafío existencial,* Tusquets Editores, Barcelona.
SARTRE, J.-P. (2011), *La náusea,* Alianza Editorial, Madrid.
SCHMITT, C. (2018), *El concepto de lo político,* Alianza Editorial, Madrid.
SCHNITZLER, A. (1999), *Relato soñado,* Acantilado, Barcelona.
SCHÜTZ, A. (1976), «The Stranger: An Essay in Social Psychology», en *Collected Papers II: Studies in Social Theory,* Martinus Nijhoff, La Haya.
SCHÜTZ, A., y T. LUCKMANN (1977), *Las estructuras del mundo de la vida,* Amorrortu, Buenos Aires.
SEELIG, C. (2000), *Paseos con Robert Walser,* Siruela, Madrid.
SEGATO, R. (2018), *Contra-pedagogías de la crueldad,* Prometeo, Buenos Aires.
SEMPRÚN, J. (2003), *Veinte años y un día,* Tusquets Editores, Barcelona.
— (1995), *La escritura o la vida,* Tusquets Editores, Barcelona.
SEN, A. (2007), *Identidad y violencia. La ilusión del destino,* Katz Editores, Madrid.
SÉNECA, L.A. (2018), *Cartas a Lucilio,* Cátedra, Madrid.
SENNETT, R. (2024), *El intérprete,* Anagrama, Barcelona.
— (2010), *El artesano,* Anagrama, Barcelona.
— (1982), *La autoridad,* Alianza Editorial, Madrid.
SEVERINO, E. (1991), *Esencia del nihilismo,* Taurus, Madrid.
— (1987), *La filosofía contemporánea,* Ariel, Barcelona.
SHAKESPEARE, W. (2005), *Macbeth,* Cátedra, Madrid.
SIMMEL, G. (1999), *Cultura femenina y otros ensayos,* Alba Editorial, Barcelona.
— (1986), *Sociología. Estudios sobre las formas de socialización,* Alianza Editorial, Madrid.
SLOTERDIJK, P. (2003), *Esferas I: Burbujas,* Siruela, Madrid.
SPIERLING, V. (2024), *«Nada es más asombroso que el hombre». Una historia de la ética desde Sócrates hasta Adorno,* Acantilado, Barcelona.
STAROBINSKI, J. (2024), *Interrogatorio de la máscara,* Alpha Decay, Barcelona.
STEINER, G. (2011), *Nostalgia del Absoluto,* Siruela, Madrid.

— (2001), *Gramáticas de la creación,* Siruela, Madrid.

TANNER, G. (2022), *Las horas han perdido su reloj. Las políticas de la nostalgia,* Alpha Decay, Barcelona.

TAYLOR, C. (2014), *La era secular,* Gedisa, Barcelona.

— (2003), *Fuentes del yo. La construcción de la identidad moderna,* Paidós, Barcelona.

— (1994), *La ética de la autenticidad,* Paidós, Barcelona.

TILLICH, P. (1974), *Teología de la cultura y otros ensayos,* Amorrortu, Buenos Aires.

TOURNIER, M. (2012), *Viernes o los limbos del Pacífico,* Alfaguara, Madrid.

VAN DÜLMEN, R. (2016), *El descubrimiento del individuo. 1500-1800,* Siglo XXI, Madrid.

VATTIMO, G. (1989), *El sujeto y la máscara. Nietzsche y el problema de la liberación,* Península, Barcelona.

VILANOVA, A. (1950), «El tema del Gran Teatro del Mundo», *Butlletí de la Reial Acadèmia de Bones Lletres de Barcelona,* vol. 23.

VOLPI, J. (2024), *La invención de todas las cosas. Una historia de la ficción,* Alfaguara, Madrid.

WALDENFELS, B. (2015), *Exploraciones fenomenológicas acerca de lo extraño,* Anthropos, Barcelona.

— (1997), *Topographie des Fremdem. Studien zur Phänomenologie des Fremdem 1,* Suhrkamp, Fráncfort del Meno.

— (1990), *Der Stachel des Fremden,* Suhrkamp, Fráncfort del Meno.

— (1987), *Ordnung im Zwielicht,* Suhrkamp, Fráncfort del Meno.

WASSERMANN, J. (2002), *Caspar Hauser,* Acantilado, Barcelona.

WEBER, M. (1987), *El político y el científico,* Alianza Editorial, Madrid.

WOLF, C. (1998), *Medea,* Debate, Madrid.

ZAMBRANO, M. (2015), *Obras completas 1,* Galaxia Gutenberg, Barcelona.